時宗年表

［編］高野　修
長澤昌幸

平凡社

はしがき

昭和四十五年（一九七〇）一月、真光寺住職望月華山足下の労作『時衆年表』（角川書店）が刊行されてから、はや半世紀が経過しようとしている。

この間、日本史関係では、中世、近世の日記・記録類の翻刻史料が次々と刊行されている。特に時宗関係では、圭室文雄編『遊行日鑑』（角川書店）、髙野修編『遊行・在京日鑑』（仏教研究所）、『時宗中世文書史料集』『時宗近世史料集』（白金叢書）、藤沢市文書館編『藤沢山日鑑』『近侍者記録』（藤沢市文書館）、時宗教学研究所編『時宗寺院明細帳』（時宗宗務所）、同『時宗令規集』（時宗教学研究所）などが刊行されたことは周知のとおりである。また、時宗教団史に関する研究は、これら翻刻史料の成果を受け、盛んになりつつある。そこで今回、その最新の研究成果を含め、『時衆年表』を大幅に加筆改訂することになった。

本年表の目的は、一《いっ》に時宗教団の歴史的諸事象を列挙し、その変遷・発展を考える際の参考にすることである。

そのために、時宗研究者のご協力を得て編纂できたのが、この『時宗年表』である。編集に際しては、限られた紙面に十分な項目を選択・記載することに努め、かつ記述は簡単明瞭を旨としたつもりである。

本年表が、今後の時宗研究発展の一助となり、関心を寄せる研究者の参考文献として活用されるならば、編者として望外の喜びである。

令和元年八月二十三日　宗祖一遍上人御祥当忌

編者

凡例

一、この『時宗年表』は、建仁三年（一二〇三）と文暦元年（一二三四）から平成三十一年（二〇一九）四月まで現行の時宗教団に関係する記事を収録した。

一、この年表には、西暦・和暦・干支・天皇・将軍・時宗関係・日本史関係（浄土教関係を中心に、文化・災害・世相・死没などの記事を収録）の欄を設けた。煩雑を避けるため、改元のあった年の和暦は改元後の年号を採用した。

一、記事は年月日の順に配列したが、日の不詳は「〇月」として、月日の不詳は「この年」などとしてそれぞれの末尾に記載した。なお年の確定できないものは「この頃」あるいは「〇〇（元号）年中」のように表記し、それぞれの下限の年に記載した。『時衆過去帳』からの記事は地名の裏書のあるもののみとし、年の末尾に点線で区別して小字で載せた。

一、原則として現代かなづかい、常用漢字としたが、固有名詞のほか、当時の状況を適切に表現しているものについては一部史料のまま記載した。

一、人名・寺院名などは原則として正式名称としたが、同一年内では初出以外は略称を用いている場合もある。

一、文献名は『　』でくくって表示した。

一、典拠史料や補足説明は（　）でくくって記した。また、死没記事の没年齢や遊行相続時の年齢は、記事末にやはり（　）でくくって示した。ただし、出典史料の記載に従った。

一、人名はすべて敬称を省略した。

一、検索の便を図るため、奇数頁の柱に西暦を記した。

一、時宗寺院の開山は二祖他阿真教以降とし、一遍開山の寺院は年表から省略した。

一、近世には「時宗十二派」が存在したと史料にあるが、諸派を統合し現在、「時宗」に統一されている。そのうち旧一向派・天童派の寺院は、昭和十七年に五十七ヶ寺が浄土宗に転宗、二十九ヶ寺が残留したという歴史がある。本書には、可能なかぎり一向派関連の項目も記入した。

一、時宗寺院歴代住職については可能なかぎり収録したが、一部については採用しなかった道場もある。

一、寺院の表記について、道場名の判明するものは「〇〇道場」と表記した。例えば、「四条金蓮寺」は「四条道場」、「七条金光寺」は「七条道場」、「当麻無量光寺」は「当麻道場」とした。

一、寺院の建立に関しては、史料により「創建」「開山」「開基」「草創」など様々な表記がある。煩雑になるので本書では「開山」「開基」に統一した。

一、世代表記については、史料により混在しているため、収録の際に寺院はすべて「〇世」、遊行上人は「〇代」、藤沢上人は「〇世」に統一した。

一、巻末に「遊行・藤沢歴代上人一覧」を掲げた。作成にあたっては『遊行・藤沢歴代上人史』（白金叢書）を参照した。

一、巻末に、「人名」と「寺院名・典籍・その他の事項」の二つに分けて索引を載せた。

一、本書を作成するにあたり、『新纂浄土宗大辞典』（浄土宗）、歴史学研究会編『日本史年表』（岩波書店）などを参照した。また、時宗関係記事には典拠史料を示したが、一部は略称とした。略称に関しては後掲の一覧を参照されたい。

典拠史料略称一覧

冒頭の漢字の音によって五十音順に掲げる。同一音の場合は画数順、同一文字の場合は次の文字の音の順。

一向……一向上人伝
一蓮……一蓮寺文書
蔭涼……蔭涼軒日録
宇賀……宇賀神縁起
越系……越智河野系図
越前……越前名勝志
遠忌……御遠忌だより
縁起絵……一遍上人縁起絵・遊行上人縁起絵
縁起記……奉納縁起記
往過……往古過去帳・時衆過去帳
花営……花営三代記
花洛……花洛名所図会
家乗……紀州藩石橋家家乗
華頂……華頂要略
瓦林……瓦林政頼記
回心記……遊行十六代四国回心記
看聞……看聞日記
歓過……歓喜光寺過去帳
喜連……喜連川判鑑
畿内……畿内兵乱記
祇園……祇園執行日記
義集……一遍義集
金台……金台寺文書
系譜録……一遍上人嫡流遊行正統系譜録（無量光寺蔵）
血脈譜……一向上人血脈相承譜
結城……結城合戦物語
闕記……時宗闕記
憲実……上杉憲実記
元禄……元禄忠臣蔵ファイル
厳助……厳助大僧正記
後鑑……後鑑
光過……山形光明寺過去帳
光文……寺林光林寺文書
高野……高野春秋編年輯録
綱要……時宗綱要（河野往阿）
国阿……国阿上人伝
西興……西興寺文書
西修……四十二代西国御修行之記
最上……最上家系図
三河……改正三河風土記
三十一祖……遊行三十一祖京畿御修行記
山州……山州名跡志
史料……大日本史料
四過……四条道場金蓮寺過去帳
四記……四条道場金蓮寺歴代世譜
四文……四条道場金蓮寺文書
師守……師守記
詞林……詞林采葉抄
寺々……時宗の寺々
七過……七条道場金光寺過去帳
七記……七条道場記録
七語……七代上人法語
七文……七条道場金光寺文書
日並……尊覚上人日並日記
宗典……定本時宗宗典
宗報……宗報・時宗宗報
集古……集古十種
集覧……史籍集覧
修行随行記……尊覚上人佐渡修行随行記
所在目録……全国時宗史料所在目録
上杉……上杉系図
条条……条条行儀法則
浄阿……浄阿上人行状・浄阿上人伝
浄全……浄土宗全書
常記……尾道常称寺記
常文……尾道常称寺文書
真過……真光寺過去帳
真記……真光寺記録
井川……井川新善光寺文書

聖絵……一遍聖絵
説黙……説黙日課
専文……北条専称寺文書
相州……相州文書
草紙……鎌倉大草紙
尊任回国……四十二代尊任上人回国記
多太……多太神社記録
大鏡……大鏡集
大乗……大乗院寺社雑事記
厨子銘……橋立道場万福寺旧蔵（日蓮宗妙立寺現蔵）厨子裏墨書銘文
東国……宗牧『東国紀行』
東寺……東寺王代記
藤過……藤沢山過去帳
藤鑑……藤沢山日鑑
藤近……近侍者日鑑
藤知事……藤沢山知事記録
藤文……藤沢山文書
藤由……藤沢山遊行由緒書
頓阿……頓阿年譜
南山……南山巡狩録
南門……南門上人口上書
廿四祖……遊行廿四祖御修行記
入門……時宗入門
年譜……一遍上人年譜略
半日……半日閑話

尾州……尾州家書付
富士……富士見道記
武江……武江年表
武風……新編武蔵国風土記稿
仏師……本朝大仏師正統系図
碧山……碧山日録
法記……法国寺諸記録
法語……他阿上人法語・二祖法語
法文……法国寺文書
満済……満済准后日記
妙好……妙好華
名号……名号極書・裏書
明細……時宗寺院明細帳
明徳……明徳記
弥阿……開山弥阿上人行状
遊縁……遊行縁起
遊鑑……遊行日鑑、遊行在京日鑑
遊系……遊行系図
遊新……遊行新聞
熊年……官幣大社熊野坐神社年表
予章……予章記
令規集……時宗令規集
隆応……隆応和尚
霊過……霊山正法寺過去帳
霊帳……遊行霊宝仏面帳裏書
霊文……霊山正法寺文書
霊夢……霊夢記

歴代記……四条派本山金蓮寺歴代記（小倉山蓮台寺蔵）
歴代史……遊行藤沢歴代上人史（白金叢書）
歴代簿……遊行藤沢御歴代霊簿

目次

はしがき	3
凡例	4
典拠史料略称一覧	5
年表	9
あとがき	215
遊行・藤沢歴代上人一覧	218
寺院名・典籍・その他の事項索引	232
人名索引	239

時宗年表

西暦	年号・干支	天皇	将軍	遊行	時宗関係	日本史関係
1203	建仁3 癸亥				仏師快慶、足利真教寺本尊「阿弥陀仏立像」を制作（同像銘）	
1234	文暦1 甲午	（四条）	（藤原頼経）		5・8 菅浦阿弥陀寺本尊「阿弥陀仏立像」胎内納入文書にこの日付の僧澄空書写結縁交名等あり（同納入文書）	
1235	嘉禎1 乙未				菅浦阿弥陀寺、仏師行快作「阿弥陀仏立像」を祀る（同像銘）	
1236	2 丙申					
1237	3 丁酉				他阿弥陀仏（以下、真教）、誕生（明細）	聖光、『浄土宗要集』撰述 道元、『典座教訓』撰述 日蓮、清澄寺で出家得度する
1238	暦仁1 戊戌					2・29 聖光没 7月 顕意道教誕生 12・12 源智没 鎌倉大仏、建立
1239	延応1 己亥				1・1 一向俊聖、父草野永泰、母藤原兼房の娘の二男として筑後に誕生。幼名松童丸（一向） 2・15 卯刻、一遍、伊予国に誕生。父河野（別府）七郎通広、母大江氏、幼名松寿丸（義集・年譜・聖絵） 解意阿観鏡、新善光寺を開山（同寺記録）	3・6 法然『選択本願念仏集』（延応版）刊行

1246	1245	1244	1243	1242	1241	1240
4 丙午	3 乙巳	2 甲辰	寛元1 癸卯	3 壬寅	2 辛丑	仁治1 庚子
後深草 1.29				後嵯峨 1.20		
		藤原頼嗣				
この頃、道阿一光、多摩府中称名寺を開山（明細）	1・11 松寿丸七歳、得智山継教寺（山門末寺）縁教律師に就く（義集・麻山集） 3月 松童丸、播州の天台宗円教寺にて修行（一向）			8月 木之本浄信寺の地蔵菩薩像造立（同像銘）		
3・14 信州善光寺落慶 蘭渓道隆、来日		7・18 波多野義重、越前に大仏寺（のち、永平寺）を創建し、道元を招く 8・29 西園寺公経没	3月 證空、『鎮勧用心』撰述（寛元3年、宝治1年の説あり） 6月 鎌倉大仏落慶		5・18 行観覚融誕生 8・20 藤原定家没	良忠、執権北条経時の帰依により鎌倉に蓮華寺（後、光明寺）創建 延暦寺衆徒、専修念仏の停止を幕府に提訴 凝然誕生

西暦	年号干支	天皇	将軍	遊行	時宗関係	日本史関係
1247	宝治1 丁未	（後深草）	（頼嗣）			4・14 幸西没 8月 北条時頼、道元を鎌倉に招請し菩薩戒を受ける 11・26 證空没
1248	2 戊申				この年、松寿丸（一遍）、母の死に遭い無常の理を知り、父の意志に従い天台宗継教寺にて出家、随縁と名のる（聖絵）	1月 親鸞、『浄土和讃』『高僧和讃』撰述
1249	建長1 己酉				2・8 嵐山向徳寺本尊阿弥陀三尊の中尊を冶鋳（同像銘）	良忠、信州教化より関東に入る
1250	2 庚戌					
1251	3 辛亥				春、随縁十三歳、僧善入と共に筑紫太宰府の法然門下證空の弟子聖達に入門、聖達、これを肥前清水寺華台のもとに送る。名を智真と改める（聖絵）	良暁誕生 10月 藤原為家、『続後撰和歌集』撰進
1252	4 壬子		宗尊親王		春、智真、再び聖達のもとに帰り、弘長3年までの十二年間、浄土教を修学（聖絵）。西山深草派の顕意と同学	8・28 良遍没 忍性、関東へ下る
1253	5 癸丑				3・15 松童丸十五歳、書写山円教寺にて剃髪授戒を受け俊聖と名のる（一向）	1月 道元『正法眼蔵』完成 4月 日蓮、安房清澄寺で題目を唱える（日蓮宗開宗） 8・28 道元没

1261	1260	1259	1258	1257	1256	1255	1254	
弘長1 辛酉	文応1 庚申	正元1 己未	2 戊午	正嘉1 丁巳	康元1 丙辰	7 乙卯	6 甲寅	
		亀山 11.26						
智得、加賀堅田（金沢市）に誕生（遊系）		3月 俊聖、京清水寺に参詣（一向） 夏、俊聖、然阿良忠に入門し、十五年修学（一向）					夏、俊聖、書写山を降り南都へ赴く（一向）	
11・12 宇都宮泰頼没	7月 日蓮、『立正安国論』撰述	11・11 宇都宮頼綱（蓮生）没		7月『私聚百因縁集』成る 8月 鎌倉大地震		5月 親鸞、善鸞を義絶 10月 親鸞、『西方指南抄』書写 道元『正法眼蔵』を弟子懐奘が整理	8月 良忠、『選択伝弘決疑抄』撰述	北条時頼、鎌倉建長寺を開基（開山蘭渓道隆）

西暦	年号 干支	天皇	将軍	遊行	時宗関係	日本史関係
1262	2 壬戌	（亀山）	（宗尊親王）		弥阿、津島蓮台寺を開山（明細）	2月 西大寺叡尊、鎌倉に赴く
1263	3 癸亥				5・24 智真、父如仏（通広）の死により生国伊予に帰り、これより半僧半俗の生活をする（聖絵・行状・年譜）。親族の葛藤を知り再出家の決意を固める（縁起絵）	1・16 親鸞没 11・22 北条時頼没
1264	文永 1 甲子					
1265	2 乙丑				4・8 傾木、磐田西光寺を開山（明細）	
1266	3 丙寅		惟康親王			1・6 長西没
1267	4 丁卯				5月 伊王野専称寺本尊銘に「文永四丁卯年五月医王野次郎左衛門尉藤原資長公卿寄附　仏師藤原光高」とあり	忍性、北条重時の帰依により鎌倉に極楽寺を開山
1268	5 戊辰					1月 凝然、『八宗綱要』撰述 3・14 信州善光寺焼失
1269	6 己巳					
1270	7 庚午				教阿闍梨仁賢、浜松毘沙門寺を開山（明細）	

1274	1273	1272	1271
11 甲戌	10 癸酉	9 壬申	8 辛未
後宇多 1.26			
1 一遍			
2・8 智真、聖戒と同行三人（超一・超二・念仏房）をともない遊行の旅につく。のち桜井（今治市）で聖戒と別れる（聖絵） 春、聖戒、伊予喜多郡吉祥院願成寺に住す（同寺書上） 春、智真、天王寺に参籠、十重禁戒をうけ念仏賦算を開始（聖絵） 夏、智真、高野山に参詣、熊野本宮証誠殿に参籠する。熊野権現より念仏賦算の神託をうけ、「六十万人頌」をつくり六十万人知識一遍と号す（聖絵） **6・13** 一遍、新宮より、聖戒に念仏の形木《かたぎ》（版下）を送り、他力念仏の真義を教える（聖絵） 夏、一向、大隅正八幡宮に参詣し四十八夜の不断念仏と踊躍念仏を修し、宇佐八幡に参詣、この時、鰐口を授かる（一向） 一向、奥州から二口峠を越え出羽国に入り、高野に清雲寺を開山（仏向寺縁起） 一向、葛飾郡本願寺を天台宗から改宗（一向）	**2月** 俊聖、師良忠のもとを離れ諸国修行に出立。一向と号す（一向） **7月** 智真、伊予国浮穴郡菅生岩屋に聖戒と共に参籠し、一切を捨て捨聖に徹する機縁を感得（聖絵） **10月** 一向、古河一向寺を開山（明細）	結城中務広綱、長楽寺を開基。のちの下妻新福寺（明細）	春、智真、信濃善光寺に参詣。善導「二河白道の図」を感得し、念仏一路を決意（聖絵） 秋、智真、伊予の窪寺に庵室をかまえ、東壁に二河白道の本尊をかけ専ら称名す。このとき「十一不二頌」をつくる（聖絵） この頃、智真、聖達を大宰府に訪ねる（聖絵）
8・1 宗尊親王没 **10月** 文永の役 この年、北条実時、称名寺を開基	**12月** 円空立信、玄義分を講義し、顕意道教筆受。『深草抄』という	覚信尼、親鸞廟を吉水に移設	**5・22** 法興浄音没 **9月** 日蓮、龍ノ口で法難に遭う

西暦	1275	1276	1277
年号 干支	建治1 乙亥	2 丙子	3 丁丑
天皇	（後宇多）		
将軍	（惟康親王）		
遊行	（一遍）		
時宗関係	**8月** 一向、薩摩から讃岐への渡海中、時化にあい讃岐の州崎の浦に漂着（一向） この年、一遍、熊野を出て、京都に行き、西海道を経て、秋、伊予に帰り国中あまねく勧進し何処ともなく去る（聖絵） 一向、村山郡谷地長延寺を開山（明細）	**6・1** 番場蓮華寺、落雷にて全焼（『太平記の世界「番場蓮華寺セミナー」講演記録集』） **11・10** 一向、新治郡藤沢遍照寺を開山（明細） この年、一遍、再び伊予から九州へと遊行賦算の旅を続け、再度聖達を訪ね一遍の念仏「十一不二頌」について問答。その後、大隅正八幡宮に参籠、託宣の和歌あり（聖絵） 一遍、豊後大友兵庫頭頼泰の帰依をうける。ここで二祖他阿弥陀仏（真教）が一遍に同行（聖絵。縁起絵では、建治3年9月、真教と同行相親の関係を結ぶ） 真教、佐谷一念寺を開山（明細） 一向、春に阿波国、秋に伊予国と瀬戸内海沿いを遊行（一向） 一向、小栗一向寺を開山（明細） 宇都宮弥三郎景綱、一向に帰依し、宇都宮一向寺を開基（明細）	秋、一遍、豊後を修行し鶴見嶽に温泉を拓き疥癩の徒を湯治させる（義集・麻山集） 一向、備中吉備津宮にて七日の念仏。一向時衆二代目礼智阿入門（一向） 一向、会津古町照国寺を開山（明細） 専阿、益子正宗寺を開山（明細） 亘理専念寺、伊達氏により創建される（明細）
日本史関係	**5・1** 藤原為家没 了恵『和語灯録』刊行 北条（金沢）実時、金沢文庫を創設	**10・23** 金沢実時没	

	1278	1279	1280
	弘安1 戊寅	2 己卯	3 庚辰
会津東明寺、芦名氏により創建される（明細） 一鎮、越後国妻有庄中条民部氏に誕生（遊系）	夏、一遍、伊予を遊行。秋、厳島に渡り、中国路を化益。冬、備前国藤井で吉備津宮の神主の子息の妻、夫の不在中に出家剃髪。その後、一遍、福岡の市で念仏をすすめる。このとき吉備津宮神主の子息をはじめ、弥阿弥陀仏・相阿弥陀仏ら二百八十余人出家（聖絵） **8月** 一向、出雲国美保神社（水尾宮）にて七日の念仏を修し、存阿入門（一向） この年、一遍、「一期不断念仏結番」を書す（同文書） 一向、成生に入り源頼直の招きで、念仏道場仏向寺を開山（仏向寺縁起） 一向、高沢清雲寺を開山（明細）	**2月** 寂厳、磐田省光寺を開山（明細） 春、一遍、都にのぼり因幡堂に宿す（聖絵） **8月** 一遍、京をたって信濃善光寺に赴く（聖絵） **12月** 一遍、信濃佐久郡伴野の市庭の在家で歳末別時念仏を修行していたとき紫雲がたつ。同国小田切の里のある武士の屋形で踊念仏をはじめる（聖絵） 冬、信濃国佐久郡の大井太郎は一遍に会い、三日三夜供養をのべ念仏を修す（聖絵） 一向、長門国豊浦を遊行、解畏阿随身。石見国を遊行（一向） 一向、中久喜西光寺を開山（明細） 伴野太郎時信、野沢金台寺を開基（明細） 安国、相州渋谷に誕生（時宗血脈相続之次第）	**3月** 覚阿了玄、富士泰徳寺を開山（明細） **9月** 宿阿遵道、寺林光林寺を開山（明細） 秋、一遍、下野国小野寺、白河関を越えて、陸奥国江刺郡の祖父通信の墳墓をたずねる（聖絵）
		聖達没	

西暦		1281	1282
年号干支		4 辛巳	5 壬午
天皇	（後宇多）		
将軍	（惟康親王）		
遊行	（一遍）		
時宗関係	一向、美作国勝田にて江河刑部（行蓮）を教化（一向） 真教、板鼻聞名寺を開山（明細） 真教、玉造永幸寺を天台宗から改宗（明細） 一向、上山西福寺を開山（明細） 一向、尾長島光玉寺を開山（明細） 一向、村山郡山口塩常寺を開山（明細） 一阿、島名妙徳寺を開山（明細） 秀山、二本松称念寺を法相宗から改宗（明細） 伊達稙宗、伊達梁川に阿弥陀寺を開基（明細） 亘理専福寺、角田城主石川氏により創建される（明細）	一遍、松島・平泉から常陸を遊行。武蔵国石浜を遊行のおり、時衆四、五人病み臥す（聖絵） 一向、因幡国にて医師讃阿を教化（一向）	春、一遍、「ながさご」に三日とどまり、3月1日小袋坂より鎌倉に入ろうとしたとき、武士に阻まれる（聖絵） **3・2** 一遍、片瀬の館の御堂で断食し別時念仏を修行。ときに願行の門弟上総の生阿弥陀仏、来臨して十念を受ける（聖絵） **3・7** 一遍、日中、片瀬の浜の地蔵堂に移り、踊念仏を行い滞在（聖絵） **5月** 鎌倉別願寺の真言宗僧公忍、一遍に帰依し、時宗となる（明細） **7・16** 一遍、片瀬をたち、遊行、伊豆国三島大社に参詣。この日、時衆七、八人一度に往生をとげる（聖絵） 真言宗僧堯存法印、一遍の教化により時宗僧文阿弥陀仏となり、沼津長谷寺を開山（明細） 文阿弥陀仏、沼津不動院を開山（明細）
日本史関係		**閏7月** 弘安の役	**10・13** 日蓮没 無住『沙石集』完成 相国寺創建

	1283	1284
	6 癸未	7 甲申
善栄阿闍梨、一遍に帰依し、佐野蓮光寺を真言宗から改宗（明細） 真教、萱津光明寺を開山（明細） 光阿俊途、野渡光明寺を開山（明細）	一遍、尾張国甚目寺（現、愛知県あま市）に着き、七日の行法をいまだ遂げないうちにここをたち、萱津の宿にやどる。その後、美濃を通り、近江国草津にいたる（聖絵） 一遍、近江を遊行中、比叡山横川の真縁にあい、数日間、化導（聖絵） 一遍、関寺に入ろうとしたとき、園城寺の制止にあい、やむなく夜は関のほとりの草堂に立ち寄る（聖絵） 一向、京都に遊行し、鞍馬毘沙門堂にて念仏修行（一向） 覚阿左南、浜松教興寺を開山（明細）	**閏4・16** 唐橋胤恵、一遍に帰依し、市屋金光寺を開山（明細） **閏4・26** 一遍、近江関寺にて七日の行法を始め、京都四条京極釈迦堂に入る。一七日ののち因幡堂に移る（聖絵・縁起絵）。三条悲田院に一日一夜、蓮光院に一時在住したのち、雲居寺・六波羅蜜寺を巡礼し、空也の遺跡市屋道場にて数日をおくる（聖絵） **5・22** 一遍、市屋をたって洛西桂に移る（聖絵） 一向、金沢にて踊躍念仏を修し、越前国武田にて「浄土和讃」作成。夏、近江国に入る。土肥三郎元頼、近江坂田郡番場に蓮華寺を建て一向俊聖を請ず（一向） 秋、一遍、桂をたち北国へ赴き、篠村で林下に草の枕を結ぶ。穴太寺に参籠、異類異形の者を化益（聖絵） **10月** 蓮華寺の梵鐘成る。勧進聖畜能・畜生の名を刻す（同鐘銘文） 王阿、御影堂新善光寺を中興開山（明細）
	4月 阿仏尼没 顕意道教、『浄土疑端』撰述	**2月** 顕意道教、『浄土宗要集』撰述 **4・4** 北条時宗没 **4・18** 円空立信没 **12・16** 了恵、『聖光上人伝』撰述

西暦	1285	1286	1287
年号 干支	8 乙酉	9 丙戌	10 丁亥
天皇	（後宇多）		伏見 10.21
将軍	（惟康親王）		
遊行	（一遍）		
時宗関係	**5月上旬** 一遍、丹後久美浜で念仏を修行、但馬「くみ」で竜神の結縁。因幡・伯耆「おほさか」を遊行中、雪の中にうずもれるなどして、のち美作国一宮に参詣（聖絵） 託何、上総国矢野氏に誕生（遊系） この頃造立の尾道西郷寺の観音菩薩像・勢至菩薩像に、各十五紙に押印された印仏がある（西郷寺木造阿弥陀三尊仏調査報告書）	一遍、播磨を経て天王寺に詣で、住吉大社に参詣。その後河内国磯長の聖徳太子廟に三日参籠。次いで大和国当麻寺に参詣、「誓願偈文」をつくる（聖絵） 冬、一遍、石清水八幡宮に参詣、淀（植野）を経て天王寺で歳末別時念仏を修行。その後天王寺をたち、播磨遊行のかたわら、印南野の教信寺に詣で一夜とどまる（聖絵）	**1・1** 天王寺如一往生、一遍自ら葬送。のち尼崎から兵庫光明福寺を経て、春、播磨国書写山円教寺に参詣。松原八幡に参拝し「別願和讃」をつくる（聖絵） **3・1** 一遍、「十二道具の持文」を書く（聖絵） 一遍、備中軽部で、連歌師教願を結縁。病のため教願は極楽往生を願ったところ、一遍の教えによって往生をとげた（聖絵） **11・12** 一向、近江番場蓮華寺にて病に臥す（一向） **11・18** 一向、近江番場蓮華寺にて数百遍の高唱ののち立往生（一向） この年、一遍、備後の一宮、秋には安芸の厳島に参詣（聖絵） 覚阿素現、沼津西念寺を開山（明細） 弘安年中、一向、鎌倉材木座に向福寺を開山（明細） 弘安年中、作阿、十二所光触寺を開山（明細）
日本史関係	**2・14** 証忍、顕意道教『浄土疑端』に対し『観経義賢問愚答鈔』を撰述 **11・17** 安達泰盛没	**12・23** 中院通成没 この年、顕意道教、『観経義拙疑巧答研覈鈔』撰述	**7・6** 良忠没 この頃、『為兼卿和歌抄』成立か

1288	1289
正応1 戊子	2 己丑
	久明親王
	2 真教
2月 興阿、犬伏光徳寺を開山（明細） **8月** 覚阿頓大、十日町来迎寺を開山（明細） 一遍、伊予国に渡り菅生山岩屋より繁多寺等に三ヶ月参籠し三部経を奉納。 **12・16** 一遍、大三島大山祇神社参詣、念仏法楽する。別宮に移り歳末別時念仏を修行（聖絵） 其阿西光（一説に見松）、上山西光寺を開山（明細） 歓阿西楽、長門に西楽寺を開山（明細） 真教、山口に善福寺を開山（明細）	**1月** 真教、川越浄国寺を開山（明細） **2・6** 一遍、再び大三島へ参り生贄をとどめる（聖絵） **2月** 真教、川越東明寺を開山（明細） **4月** 真教、渋井光台寺を開山（明細） **5月** 一遍、讃岐国善通寺、曼荼羅寺に参詣し、阿波国に移る（聖絵） **5月** 真教、六日町弘長寺を開山（明細） **6・1** 一遍、阿波国大鳥里河辺で心身不調、「寝食常ならず」（聖絵・縁起絵） **7月上旬** 一遍、阿波国をたち、淡路の福良の泊に移る。同国二の宮に参詣、しつきの天神社に参詣（聖絵・縁起絵） **7・18** 一遍、淡路より迎えの船に乗り明石の浦に至り、さらに兵庫におもむき、観音堂に入る（聖絵・縁起絵） **8・2** 一遍、観音堂にて南に向いて法談し、遺誡の詞を聖戒に書きとらせる（聖絵・縁起絵） **8・10** 朝、一遍、所持の書籍等を阿弥陀経を読みつつ自ら焼く（聖絵・縁起絵） **8・17** 一遍、西に向いて合掌し、自ら臨終を待つ（聖絵・縁起絵） **8・21** 一遍、西宮の神主へ最後の十念を授ける（聖絵） **8・23** 辰の刻（朝七時）、一遍、礼讃修行のうちに入滅。ときに時衆および結縁衆で、前の海に身を投げた者が七人いたという（聖絵・縁起絵）
4・26 誓願寺焼失	

西暦		1290
年号 干支		3 庚寅
天皇	（伏見）	
将軍	（久明親王）	
遊行	（真教）	
時宗関係	9・3 真教、衆を率い播州粟河極楽浄土寺にて往生を願うが、遊行の化儀を嗣ぐ（絵詞・遊系） この年、真教、小山立木安養寺を開山（明細） 真教、あきる野館谷正光寺を開山（明細） 真教、人見四郎基堅を開基として、人見一乗寺を開山（明細） 真教、神戸真光寺を開山（明細） 真教、小浜西福寺を開山（明細） 萬応、美浦大谷来迎寺を開山（明細） 聖戒、六条道場歓喜光寺を開山（明細）	夏、真教、越前に至り国府（武生）の惣社に参詣（縁起絵） 8・27 真教、磐田行興寺を開山（明細） 秋、真教、佐々生・瓜生（越前）を修行（縁起絵） 12月 真教、再び惣社よりの請に応じて社頭に歳末別時念仏を修行。明神、束帯姿で神主の肩に影向（縁起絵。法語では正応4年） 真教、越前長崎道場称念寺を開山（明細） 真教、加田興善寺を開山（明細） 連阿が真教に帰依し、越前岩本成願寺を天台宗から改宗（明細） 真教、越前あおば町称名寺を改宗（明細） 真教、越前武生興徳寺を開山（明細） 真教、越前大飯本郷称名寺を開山（明細） 真教、越前池田大願寺を開山（明細） 真教、越前金蓮寺を天台宗から改宗（明細） 真教、越前積善寺を開山（明細） 真教、甲斐東八代清水寺を開山（明細）
日本史関係		8・25 西大寺叡尊没

1293	1292	1291
永仁 1 癸巳	5 壬辰	4 辛卯
2月 真教、越中放生津を遊行（縁起絵） **10・15** 解意派祖解意阿観鏡寂す（88）（新善光寺過去帳・記録） この年、越前国波多岐庄中条七郎蔵人、真教の教化を受け、光明に照らされて往生（縁起絵） 真教、越後国府能登を遊行（縁起絵）	**7・15** 真教、額田常念寺を開山（明細） 秋、真教、越前の惣社に参詣中、平泉寺の衆徒ら狼藉。衆徒ら真教をとらえようとするが見つけだせず、神主の歎願で時衆ら夜半に社家をたち、加賀に移る（縁起絵） **11月** 真教、越中氷見を遊行（縁起絵） 真教、越中砺波地方を遊行（縁起絵） 真教、大田原不退寺を開山（明細） 真教、黒駒称願寺を開山（明細） 真教、越前南条福正寺を天台宗から改宗（明細） 真教、放生津報土寺を開山（明細） 真教、川越十念寺を開山（明細） 仙阿、奥谷宝厳寺を開山（明細） 正応年中、真教、結城白銀常光寺を開山（明細） **11・28** 氷見道阿	**3月** 真教、佐野厳浄寺を開山（明細） **8月** 真教、加賀国今湊の悪事をはばからぬ小山律師の邸宅に来て、律師に昼食を与える。小山律師、改心して往生をとげる。藤塚から宮腰へ向かい、住人の争いを避けて洪水の川を徒歩で渡るとき、不動明王・毘沙門天の加護を受け、川は浅瀬となる（縁起絵） この頃、真教、聖道門の学匠と化導について討論（縁起絵）
2・9 『蒙古襲来絵詞』制作 **4・13** 鎌倉大地震		

西暦		1294	1295	1296	1297
年号干支		2 甲午	3 乙未	4 丙申	5 丁酉
天皇	（伏見）				
将軍	（久明親王）				
遊行	（真教）				
時宗関係	真教、新潟長岡極楽寺を開山（明細） 真教、北条専称寺を開山（明細）	関山、熊坂を遊行し、信濃善光寺に参詣（縁起絵） 真教、品川善福寺を開山（明細） 真教、富山浄禅寺を天台宗から改宗（明細） 龍道、村山郡長瀞長源寺を開山（明細） 唯阿、和歌山安養寺を開山（明細） この年、市屋派祖作阿弥陀仏、寂すか。西蓮寺蔵「作阿弥上人画像」裏書に「永仁甲午の寂」とある。肖像は室町初期の作という	**4月** 明道、上三川越中守親業を開基として、栃木上三川正清寺を開山（明細） **9月** 六条有房、『野守鏡』を書き、一遍門下の行状を批判（同書） 真教、甲斐一条、仲河、小笠原、御坂峠を遊行し、河口甲斐国府で歳末別時念仏を修行（縁起絵） 真教、関宿吉祥寺を開山（明細）	**5・3** 住阿凝念、金瓶宝泉寺を開山（明細） 真教、相模を遊行（縁起絵） 真教、久慈慈光寺を天台宗から改宗（明細）	上野国某所にて、武勇の士、時衆に入ることを願い出、真教は許さず、武士は念仏を称えながら往生（縁起絵） **6月** 真教、下野国小山新善光寺如来堂に暫く逗留、「瑞花ふり紫雲たなびく」（縁起絵） 真教、国府津蓮台寺を開山（明細）
日本史関係				**10・3** 『天狗草紙』興福寺巻成る	

1298	
6 戊戌	
後伏見 7.22	
	真教、国府津光明寺を開山（明細） 真教、小田原山西光福寺を開山（明細） 真教、関本龍福寺を開山（明細） 真教、小田原上輩寺・中輩寺・下輩寺を開山（明細） 真教、小田原福田寺を開山（明細） 真教、桑折桑折寺を開山（明細） 真教、福島宝林寺を開山（明細） 真教、秋妻光林寺を開山（明細） 真教、助戸真教寺を真言宗から改宗（明細） 真教、勧農養念寺を開山（明細） 真教、小野寺住林寺を遊行、住一房が堂宇を建立（明細） 真教、網戸称念寺を開山（明細） 真教、伊王野専称寺を開山（明細。弘安3年説あり） 真教、足利万福寺を開山（明細） 真教、真岡長蓮寺を開山（明細） 真教、大沼田万福寺を開山（明細） 真教、佐野涅槃寺を改宗（明細） 真教、益子前沢長谷寺を開山（明細） 真教、奈良梨万福寺を開山（明細） 真教、大蔵向徳寺を開山（明細） 真教、結城阿弥陀寺を開山。結城晴朝、先祖菩提のため五石高を寄付（明細）
真教、武蔵国村岡にて大病。『他阿弥陀仏同行用心大綱』を書き、時衆を教誡（法語・縁起絵） 柏崎一念寺、「遊行二祖当国修行の時、教入という僧小庵を結び住せしを、二祖此庵に逗留の節、一念寺という寺号を授けしに初まる」（縁起絵） 真教、富士吉田西念寺を開山（明細）	
10・13 無本覚心没	

西暦	1299
年号干支	正安1 己亥
天皇	（後伏見）
将軍	（久明親王）
遊行	（真教）
時宗関係	真教、行田阿弥陀寺を開山（明細） 真教、宇都宮応願寺を開山（明細） 真教、本田教念寺を開山（明細） 真教、本田称名寺を開山（明細） 真教、品川海蔵寺を開山（明細） 真教、越後南下満願寺を開山（明細） 真教、越後柏崎矢田専念寺を開山（明細） 真教、越後出雲崎吉水教念寺を開山（明細） 真教、田島教林寺を開山（明細） 真教、山口善福寺を開山（明細） 真教、白幡道場（現、千葉市浄土宗来迎寺）にて別時修行（上人史） 永仁年中、真教、新潟刈羽郡法界寺を開山（明細） この頃（年代不詳）、越中国放生津にて、南条九郎、真教と往生について問答ののち念仏者となる。また越後国萩崎極楽寺の契範円観房が真教に法門を尋ね帰依（縁起絵） この頃、真教、信濃国善光寺に参詣。参籠中、日中の念仏を御前の舞台で修行。甲斐国一条の某（甲府）の問いに答える。同国中河にて人々に和歌を書き与える。同国小笠原にて日蓮の衆徒らが道場に乱入し念仏を誹謗するが、真教、教え諭してことなきをえる。御坂にて板垣入道、河口まで真教を送る。板垣入道、宿に帰り真教の真影の前で往生（縁起絵） **5月** 随阿智道、沼津海照寺を開山（明細） **8・23** 聖戒、『一遍聖絵』十二巻を成す。絵は法眼円伊（奥書） **8月** 真教、近江多賀神社に円鏡を納める（銘・闕記） 真教、布施河（下総布施）を遊行（縁起絵）
日本史関係	

1302	1301	1300	
乾元 1 壬寅	3 辛丑	2 庚子	
	後二条 1.21		
3・4 真教、越前敦賀に数日を送る間、江州小野社の神主実信の請により近江に至る（縁起絵）	8・25 真教の法弟堯山、浜名妙光寺を開山（明細） 10月 真教、伊勢国に入り皇太神宮に参拝。伊勢外宮にて、真教の手より金色の光放つ（縁起絵） 11月 真教、櫛田（松阪）の赤御堂に逗留（縁起絵） この年、真教、越前敦賀氣比大神宮の参道を修理し、道俗これに参加（御砂持神事）（縁起絵） 真教、兵庫の一遍御影堂を真光寺と称す（明細） 真教、七条仏所仏師康弁より定朝以来の邸跡（七条東洞院）の寄進を受け、弟子有阿呑海に、その地に七条道場（金光寺）を建立させる（七記） 真教、敦賀西方寺を改宗（明細） 真教、越前今立元町金蓮寺を改宗（明細） 真教、小山小四郎朝政を開基として、下野小山現聲寺を開山（明細） 真教、八王子西念寺を開山（明細） 真教の法弟其阿、井川新善光寺を開山（明細） 通岩、重須光明寺を開山（明細）	1・22 浄阿真観、上野板鼻にて真教の弟子となる（浄阿・縁起絵） 真教、青梅勝沼乗願寺を開山（明細） 真教、橋本教恩寺を開山（明細） 真教、鹿島神向寺を開山（明細） 真教、浜名教興寺を開山（明細） この頃、『一遍上人行状』成立か（続群書類従）	真教、大沢東養寺を開山（明細） 高宮城主高宮宗忠、真教に帰依し、高宮寺を開基（明細）
12・11 鎌倉大火	12・7 京都大火 12月 覚如、『拾遺古徳伝』撰述	閏7・3 叡尊、興正菩薩号を賜わる 9・17 大友頼泰没 舜昌、『法然上人行状画図』（『四十八巻伝』）奉献	

西暦		1303	1304
年号干支		嘉元1 癸卯	2 甲辰
天皇	（後二条）		
将軍	（久明親王）		
独住遊行	（真教）		真教（当麻） 3智得
時宗関係	3・9 真教、竹生島に参詣の折、常住ら巌飛びの水練を披露（縁起絵） 8・15 真教、摂津国兵庫島に着き、一遍の御影堂に詣でる。17日より観音堂で七日間の別時念仏会を修行（縁起絵） 秋、真教、武州浅提に逗留中、小野実信より小野社の神鏡が届く（縁起絵） 近江国小蔵律師、往生について真教に教えを請う（縁起絵） 陸中中根子常楽寺、根子和泉守が真教の弟子其阿と共に下館に建立（明細）	3月 智得、川越常楽寺を開山（明細） 12月 真教、相州当麻にて歳末の別時念仏を修す、群集、雨のごとく参詣（縁起絵） この年、真教、上総の小見・銚子・佐倉や下総へ遊行（縁起絵） 真教、豊田長照寺を中興（明細） 真教 白金松秀寺を開山（明細） 有阿（呑海）、七条道場に西光院以下塔頭六院を建つ（七記） 宗俊『一遍上人縁起絵』全十巻成る（浅山「六条縁起」）	1・10 真教、遊行を智得に譲り、相州当麻無量光寺を開山して独住。智得、平塚にて賦算を始める（遊系。麻山集では嘉元1年2月） 5月 智得、熊野三山に参詣（熊野） 真教、河口法蓮寺を開山（明細） 真教、水海吉祥寺を開山（明細） 真教、平塚教善寺を開山（明細） 弁阿、沼津安養寺を開山（明細）
日本史関係	この年、幕府は一向宗の諸国横行を禁ず	4・6 鎌倉大地震 7・12 忍性没 11月 幕府、専修念仏を停止 9月 幕府は一向宗と号して諸国を横行することを禁じる 12月 藤原為世、『新後撰和歌集』撰進	5・19 顕意道教没

	1305	1306	1307	1308
	3 乙巳	徳治1 丙午	2 丁未	延慶1 戊甲
				花園 8.26
				守邦親王
	3・15 時阿沢山、成沢源福寺を開山（明細） 7・27 御影堂派祖王阿寂す（新善光寺旧塔頭過去帳） 真教、白幡道場（現・千葉市浄土宗来迎寺）にて別時を勤修（法語） 渡船、京都に誕生（遊系）	1・8 浄阿、熊野本宮に参詣。11日新宮に参る（霊夢） 1・25 真教、『別時念仏番帳』を書く（奥書） 2・13 京福田寺開山堯空寂す（七過） 6・1 真教、掃部助入道心性をして『一遍上人縁起絵』十巻を画かしめ熊野本宮に奉納（縁起記） 9・15 真教、『道場誓文』を書き、時衆を誡める（奥書） 真教、武蔵新座道場片山法台寺（現・浄土宗法台寺）を開山（上人史） 真教、館林応声寺を開山（明細） 真教、烏山極楽寺を開山（明細） 真教、温水専念寺を開山（明細） 法阿、加茂西光寺を開山（明細） 智得の法弟直阿、浜松法蔵寺を開山（明細）	4月 京金蓮寺本『一遍上人縁起絵』（宗俊本）の摸写二十巻成る（奥書） 9月 真教、越後三条乗蓮寺を開山（明細） 秋、或る人の招請により真教、上総国に赴き長南道場に逗留（法語） この年、真教、平将門の霊を化導。これが江戸日輪寺の濫觴となる（同寺記）	真教、神戸（兵庫）南逆瀬川長楽寺を開山（明細） 真教、神戸満福寺を開山（明細） 有弁、三島光安寺を開山（明細）
			3・2 関東大地震	3・25 幕府、河野通有に西国追捕を命じる

西暦	1309	1310	1311
年号 干支	2 己酉	3 庚戌	応長 1 辛亥
天皇	（花園）		
将軍	（守邦親王）		
独住 遊行	（真教） （智得）		
時宗関係	春、真教、浄阿真観を京都に派遣。浄阿、京四条京極の釈迦堂に寄居（浄阿・霊夢） 真教、尾道常称寺を開山（明細） 声阿通天、三島西福寺を開山（明細）	**9月** 真教、熊野に詣で、下向の途次、遠江鎌塚に宿す。勝田証阿と歌合あり（法語） この年、京極為兼、真教を訪ねて法話を聴き互いに和歌を詠ず（法語）	春、浄阿、広義門院寧子御産につき、参院し念仏算を献じて奇瑞あり（浄阿） **閏6・19** 真教、波多野出雲入道に消息して浄阿真観に賦算の形木を付与（浄阿） **8・22** 毛利丹後守大江時元、佐橋専称寺建立のため土地を寄進（専文） **8・27** 浄阿、四条道場錦綾山太平興国金蓮寺を開山。浄阿に上人号の院宣（浄阿） **11月** 北山入道太政大臣西園寺実兼、『一遍聖絵』を借覧し、櫃を新調して返却（蓋書） **11月** 一向義空菩薩の二十七回忌につき、行蓮が願主となり、墨書礫を埋納（山形県高野坊遺跡） この年、真教、熊野に参詣（大鏡） 真教、甲斐若神子長泉寺を真言宗から改宗（一説に正応年中）（明細） 真教、舞木円福寺を開山（明細） 真教、越後北条専念寺を開山（明細） 真教、千葉臼井光勝寺を開山（明細） 真教の法弟覚阿、三島田福寺を開山（明細）
日本史関係		この頃、勝間田長清『夫木和歌抄』成る	**7・14** 河野通有没 この年、凝然、『浄土法門源流章』撰述

1314	1313	1312
3 甲寅	2 癸丑	正和1 壬子
2・15 崇徹、洲島仏性寺を開山（明細） 2・17 霊山派祖国阿随心、播磨に誕生（国阿） 9・9 真教、近江の安食九郎左衛門実阿の四十八条の問いに答える（法話） 9・16 真教、熊野参詣に向け四条道場をたつ（浄阿）	8・15 暁月房（藤原為守）、真教を訪ね和歌の応酬あり（法話） 歳末、佐竹安芸守貞俊寿阿、真教を訪う（法語） 真教、静岡長善寺を開山（明細） 真教、直江西光寺を開山（明細） 真教、尾道常称寺を天台宗から改宗（明細） 覚阿観真、中小松仏成寺を開山（明細） 有阿（呑海）、益田万福寺に留錫、越年。ときの住僧随音、有阿に帰依し、改宗（万福寺史）	3・15 真教、大知波向雲寺を開山（明細） 3・26 真教に上人号の綸旨下る（浄阿） 4・19 解意派二世蓮阿智道寂す（新善光寺過去帳） 5・15 胤阿覚栄、村山郡富並に西念寺を開山（明細） この年、頓阿、高野山を下る（頓阿） 真教、甲州の一条源八時信の帰依を受け、一条道場一蓮寺を開山（明細） 越後国の某、所労の折に真教の弟子に看病される夢をみて、病悩平癒（縁起絵） 越後国鵜河庄萩崎極楽寺の契範円観房という碩学、柏崎に逗留中の真教に法門を尋ね、帰依（縁起絵） 真教、信州善光寺に七日参籠、日中の念仏を御前の舞台で勤修（縁起絵） 真教、小山光照寺を開山（明細） 真教、甲斐国中河にて人々に和歌を書き与える（縁起絵） 真教、久喜松岸寺を開山（明細）
	10月 京極為兼『玉葉和歌集』成る	

西暦		1315	1316	1317	1318
年号干支		4 乙卯	5 丙辰	文保 1 丁巳	2 戊午
天皇	（花園）				後醍醐 2.26
将軍	（守邦親王）				
独住遊行	（真教） （智得）				
時宗関係	この年、真教、大竹円光寺を開山（明細） 等空覚阿、常滑三光院を開山（明細）	真教、八王子宝樹寺を開山（明細） 真教、掛馬満徳寺を開山（明細）	**2・13** 真教、七条道場の有阿（呑海）に賦算の形木（版木）を送り、念仏勧進を許す（七文） **6月** 冷泉為相、当麻に真教を訪う（法語） 小倉蓮台寺「伽藍古跡図絵」成る（同図） 真教、海老島道源寺を開山（明細） 真教、古町合性寺を開山（明細） 有阿（呑海）、安中長徳寺を開山（明細） 正和年中、真教、府中長福寺を開山（明細） この頃、真教、「既に道場百所許に及候」という（七文）	**6・1** 仏師法橋仙賢、高宮高宮寺の伝切阿像を造立（同像銘） 覚阿、静岡安西寺を開山（明細）	**2・13** 国府津蓮台寺蔵の真教寿像造られる（同像胎内銘） **5・27** 真教、会津弘長寺を開山（明細） **10・19** 津島西福寺開山一向戒弟弥阿寂す（85）（仏向寺血脈譜） 冷泉為相が出題の四十八願の歌のうち、真教、第十八願を詠ず（法語） 真教、下畑金蓮寺を開山（明細） 真教、布施善照寺を開山（明細） 真教、九日市西光寺を開山（明細）
日本史関係		**3・14** 浄土宗名越派祖尊観没			

1321	1320	1319	
元亨 1 辛酉	2 庚申	元応 1 己未	
		智得（当麻） 4 呑海	
呑海、結城金福寺を開山（明細） 呑海、石見益田万福寺を時宗として復興（明細）	**7・1** 智得、酉刻、当麻にて寂す（60）（遊系・往過） **10・4** 呑海、無量光寺真光が「他阿弥陀仏」と称したことを批判（七文） 智得、千葉名古屋乗願寺を開山（明細） 乗阿、称阿・名阿父子を開基とし、福岡称名寺を土井に開山（明細）	**1・10** 真教、この夜より病床に就く（法語） **1・27** 真教、未刻、当麻道場無量光寺にて寂す（83）（遊系・往過）。智得、当麻道場無量光寺に独住（遊系） **3・15** 真教、本郷本福寺を開山（明細） **4・6** 有阿、因幡国昧野西光寺にて智得から遊行相続、呑海と号す（55）（遊系） **8・26** 智得、呑海に書を送り遊行中の心得を教え、また眼病のため給仕する者二人を要望（七文） **8月** 什阿白道、若宮戸常光寺を開山（明細） **10・4** 智得、呑海に書を寄せ、中国路の遊行入念たるべきを諭す（七文） 呑海、戸塚親縁寺を真言宗から改宗（明細） 真教、福井大野恵光寺を開山（明細） 真教、椎塚善吉寺を開山（明細） 真教、勝部最明寺を開山（明細） 足利尊氏、名古屋円福寺を開基（明細） **12・17** 長崎薗阿	真教、下都賀郡宗光寺を開山（明細） 真教、岩松青蓮寺を律宗から改宗（明細）
9月 凝然没 **9月**『黒谷上人語録』刊行	二条為世、『続千載和歌集』を撰出 この頃、『法然上人伝』成るか	**7・2**『野守鏡』の著者六条有房没 行観覚融、『観経四帖疏私記』撰述	

西暦		1322	1323	1324
年号干支		2 壬戌	3 癸亥	正中1 甲子
天皇	（後醍醐）			
将軍	（守邦親王）			
藤沢遊行	（智得） （呑海）			
時宗関係	幕府が諸国を遊行する一向衆を弾圧しようとした際、浄土真宗側より自宗とは関係ないことを上申される（本願寺申状）	**10・27** 陸前志田郡三本町若宮八幡社に、時宗念仏への結縁者六十八名の板碑が立つ（報告書） 真教、浜川来迎寺を開山（明細） **6・30** 関屋関阿	**2・15** 聖戒、洛東鳥辺山の草庵にて寂す（63）（弥阿） **7・5** 呑海、仏母金剛行顕に『一遍上人縁起絵』十巻を書写させる（真光寺本奥書） **8・15** 播州の時衆湛阿、大衆を勧進して教信沙弥のために大念仏会を修行（峰相記） 呑海、小堤光明寺を開山（明細） 礼智阿、古河西光寺を開山（明細） 神戸真光寺蔵『紙本著色遊行縁起』成る（同絵巻）	**8・2** 比丘尼浄阿弥陀仏、七条道場金光寺へ塩小路以北高倉西面の九所、五戸主余を寄進する（七文） この年、呑海、藤沢西富諏訪神社を勧請（風土記稿） 呑海、常陸太田浄光寺を開山（明細・佐竹系譜） 礼智阿、宇都宮本願寺を開山（明細） 真教の法弟覚阿、焼津普門寺を開山（明細） 元愚、加賀斎藤氏に誕生（遊系） この頃、蔵阿輪長、常陸龍泉寺を開山（明細）
日本史関係	**11月** 法明、融通念仏宗を中興	**8月** 虎関師錬、『元亨釈書』撰述 **9・10** 西園寺実兼没		

1328	1327	1326	1325
3 戊辰	2 丁卯	嘉暦 1 丙寅	2 乙丑
	2 安国 6 一鎮		1 呑海（藤沢） 5 安国
11・18 同阿『一向上人伝』成る（宗典下） この年、一鎮、京一条道場迎称寺を開山（同書上）	2・18 酉刻、呑海、清浄光院にて寂す（63）（遊系・往過） 4・1 七条道場金光寺三世与阿、越後曾禰津長福寺にて遊行相続、一鎮と号す（鐙上人略縁起・遊系） この年、安国、清浄光院に独住（遊系） 呑海、藤沢藤勢寺を開山（明細） 呑海、下妻仲居指満願寺を開山（明細） 呑海、下妻安楽寺を開山（明細）	12・2 四天王寺寂静、『聖徳太子伝暦』を書写（清浄光寺現蔵）（奥書） 安国、登米真福寺を開山。のち仙台に移転（真福寺縁起） 安国、亘理東光寺を開山（東光寺縁起） 呑海、北条無量院を開山（明細） 一道、茨城郡能福寺を開山（明細） 呑海『呑海上人御法語』成るか（宗典上）	1・11 七条道場金光寺二世師阿、武蔵芝宇宿にて呑海より遊行相続、安国と号す（遊系） 1月 呑海、藤沢道場清浄光院を開山、独住して藤沢第一世となる。また塔頭真浄院建立（遊系・遊縁） 2月 呑海、奥原願名寺を開山（明細） 5・12 呑海、書状にて安国に回国を激励（七文） 8・16 大仏師康弁法眼寂す。七条道場の地を真教に寄進した人（七過） 10月 安国、白石常林寺を開山（明細） 呑海、稲毛田来迎寺を開山（明細） 呑海、石岡華園寺を開山（明細）
3・1 良暁没 7月 冷泉為相没			6・9 行観没

西暦		1329	1330	1331	1332
年号 干支		元徳 1 己巳	2 庚午	元弘 1 元徳 3 辛未	元弘 2 正慶 1 壬申
天皇	（後醍醐）			光厳 9.20	
将軍	（守邦親王）				
藤沢 遊行	（安国） （一鎮）				
時宗関係	一鎮、上越称念寺を開山（明細） 但阿、尾道海福寺を開山（明細） 島津貞久、薩摩伊集院に龍泉寺を開基（同棟札） 6・5 薗田覚阿	10・15 如国、山形十日町正明寺を開山（明細） 自空、隠岐佐々木清孝の子として誕生（彰考館本遊行系図・歴代簿）	9・28 一鎮、七条道場金光寺を京都時宗の中心とすることを要請（七文） 10・11 一鎮、七条道場および臨阿に宛て、僧尼の愛欲の誡めとして規式を定める（七文） この年、小松仏成寺開山覚阿観真寂す（明細） 2・17 高宮切阿 6・29 梅田師阿	2・13 越後佐橋道場専称寺開基大江時元慈阿寂す（同文書） 2月 六条道場歓喜光寺三世弥阿瑞光、『弥阿上人行状』を著す（奥書） 真教の法弟久阿、所沢長久寺を開山（明細） 12・24 勝蓮萃孤一	一鎮、山名光台寺を開山（明細） 後醍醐天皇皇女・瓊子内親王、米子安養寺を開山（明細） 其阿、瓜連西福寺を開山（明細）
日本史関係	11月 暁月房為守没 極楽寺忍性、菩薩号を賜わる	兼好、『徒然草』撰述 道光没		8月 元弘の乱 9月 楠木正成挙兵	3・7 幕府、後醍醐天皇を隠岐国に、翌8日、尊良親王を土佐国に、尊澄法親王を讃岐国に流す 3・21 京極為兼没

1337	1336	1335	1334	1333
延元2 建武4 丁丑	延元1 建武3 丙子	建武2 乙亥	建武1 甲戌	元弘3 正慶2 癸酉
	光明 8.15			
3・13 七条道場金光寺三世持阿寂す（七過） 8・18 専阿、村山郡谷地西蔵寺を開山（明細）	2月 伊予河野通治、藤沢上人をたのみ遁世することを請う。安国、建長寺南山に請い得度させる（予章・史料・越系） 8・25 解意派新善光寺三世超阿単了寂す（同寺過去帳・記録）	7・1 御影堂新善光寺三世連阿寂す（同寺旧塔頭過去帳） この年、清浄光院鎮守諏訪神社創立（同社文書・明細） 甲府一蓮寺開山法阿の弟子一花、市川大門花台寺を開山（明細）	2・15 解意派新善光寺、後醍醐天皇より「解意一派」の勅額を下賜される（明細） 6月 七条東仏所幸俊、七条道場にて六代上人の像を作る（仏師） 安国、登米専称寺を開山（明細） 瓊子内親王、一鎮について落髪（安養寺文書）	1・30 赤坂城攻めの鎌倉方人見四郎恩阿討死。時衆聖、その首を子息にもたらす（南山・太平記） 5・5 当麻道場無量光寺四世内阿真光寂す（54）（麻山集） 5・9 京で敗れた六波羅探題北条仲時ら、江州番場宿にて討死・自害四百三十二人。番場道場の聖、これに法名を与え過去帳に記す（蓮過・太平記・後鑑） 5・22 鎌倉落城の際、南部茂時（正阿弥陀仏）の屍を清浄光院に葬る（遊系・後鑑） 5月 藤沢の時衆、鎌倉の戦場にて頻りに念仏往生を勧める（金台） 12・26 六条道場歓喜光寺二世一色寂す（64）（歓過） 南部信長、茂時菩提のため三戸郷相内に教浄寺を開基（明細） 5・30 朝隈正阿
9・25 覚如『改邪鈔』成る	足利尊氏開幕 11・7 足利尊氏、「建武式目」制定		建武の新政	5月 鎌倉幕府滅亡

西暦		1338	1339	1340	1341
年号 干支		延元3 暦応1 戊寅	延元4 暦応2 己卯	興国1 暦応3 庚辰	興国2 暦応4 辛巳
天皇	（後醍醐） （光明）		後村上 8.15		
将軍	（守邦親王）	足利尊氏			
藤沢 遊行	（安国） （一鎮）	3 一鎮 7 託何			
時宗関係	12・3 丑刻、安国、藤沢道場清浄光院にて寂す（59）（遊系・往過） 9・25 吉江珠阿	4・19 宿阿、越前河井庄往生院（のちの長崎道場称念寺）にて一鎮より遊行相続、託何と号す（遊系） 閏7・2 新田義貞、斯波高経と越前国藤島に戦い敗死、長崎往生院（称念寺）の僧、その屍を寺庭に葬る（南山・太平記・同寺記） この年、義貞の遺子貞氏、遊行聖の庇護により救われ良阿と号す（由良家系図） 冬、託何、越前より京に入る（七記） 11・5 名越持阿　11・28 中野直阿	1月 蓮阿知張房、天童高野辺仏性寺を開山（明細） 6・17 託何、小早川安芸禅門に念仏信心を勧める。加賀歩町殿へも同様（七語） 8・1 後醍醐天皇皇女瓊子内親王安養法尼寂す（伯州安養寺記） 10・6 託何、『蔡州和伝要』を著す（奥書） 10・18 足利尊氏、七条道場に寺領安堵の状を与える（七文） この年、三河大浜道場称名寺を開山（同寺記） 四条道場金蓮寺浄阿、大和長谷寺往生院奥の坊（浄阿堂）建立（望月仏教大辞典） 三河政所声阿の弟子釈阿、大浜称名寺を開山（明細）	1・20 託何、四条道場金蓮寺浄阿の回心を悦ぶ（七語） 託何、本郷称名寺を開山（明細）	閏4・14 本願寺覚如、四条朱雀道場で乗専に『唯信抄文意』を書写させる（兵庫県川辺郡小浜村長尾毫摂寺蔵同書奥書・赤松俊秀『鎌倉仏教の研究』）
日本史関係		8・5 二条為世没	8・16 後醍醐天皇崩御 この年から、中原師守、日記（師守記）を記す		12・23 天竜寺船の派遣定まる

	1342	1343	1344
	興国3 康永1 壬午	興国4 康永2 癸未	興国5 康永3 甲申
5・3 解阿、『防非鈔』を書き、僧尼の行儀をただす（跋） 6・2 四条道場金蓮寺開山浄阿真観寂す（73）（浄阿・史料・往過） 頓阿、四条道場浄阿の死をいたみ作阿（二世浄阿）に贈歌（頓阿） 足利尊氏、尾道常称寺本堂を建立（明細）	3・5 託何、尾道の道場に滞在（器朴論・西江寺記） 3・26 四条道場金蓮寺二世浄阿、上人号綸旨（歴代記） 5月 海雲、半田光照寺を開山（明細） 11月 託何『無上大利和讃註』成る（宗典上） 託何、『東西作用抄』にて、僧尼の統制と行儀をただす（宗典下） 重阿、守山守善寺を開山（明細） 刻阿の法弟厳道、小浜西林寺を開山（明細） この頃、三条坊門油小路道場西興寺建立か。式阿道場、色阿道場ともいう。また、麓道場浄宝寺、樋口大宮道場長福寺などの活動も見られる（師守記）	9・13 この夜、四条道場金蓮寺にて郢律講を修行（時衆・早歌衆・高阿・慈阿・公阿）（祇園） 6・24 一条其阿　6・25 備後草津唯阿　7・17 放生津臨阿　8・3 京七条重阿 8・14 尾道尺阿	4月下旬 託何、九州の巡化をおえて四国伊予に滞在（条条） 6・26 奥谷道場宝厳寺珍一房寂す。この時より奥谷派遊行支配下となる（条条・往過） 6月頃 託何、『条条行儀法則』を著す（奥書） 8月 託何、鶴岡長泉寺を開山（明細） 10・2 当麻道場無量光寺五世相阿慈光寂す（58）（常楽記・麻山集）
			夢窓疎石『夢中問答』出版

西暦	1345	1346	1347
年号 干支	興国6 康永4・貞和1 乙酉	正平1 貞和2 丙戌	正平2 貞和3 丁亥
天皇	（後村上） （光明）		
将軍	（尊氏）		
藤沢 遊行	（一鎮） （託何）		
時宗関係	7・16 一鎮、葛生秀林寺を開山（明細） 8・3 僧本性、七条高倉敷地を七条道場へ寄進（七文） 10月 託何『他阿弥陀仏同行用心大綱註』成る（奥書） 12・2 乙夜叉、七条高倉南の地を七条道場へ寄進（七文） 12・24 忌部姫鶴女、七条高倉南の地を七条道場金光寺へ売り渡す（七文） この年、託何（実際は弟子託岸）、佐渡大願寺を開山（明細） 1・3 一宮珠阿	4月 頓阿、兼好と共に内野において六時念仏を始める（頓阿） 10・13 武田信武（信方の息）、甲府一蓮寺に合七町七反の地を寄進（一蓮） 10・14 香雲、村山郡名取に蓮化寺を開山（明細。一説では正慶1年） この年、託何、日向国都城を廻国（三国名勝図絵）	4・18 津島蓮台寺開山弥阿寂す（同像銘） 11月 鎌倉教恩寺、浄土宗材木座光明寺境内に建立される。延宝6年、僧貴誉により現在地に移転される（明細） 12・18 六条道場歓喜光寺焼失（師守記） この年、真岡長蓮寺、西郷台より、真岡に移転（明細） 国阿随心、託何の弟子となる（国阿） 渡船、佐渡大願寺塔頭海潮庵（宝林寺）・観音院を開山（明細） 釈阿俊澄（信濃の人、のち智演）、四条派末堺の四条道場引接寺を開山。堺の富商三宅十五郎（出家名専阿）、その父五郎三郎の病気快癒を智演に託し、その快癒の報謝として住吉社領内に同寺を建立。七堂伽藍坊舎四十余院あり（同寺縁起・旧版『堺市史』）
日本史関係		7・24 虎関師錬没	

1351	1350	1349	1348
正平 6 観応 2 辛卯	正平 5 観応 1 庚寅	正平 4 貞和 5 己丑	正平 3 貞和 4 戊子
			崇光 10.27
2・26 高師直・師泰兄弟、上杉能憲に誅せられる。この時二人は裳無衣を着て時衆に混じる（太平記・往過） この年、千葉貞胤、常胤の遺教により、真教を中興開山として、海隣寺を再建（明細）	5・6 東山長楽寺本尊開帳。夢想による（祇園） 6・8 祇園執行顕詮、京一条道場（迎称寺）に与阿を訪う（祇園） 秋、丹波広法寺快円、国阿に帰依して時衆となり師阿と号す（国阿） 8・27 美濃の土岐周清兄弟、捕らわれて六波羅地蔵堂焼野において討たれる。その際、裳無衣を着ていたという（祇園） 尊明、美濃山田氏に誕生（遊系） 3・5 西御門来阿　7・4 信州国府師阿　11・19 波宮像阿	12・6 甲府一条道場一蓮寺開山法阿朝日寂す（往過・同寺記） 国阿、諸国霊仏霊社を巡礼し、丹波・丹後・但馬・摂津を修行（国阿随心小伝） 安国、玉名願行寺を開山（明細） 託何（実際は渡船）、宿根木称光寺を開山（明細） 尊観、誕生（遊系） 1・12 国府津文阿　12・27 足利声阿	1・2 大浜道場称名寺開山声阿寂す（79）（同寺記） 4・26 当麻道場無量光寺六世融西如心寂す（64）（麻山集） 12・2 乙夜叉、七条高倉南の地を七条道場金光寺へ売り渡す（七文） この年、上杉重能の妻、往生院（称念寺）にて出家（太平記） 1・6 杉崎眼阿　2・25 蔵王堂相阿　8・14 糯田量阿　8・18 来去律乗阿　12・23 梅田師阿 12・○ 下条尺阿
1・17 高師冬没（常楽記） 1・19 覚如没 9・30 夢窓疎石没	11月 観応の擾乱	2月 清水寺焼失	足利尊氏の弟直義と高師直・師泰兄弟が対立

西暦		1352	1353	1354
年号 干支		正平7 文和1 壬辰	正平8 文和2 癸巳	正平9 文和3 甲午
天皇	(後村上) (崇光)	後光厳 8.17		
将軍	(尊氏)			
藤沢 遊行	(一鎮) (託何)			8 渡船
時宗関係	観応年中、託何、「軍勢に相伴う時衆」の心得を作成（七文「自空上人応永六年十一月二十五日掟」） 11・25 備中矢田無阿	3・9 解意派四世良阿単求寂す（新善光寺過去帳・記録） 其阿碩応、伊達家余目家任を開基として、岩切城下南宮庄に水沢長光寺を開山（明細） 勢州長野の道場（千手寺）時衆が長野城の落城に際して、敗残者を庇護することなどあり（七語） 9・8 梅田作阿　11・6 円勝寺覚阿　11・21 越前国府一阿	3・24 廓周、山形鉄砲町向泉寺を開山（明細） 8・9 託何、菅浦阿弥陀寺を開山（明細） 8・15 託何、尾道西江寺本堂を建立（棟札銘） この年、託何、尾張萱津において足利尊氏と対面（七語） 1・8 赤間河口宿阿　5・15 赤間関信阿	1・7 託何、「西江寺」扁額を揮毫（尾道西郷寺蔵） 7・22 京七条魚座の地、七条道場金光寺に寄進される（史料・七記） 8・20 卯刻、託何、七条道場にて寂す（遊系・往過） 9・8 底阿、清浄光寺にて遊行相続、渡船と号す（50）（遊系） 10・27 御所道場遠州見付省光寺六世慈海（尊氏三男）寂す（同寺過去帳） この頃、託何の法弟向阿、諸川向龍寺を開山（明細） 1・3 黒駒弥阿　1・5 兵庫連阿　2・10 江守声阿　3・18 淀声阿　9・17 大山往阿　閏10・27 中条潔阿
日本史関係				

1355	1356
正平10 文和4 乙未	正平11 延文1 丙申
	4渡船 9白木

1355

3・13 渡船、直江津より佐渡三崎（小木）に着く。のち府中橋本道場（大願寺）に遊行。7月29日府中を出発。『遊行八代渡船上人廻国記』あり（宗典上）

3・18 臨阿、久美浜浦明道場より天橋立道場に転住（厨子銘）

9月 法印請厳、『頬焼阿弥陀縁起』二巻を作り十二所道場光触寺に寄進（奥書）

12・22 寅刻、一鎮、清浄光寺にて寂す（79）（遊系・往過）

1・7 今湊漢阿　2・11 丹後国府師阿　2・18 糯田漢阿　6・27 佐橋界阿

9・8 越州荻給阿　10・8 蔵王堂時阿　12・23 越三条重阿　12・25 高月与阿

1356

2・7 渡船、三条をたち、新潟国上寺を経て寺泊に到着（遊行八代廻国記）

2・27 四条道場金蓮寺二世浄阿、上人号綸旨（歴代記。小倉蓮台寺記録では正平18（貞治2）年2月26日）

3・4 渡船、一鎮の百ヶ日の法要を修行（遊行八代廻国記）

3・22 界阿、越後国府応称寺（現・上越市称念寺）にて渡船から遊行相続、白木と号す（42）（遊系）

4月 天台僧実円、四条道場金蓮寺四世浄阿に帰依し、小柿常勝寺を天台宗から改宗（明細）

5月 託何の法弟国阿が修行中、天台僧真如房、国阿に帰依し、名を直阿と改め、天台宗から改宗して神戸薬仙寺を中興開山（明細）

7・5 清浄光寺の洪鐘成る（銘・集古）

8・23 佐々木高氏、四条道場に敷地を寄進。元弘以来戦没者の追福のため（後鑑・四文）

11・28 乙夜叉、七条南面高倉西の地を七条道場金光寺へ売り渡す（七文）

12・3 管領基氏畠山道誓の申請により武州本田教念寺に土地を寄進（後鑑）

白木、湊光明寺を開山（明細）

其阿岩秀、茶畑願生寺を開山（明細）

向阿、村山郡楯西に西運寺を開山（明細）

1・10 越三条戒仏　1・8 宰府持阿　5・11 勝田也阿

西暦	1357	1358	1359	1360	1361
年号 干支	正平12 延文2 丁酉	正平13 延文3 戊戌	正平14 延文4 己亥	正平15 延文5 庚子	正平16 康安1 辛丑
天皇	（後村上） （後光厳）				
将軍	（尊氏）	足利義詮			
藤沢 遊行	（渡船） （白木）				
時宗関係	10・27 番場蓮華寺三世同阿良向寂す（72）（血脈譜） 3・8 宇都宮弥阿　10・24 豊前教阿	7月 天橋立道場万福寺願主一色氏、再建二十五間の伽藍の上棟を行う（厨子銘） この年、二条良基と頓阿の『愚問賢註』成る（頓阿）	2・27 六条道場歓喜光寺三世弥阿瑞光寂す（73）（歓過） 10・9 大浜道場称名寺本堂上棟。願主、遠江守源親平法名誓阿（同寺記） この頃、頓阿『草庵集』正編成るか（続編、貞治五年頃成るか） 4・20 長崎薗阿　5・21 黒駒弥阿	8・25 四条道場金蓮寺二世浄阿寂す（57）（歴代記・四記・往過） 9・3 熱田円福寺初世厳阿、四条道場三世浄阿に登位（66）（同寺記録・歴代記） 10・25 甲府一条道場一蓮寺二世信順（俗姓武田信方）寂す（同寺過去帳） この年、厳阿、熱田円福寺を開山（四記） 1・13 萱津梵阿　7・1 梅田重阿　8・10 佐渡僧阿　9・6 上条能阿　9・10 松永声阿 9・11 越前中野直阿　9・14 倉本直阿　9・14 木川田来阿　9・25 三条時阿 10・16 活田眼阿　11・11 宰府覚阿　11・13 発駄師阿	3・24 兵庫薬仙寺初世直阿寂す（同寺記録） 3月 渋谷薩摩守平重信、薩摩西前寺を開基（明細） 9・29 当麻道場無量光寺七世真空寂す（麻山集） この年、国阿、但馬国を勧化（国阿） 6・7 高宮切阿　7・27 梅沢漢阿　9・6 博多乗阿　9・12 矢野宣阿　10・1 阿波八万来阿 10・5 高宮陵阿　10・8 橋本厳阿　12・3 下新田時阿
日本史関係		4・30 足利尊氏没	4月 二条為定、『新千載和歌集』撰進	3・14 二条為定没	

1366	1365	1364	1363	1362
正平21 貞治５ 丙午	正平20 貞治４ 乙巳	正平19 貞治３ 甲辰	正平18 貞治２ 癸卯	正平17 貞治１ 壬寅
4・11 明阿弥陀仏、近衛油小路の地を七条道場金光寺へ寄進（七文） **5月** 由阿、上洛し二条良基に『万葉集』を講義（詞林・史料） **11・25** 由阿『詞林采葉抄』成る（奥書）	春、国阿、兵庫元祖廟前に報恩行を修す。真光寺に参籠のとき真如房帰依し、直阿と号す。直阿、薬仙寺を中興開山（明細） 秋、二条関白良基、冷泉宰相為秀をもって由阿に上洛を勧める（詞林） 尊恵、武州人見氏に誕生（遊系） - - - - - - - **1・2** 益富作阿　**7・5** 蔵王堂伴阿　**7・12** 赤松留阿　**7・18** 高野和阿　**10・6** 三宅来阿　**11・19** 勝田也阿	**2・8** 三条坊門油小路念仏堂（式阿道場）弘阿弥陀仏寂す（師守記） **3・28** 六条道場歓喜光寺四世弥阿正道寂す（69）（歓過） **6・3** 甲府一条道場一蓮寺三世法阿智光寂す（同寺記） **8・2** 尾道慈観寺開山慈観寂す（同寺書上） **10・23** 天橋立道場臨阿、白木を請じて本堂慶讃式を行う（厨子銘） この年、将軍足利義詮、御所道場省光寺に梵鐘その他を寄進（同寺記） - - - - - - - **4・15** 会田興阿　**10・5** 一花堂乗阿	国阿、神戸慈光寺を開山（明細） - - - - - - - **3・17** 尾道弥阿　**5・16** 小野覚阿　**6・17** 私部乗阿　**10・3** 伊予与阿　**12・7** 博多重阿	**8月** 慈観、尾道慈観寺を開山（明細） **9・18** 畠山国清兄弟、宮方となって敗れ、義深は藤沢道場に遁れ、国清と式部大輔はひそかに京に入り七条道場の聖に救われる（太平記・後鑑） - - - - - - - **2・4** 江守声阿　**2・6** 会田都阿　**3・20** 吉江昧阿　**5・2** 勝田也阿　**7・13** 八蔵量阿　**8・16** 宇都宮与阿　**9・7** 正親町底阿　**10・6** 江守声阿

西暦		1367	1368	1369	1370
年号干支		正平22 貞治6 丁未	正平23 応安1 戊申	正平24 応安2 己酉	建徳1 応安3 庚戌
天皇	（後村上） （後光厳）		長慶 3.11		
将軍	（義詮）		足利義満		
藤沢遊行	（渡船） （白木）	10 元愚			
時宗関係	この年、四条道場金蓮寺で別時念仏会を修行（吉田家日次記） 1・13 七条文阿	5月 安陪弥之の妹法月尼、堅苔沢円通寺（留棹庵）を開山（明細） 6・18 酉刻、白木、駿州府中長福寺にて寂す（53）（遊系・往過） 7・7 元愚、清浄光寺にて遊行相続（遊系） 8・5(6カ) 解意派五世円阿単冏寂す（新善光寺過去帳・記録） 8・15 行同、村山郡蟹沢守源寺を開山（明細） この年、南部信光、甲州神郷に常福寺を開基（応永18年に八戸に移転、寛永4年遠野に移転。成福寺と改称し、のち常福寺と号す）（寺々） 6・28 松永声阿 9・16 赤間関来阿	5・17 忍阿玄悦、村山郡高櫛に石仏寺を開山（明細） 8・15 其阿智廓、村山郡東根西興寺を開山（明細） 6・22 越後上田眼阿 6・25 今田相阿 7・6 肥後山鹿声阿 7・7 関持阿 8・19 宇都宮与阿 11・4 来次号阿	4・3 六条道場歓喜光寺僧阿、『一遍聖絵』十二巻を補修（奥書） 1・2 籾山乗阿 3・15 越後国府弥阿 10・10 長崎薗阿	9・28 四条道場金蓮寺三世浄阿厳阿寂す（70）（四記。往過では27日、常楽記では26日） 11・8 隠岐（大）光明寺重阿、四条道場四世浄阿に登位（54）（歴代記・四記） この年、尊観、兵庫真光寺に転住（真光・遊縁） 9・1 兼屋像阿
日本史関係					

1375	1374	1373	1372	1371
天授1 永和1 乙卯	文中3 応安7 甲寅	文中2 応安6 癸丑	文中1 応安5 壬子	建徳2 応安4 辛亥
				後円融 3.23
8・25 国阿、京をたち熊野に詣で、9月15日帰洛（祇園。国阿上人伝では、この年春）。熊野山千日詣満願の日、「伊勢・熊野参詣輩永代許汚穢」の護符を得る（国阿）	11月 益田越中守兼見、石見益田道場万福寺本堂・天満宮を建立（万福寺史） この年、由阿、『青葉丹花抄』を著す（奥書） 応安年中、託何の弟子像阿、芦屋金台寺を開山（明細） 1・26 佐橋界阿　6・3 池参汀慈阿　11・7 往生院時阿	7・7 小柿常勝寺開山実円寂す（79）（同寺記録） 8・3 斯波兼頼、漆山念仏堂（のちの遍照寺）にて元愚に接し、其阿の法名を授かる（明細） 2・13 常州茂々解阿　3・1 兼川来阿　3・28 兵庫連阿　4・8 宇都宮与阿　11・13 逸見臨阿	3・13 頓阿、東山双林寺にて寂す（84）（後鑑・頓阿） 7・23 顕詮、二条烏丸道場に現一房を訪う（祇園） 8・16 清水寺領内京鳥辺野赤築地の三昧を時阿より七条道場に譲る（七記） 9・15 六条道場歓喜光寺弥阿、熊野参詣より帰洛（祇園） この年、四条道場金蓮寺で歳末別時念仏会（祇園）	5・10 七条道場金光寺五世持阿寂す（七記） 7・3 祇園執行顕詮、頓阿を訪う（祇園） 10・11 顕詮、播州広峰に登り、西一房の許に宿し、また辛阿の家に移る（祇園） 11・22 当麻道場無量光寺八世良光寂す（64）（麻山集） 12・7 四条道場金蓮寺四世浄阿、上人号綸旨（歴代記） 6・25 蔵王堂相阿　11・10 須山時阿　11・21 但馬太田与阿　12・17 城田寺来阿
	1・29 後光厳天皇没			

西暦		1376	1377	1378
年号 干支		天授2 永和2 丙辰	天授3 永和3 丁巳	天授4 永和4 戊午
天皇	（長慶） （後円融）			
将軍	（義満）			
藤沢 遊行	（渡船） （元愚）			
時宗関係	この年、斯波兼頼、元愚について出家し、山形光明寺・漆山遍照寺を開山（光明寺記） 伝阿順教、村山郡小塩に来迎寺を開山（明細） 太空、駿河洗足氏に誕生（遊系） 7・11 神田薗阿　7・17 中条金阿　10・22 伊勢須賀教阿　12・11 桃井覚阿	厳阿、小坪海前寺を開山（明細） 4・7 小山其阿　7・14 丹後浦明往阿　7・30 竹野漢阿　8・10 越後中宮宣阿 8・14 菅名厳阿　10・10 私部乗阿　12・23 信州和栗連阿	7月 聖冏、『鹿島問答』で時衆の衣帯踊躍念仏等を批判（跋） 10・23 皆阿悉道、村山郡慈恩寺に宝徳寺を開山（明細） 11・4 熱田円福寺厳阿の申沙汰により、四条道場金蓮寺四世浄阿、『日本書紀』十五巻を熱田神宮内院に奉納。「懐紙裏日本紀」という（奥書） この年、尊観、兵庫真光寺より山形光明寺に転住（遊縁・真記） 7・20 長崎留阿　8・14 園田覚阿　9・13 中野直阿　9・26 松永弁阿　10・○ 小田重阿 12・29 兵庫連阿	4・9 六条道場歓喜光寺五世弥阿心静寂す（71）（歓過） 9月 国阿、伊勢山田に神護念仏寺を開山（国阿） 得阿法残、河北町谷地に誓願寺を開山（明細） 1・19 窪市教阿　1・19 長崎号阿　3・18 三国湊一阿　3・25 犬甘作阿　4・29 土堂其阿 5・10 尾道奥宣阿　5・24 尾道其阿　8・21 安食持阿　10・27 今湊漢阿　10・○ 太田眼阿 12・9 潮津作阿
日本史関係				

1382	1381	1380	1379
弘和2 永徳2 壬戌	弘和1 永徳1 辛酉	天授6 康暦2 庚申	天授5 康暦1 己未
後小松 4.11			
	5 元愚 11 自空		
7・18 番場蓮華寺四世同阿（用阿）寂す（血脈譜） 秋、国阿、大津関寺のかたわらに正福寺を開山（国阿） 秋、国阿、東山霊山寺にて住持光栄僧都の帰依をうける（国阿） 10・29 関東管領足利氏満、父基氏菩提のため、名越別願寺に下総の地を寄進（後鑑） 師阿洪範、筑前光福寺を開山（明細）	1・8 子刻、渡船、清浄光寺にて寂す（77）（遊系・往過） 2・18 師阿、尾道常称寺にて遊行相続、自空と号す（53）（遊系） 5月 今川範氏、宝福寺に対し寺領安堵状を与える（四文） 白翁、山形小白川西光寺を開山（明細） 元愚、清浄光寺に独住（遊系） 1・7 大山往阿　1・12 遊佐眼阿　1・19 豊島眼阿　2・25 賀茂依阿　2・27 長崎薗阿 5・15 尾道奥宣阿　6・1 忠隈僧阿　8・14 櫛間眼阿　12・19 奥谷底阿	春、国阿、伊勢阿野津に神護念仏寺を開山（国阿） 1・1 伴野重阿　1・16 来次往阿　5・19 榎並与阿　10・12 賀茂哀阿　11・6 柏崎陵阿	1・26 四条道場金蓮寺四世浄阿重阿寂す（63）（四記・常楽記。往過では22日） 2・3 熱田円福寺二世厳阿、四条道場五世浄阿に登位（64）（円福寺記録。四記・歴代記では2月5日） 3・27 四条道場五世浄阿、上人号綸旨（歴代記） 4・7 山名時義、竹野興長寺に弥吉名内六十貫を寄進（明細） 6・8 山形光明寺開山斯波兼頼（其阿）寂す（同寺記） 6・11 亥刻、六条道場歓喜光寺炎上（花営） 4・6 河原田信阿　4・29 甬針独阿　5・22 遠州府其阿　7・6 榎並興阿　10・6 古前忍阿 10・27 蔵王堂宿阿　11・6 柏崎師阿　12・9 山田量阿

西暦		1383	1384	1385	1386
年号 干支		弘和３ 永徳３ 癸亥	元中１ 至徳１ 甲子	元中２ 至徳２ 乙丑	元中３ 至徳３ 丙寅
天皇	(長慶) (後小松)	後亀山 9.-			
将軍	(義満)				
藤沢 遊行	(元愚) (自空)				
時宗関係	国阿の法弟栄尊、敦賀来迎寺を開山（明細） 亘理平行胤、小堤村に永福寺を開基（寺々） 5・18 大町底阿　6・22 葦屋像阿　9・6 河内覚阿	11・7 霊山正法寺開山国阿、上人号綸旨（霊文） この年、国阿、正法寺を天台宗から改宗（明細） 石見益田万福寺三世師阿日真、石見浅倉荘厳寺を開山（明細）	3・5 石見益田万福寺開山師阿目鼻寂す（万福寺史） 5・19 観阿弥、駿河にて寂す（52）（常楽記） 10・18 東山双林寺、国阿に帰依（国阿） 6・1 橋立臨阿　9・5 橋本厳阿　12・21 一乗声阿　○・26 宇多津臨阿	8・26 天台僧光英、円山安養寺を、同栄尊、長楽寺を、それぞれ国阿に譲る（国阿） 10・30 光英寂す（国阿） 含聴、羽州村山郡長崎に満願寺を開山（明細） この年、尊観、山形光明寺より甲府一蓮寺に転住（遊縁。一蓮寺記では至徳３年） 1・15 菊池臨阿　5・15 三明寺宣阿　6・11 安治野文阿　6・13 博多乗阿　7・23 太田眼阿 7・27 潮津作阿　8・1 七条持阿　8・2 大炊御門其阿　9・○ 河辺時阿　10・12 八万覚阿	2・18 のちの将軍足利義持出生。市姫金光寺の天真石井の水で産湯を使う（同寺縁起） 8月 祇園執行顕深、足利義満の命により四条河原西岸を四条道場金蓮寺に寄進（四文） 8月 甲府一蓮寺四世法阿春方寂す（同寺記・往過）
日本史関係					

1389	1388	1387	
元中 6 康応 1 己巳	元中 5 嘉慶 2 戊辰	元中 4 嘉慶 1 丁卯	
		6 自空 12 尊観	
国阿、若狭に入り、小浜西林寺・称念寺の住持、国阿に帰依し時衆となる（国阿） 2・23 竹山声阿 3・4 隠岐但阿 6・26 信州加佐漢阿 6・26 成生梵阿 ○伴野重阿	8・2 弥阿弥陀仏（真下伊豆守勘解由左衛門与市）、譲原満福寺を開山（明細） 12・23 足利義満、四条道場金蓮寺に敷地安堵および釈迦堂寄進の御教書を与える（後鑑） この年、尊観、保呂羽長徳寺を天台宗から改宗（寺々・明細） 閏5・○ 山名薗阿 9・25 大友師阿 9・18 尾道其阿 12・6 中条潔阿	1・11 元愚、清浄光寺にて寂す（64）（遊系・往過） 2・25 尊観、八王子金剛院蔵『阿弥陀経』に「北野天神真筆也先年自禁中賜之者也」と記す（奥書） 2・26 尊観、伊豆三島西福寺において遊行相続（39）（遊系） 3・16 当麻道場無量光寺九世知運寂す（69）（麻山集） 4月 尊観、喜連川東漸寺を開山（明細） 4月 尊観、下野川崎反町南光院を開山（のち満悟により東漸寺と改名）（明細） 春、国阿、敦賀氣比神宮に参詣、来迎寺を開山（国阿） 春、国阿、信州善光寺に赴く（国阿） 10・28 備後小坂道場観音寺開山覚阿寂す（同寺記） 僧当運、清水寺領延年寺の地を七条道場金光寺に寄進。のちこの地に乗蓮寺を建立（七記） 足利義満、四条道場金蓮寺に佐々木高氏が寄進した寺地を安堵する御教書を与える（四文） 自空、清浄光寺に独住（遊系） 南要、京都留山氏に誕生（遊系）	1・10 菅名僧阿 2・12 加州元吉哀阿 5・6 小野覚阿 ○・23 長崎薗阿

西暦	1390	1391	1392	1393
年号 干支	元中 7 明徳 1 庚午	元中 8 明徳 2 辛未	元中 9 明徳 3 壬申	明徳 4 癸酉
天皇	（後亀山） （後小松）		後小松 10.5	
将軍	（義満）			
藤沢 遊行	（自空） （尊観）			
時宗関係	1・3 山形光明寺二世通伝寂す（同寺過） 3・21 自空、加賀篠原において斎藤実盛の遠忌を修行（塔婆銘） 9・8 国阿、将軍足利義満の招請により若狭より京都に帰る（国阿） 尊観、涌谷永福寺を開山（明細） 4・15 長崎薗阿　9・11 江守声阿　9・11 潮津作阿　9・18 上田眼阿　○ 勝田持阿	4・8 管領足利氏満、鎌倉別願寺に下野国薬師寺庄半分の地を寄進（相州） 10・4 益田万福寺開基益田兼見浄陣寂す（万福寺史） 12・17 平景泰、金光寺領延年寺赤築地を寺家雑掌へ打渡す（七文） 1・8 大炊御門其阿　1・9 名越持阿　2・1 相州潮崎乗阿　2・24 藤沢像阿　3・15 蒔田其阿	1・23 尼覚阿、七条道場金光寺に西岡粟生二反等を寄進（七文） 3・2 細川頼之の臣三島入道、殉死の直前、勘解由小路朱雀道場の聖に十念を受ける（後鑑・明徳） 12・2 梅御方、七条道場金光寺に五条坊門室町東北の地を売り渡す（七文） 山名氏清敗死。境道場の時衆、この旨を氏清の妻にもたらす（明徳） 益田万福寺四世転真、石見光厳寺を開山（万福寺史） 閏10・14 古山恵阿　12・24 博多乗阿	3・16 七条河原口道場（七条道場）四間坊主大一房往生。密厳院法印の姉（常楽記） 1・4 安来厳阿　1・28 大山往阿　4・3 山鹿覚阿　6・○ 大甘作阿　9・23 下条作阿　11・25 菊池弥阿
日本史関係		7月『融通念仏縁起絵巻』刊行	明徳の乱 この頃、『明徳記』成る 閏10月 南北朝合一	

1394	1395	1396
応永 1 甲戌	2 乙亥	3 丙子
足利義持		
2・15 尊観、筑波郡照西寺を開山（明細） 3・10 山名満幸誅される。足利義満、遺骸を四条道場金蓮寺に葬る（明徳） 4・18 長岸、村山郡福昌寺を開山（明細） 4・20 徳川左京亮親氏徳阿寂す（七過・三河・武州称名寺発掘碑） 7・6 四条道場金蓮寺五世浄阿、敬礼寺へ隠居。堺引接寺釈阿、四条道場六世浄阿に登位（58）（歴代記・四記） 8・3 弥阿十界、浜松長福寺を開山（明細） 10・15 宗阿持先、蓮台寺村に山辺浄土寺を開山。のち現在地に移転（明細） 弥阿智空、薩摩浄福寺を開山（はじめ如意山安養寺と号す）（明細） 1・15 橋本厳阿　4・12 蓮田覚阿　6・2 蔵王堂底阿　8・7 甲斐一条法阿 12・29 往生院時阿	2・11 足利義持、霊山正法寺に対し守護不入の御教書を与える（霊文） 5・6 足利義満、七条道場金光寺に敷地を寄進（七文） 5・6 足利義満、七条道場に七条以南塩小路以北東洞院以東高倉以西の地を寄進（七文） 10・16 当麻道場無量光寺十世願故寂す（67）（麻山集） 12月 徳川有親父子、尊観に救われ時衆と共に随逐（宇賀） 尊観、益田を遊行し、万福寺を再興（明細） 学阿、木戸深諦寺を開山（明細） 3・15 逸見臨阿　4・11 宇都宮与阿　6・1 書院覚阿　閏7・12 備中河辺時阿 8・18 八代浄阿　9・26 不知島梵阿　11・28 垂井弥阿　12・19 一乗其阿	1・1 徳川有親、清浄光寺に宇賀神を祀り願文を奉納（宇賀） 7月 尊観、三河より七条道場金光寺に入り、参内し天顔を拝す（宇賀・遊系・藤由） 8・1 尊観、醍醐寺座主誓川杲尊法親王より後醍醐天皇御影を拝受（藤文）

西暦		1397	1398	1399	1400
年号干支		4 丁丑	5 戊寅	6 己卯	7 庚辰
天皇	（後小松）				
将軍	（義持）				
藤沢遊行	（自空） （尊観）				
時宗関係	**8月** 霊山正法寺に法林・珠光二庵を建て、畠山重信の女聞弍房、山名陸奥守の娘音弍房、入住（国阿） **9・15** 四条道場金蓮寺五世浄阿慶恩寂す（四記・往過） 1・3 志布之重阿　3・9 氷見声阿　4・1 日向櫛間師阿　9・22 今湊漢阿 10・26 六条覚阿　12・28 山口唯阿	**6月** 京、一阿（市屋）道場荼毘所狐塚執沙汰の者善阿弥、火葬料として四百疋の代金を得る（古事類苑） 春、遊行回国を巡狩に準ずべき旨勅許あり。足利義満、これを諸国に布令（遊系） この年、尊観、周防山口善福寺を修覆再興（同寺記） 12・20 名越持阿	この年、国阿、門下の末寺二十五ヶ寺に及ぶ（国阿） 尊観、益田万福寺に留錫し輪奐を整備（明細） 伝阿称念、村山郡長町に称念寺を開山（明細） 暉幽、奥州二本松城主畠山十五代国氏の子として誕生（遊系） 3・15 安木持阿　4・25 橋本厳阿　5・16 山田往阿　5・23 萱津梵阿　12・15 高宮切阿	**1・17** 醍醐寺杲尊法親王寂す（往過・藤由） **6・24** 鎌倉公方足利満兼、尊観に、亡父のお悔やみ状への返書を出す（七文） **11・25** 自空、「軍勢に相伴ふ時衆」に対する掟を定める（七文） 2・9 蔵王堂覚阿　3・10 山名覚阿　8・15 尾道其阿　11・18 和徳連阿　11・21 博多覚阿	**10・24** 尊観、九州巡化ののち赤間関専念寺にて寂す（遊系・往過） **11・13** 自空、尊観の入滅に接し遊行惣衆へ書状を遣わす（七文）
日本史関係			**11・22** 関東大震災		

	1401	1402	1403	1404	1405	1406	1407
	8 辛巳	9 壬午	10 癸未	11 甲申	12 乙酉	13 丙戌	14 丁亥
	13 尊明						
12月 若狭の百姓、「西の京の御時衆」の非道を奉行所に訴える（若狭漁村史料） この年、堺の引接寺敷地、「東宿院より西に到る三十七町、此今市より南に到る三十八町」（旧版堺市史） 善光寺妻戸時衆、信州大塔の城に討死した将士の屍を葬う（大塔 **8・4** 九日珠阿　**9・10** 赤間関来阿　**9・25** 尾道奥仙阿	**1・14** 七条道場金光寺七世底阿、清浄光寺にて遊行相続、尊明と号す（52）（遊系・往過） **6・4** 山形光明寺三世融忍寂す（光過）	**7・17** 七条道場六世持阿寂す（七過）	**12・15** 足利義満、七条道場金光寺に山城国上豊田庄半分を寄進（七文）		**3・26** 幸阿、七条道場金光寺に吉祥院田一町半・畠一反を寄進（七文） **3月** 自空法弟相阿義縁、高辻道場荘厳寺を開山。吉見兵部大輔の寄進（七記） **4月** 宇都宮満綱、宇都宮一向寺に阿弥陀如来坐像を造立（同像銘） **5・12** 専阿照道、村山郡和田に清水寺（仏向寺末）を開山（明細。一説に応永3年） **9・11** 霊山開山国阿随心寂す（92）（七過・国阿・碑銘） 小浜称念寺、国阿派寺院として建立（明細）	**4・21** 当麻道場無量光寺十一世道空寂す（74）（麻山集） **5・12** 管領満兼、鎌倉報恩寺敷地を別願寺に寄進（相州）	**3・16** 当麻道場十二世西光寂す（68）（麻山集）

西暦	年号干支	天皇	将軍	藤沢遊行	時宗関係	日本史関係
1408	15 戊子	（後小松）	（義持）	（自空） （尊明）		5・6 足利義満没
1409	16 己丑				3・22 四条道場金蓮寺焼失（後鑑・東寺） 9・16 一蓮寺過去帳にこの日付で、能役者金阿弥陀仏・十二大夫など記載 11・6 足利義持、七条道場金光寺に洛中辺土に散在する寺領を安堵（七文） 11・28 山城守護代、吉祥院沙汰人中へ吉祥院田畠は金光寺所務の旨を申し渡す（七文）	
1410	17 庚寅				この年、自空、濃州垂井金蓮寺を改宗（同寺記） 自空、勢州香取常音寺を開山（橘俊道「元禄時代の遊行」）	
1411	18 辛卯				1・18 六条道場歓喜光寺六世弥阿徳山寂す（84）（歓過） 2・23 延年寺住人越前、延年寺地を七条道場へ永代売り渡す（七文） 4・10 足利義持、藤沢の自空に内書を寄せる（後鑑） 6・18 六条道場七世弥阿住定寂す（73）（歓過） この年、尊明の弟子恵達、伊予宮床願成寺を復興（同寺書上）	
1412	19 壬辰	称光 8.29		7 尊明 14 太空	3・11 自空、清浄光寺にて寂す（84）（遊系・往過） 3・26 七条道場金光寺八世師阿、七条道場にて遊行相続、太空と号す（38）（遊系。往過では25日） 4・7 後小松天皇、太空へ綸旨を下す（守光公記） 7・23 太空、時衆の掟を定める（七文） 10・15 解意派十世信阿尊長、紫衣と定阿上人号を勅許され、中興上人と呼ばれる。以後歴代住職は定阿を世襲（新善光寺過去帳・記録） この年、尊明、清浄光寺に独住し、足利持氏は日課の十念を行う旨伝える（遊縁）	

1417	1416	1415	1414	1413	
24 丁酉	23 丙申	22 乙未	21 甲午	20 癸巳	
8 太空 15 尊恵					
4・10 尊明、清浄光寺にて寂す（68）（遊系・往過・七過） 4・28 七条道場金光寺九世唯阿、川越常楽寺にて遊行相続、尊恵と号す（54）（遊系） 閏5・13 岩松（新田）満純を清浄光寺に葬る。この年、青蓮寺久方村に移る（藤文・碑銘） 7・6 沙弥淋阿、邸一字を東寺に寄進（東寺百合文書）	4・3 足利義持、時衆の諸国通行を保証（藤文・後鑑） 9・7 番場蓮華寺五世同阿（釈阿）寂す（89）（血脈譜） 10・6 上杉弾正少弼氏定、清浄光寺にて自害（太平記・草紙。上杉では8日）	6・5 熱田円福寺三世其阿（文阿）、四条道場金蓮寺七世浄阿に登位（65）（四記） 6月 四条道場六世浄阿（釈阿）寂す（四記・歴代記） 9・24 四条道場七世浄阿に上人号院宣（歴代記） 2・4 七条光阿	3・5~11 太空、七日七夜の別時念仏を加賀潮津西光寺にて修行（遊縁）。その中日に、太空、加賀篠原にて斎藤実盛の霊に会い、十念を授ける（満済） 世阿、謡曲「実盛」を作る（あるいは翌年の作か） 7・16 牛袋師阿	4・20 太空、寿像を造立供養（太空上人書状） 5・26 高野山の僧徒、聖方の踊念仏を制禁（高野） 8・15 四条道場金蓮寺六世浄阿、上人号綸旨（歴代記） 9・15 円山安養寺初世宣阿寂す（同寺記録）	近江栗太郡の天台宗仏眼寺、仲運により再建され、のち珠阿により四条道場金蓮寺末となる（明細）
1・10 上杉氏憲ら、鎌倉で自害（上杉禅秀の乱）	1月 後崇光院、『看聞御記』を開始（~文永5年4月）				

西暦		1418	1419	1420
年号 干支		25 戊戌	26 己亥	27 庚子
天皇	（称光）			
将軍	（義持）			
藤沢 遊行	（太空） （尊恵）			
時宗関係	7・17 足利持氏、清浄光寺へ祈禱を受けに赴く（藤文） 12・8 大黒屋妙一、六角室町屋地を七条道場金光寺へ寄進（七文） 12・26 足利義持、太空に内書を寄せる（後鑑） この年、太空、清浄光寺に独住（遊系） 『遊行縁起』（尊明・太空・尊恵。神奈川県立歴史博物館蔵）成る（奥書・宗典下） 6・13 潮津其阿	9・27 尊恵、奥州を巡化し北上観音に参詣（別当書上・井川） 10・6 太空、上杉禅秀の乱の慰霊碑「藤沢敵御方供養塔」を建立（同碑銘）	5・26 六条道場歓喜光寺焼失（看聞・康富記） 8・19 当麻道場無量光寺十三世良観寂す（60）（麻山集） 10・20 往反の時衆に対し、三井寺関所、御教書に違犯とする。幕府これを咎める（藤文） 10・20 清浄光寺・七条道場金光寺並びに諸末寺時衆、諸国の関所を自由に往来する許可を得る（藤文） 如象、野州聴野氏に誕生（遊系）	2・18 大仏師下野法眼康秀、七条道場金光寺に一遍像を造立（仏師・像内墨書） 2・19 足利持氏、鎌倉別願寺に足利満兼菩提のため畠地を寄進（相州） 3・30 大炊御門道場聞名寺重阿、咽病のため寂す（常楽記） 4・7 足利義持、清浄光寺・七条道場の諸国諸末寺が他門・他宗に所属すること、また他流・余宗の寺が両門下に寄付することを禁ずる（七文） 7・8 四条道場金蓮寺七世浄阿文阿、仙洞の連歌に参り、その発句が殊に賞美される（看聞）
日本史関係			6・20 応永の外寇	9・27 了誉聖冏没 10・25 宋希璟、『老松堂日本行録』を著す

	1421	1422	1423	1424	1425	1426
	28 辛丑	29 壬寅	30 癸卯	31 甲辰	32 乙巳	33 丙午
			足利義量			
7・22 朝鮮回礼使宋希璟、下関専念寺における僧尼同居について記す（老松堂日本行録） 秋、尊恵、陸中稗貫郡上根子西光寺を開山（明細） この年、安俵城主玄蕃の弟式部、尊恵に帰依して成沢寺を建立（明細）	4・18 尊恵、小浜浄土寺に本尊名号を書す（同名号） 5・4 六条道場歓喜光寺八世弥阿常然寂す（60）（歓過） 秋、御影堂新善光寺、東洞院三本木より六条佐女牛に移る（山州）	6・7 番場蓮華寺六世同阿（相阿）寂す（65）（血脈譜）	6・9 尊恵、足利義持の落髪を賀し、将軍これに対し内書を寄せる（後鑑） 7・5 足利義持、七条道場金光寺に三河国額田郡内中山郷を寄進（七文） 10・24 妙一、七条道場に六角室町の地を寄進（七文）	4・7 尊恵、将軍足利義量に馬を贈り、義量、これに対し香合盆を贈る（後鑑） 8・10 丑刻、四条道場金蓮寺焼失。将軍の命により四条道場が七条道場金光寺の末寺と定められたことを憤り、四条道場の時衆が放火（満済・看聞・薩戒記） 9・10 山形光明寺四世洞石寂す（光過） この年、『四条回心記』成る（同書）		2・2 霊山正法寺二世国阿寂然寂す（霊過） 2・14 清浄光寺焼失（喜連・後鑑・遊系）
		8月 足利持氏、上杉重方に小栗満重・宇都宮持綱らを攻めさせる		8・2 足利持氏、小栗城小栗満重を攻略	2・27 足利義量没 8・14 京大火	8・25 武田信長、足利持氏に降服

西暦	年号 干支	天皇	将軍	藤沢遊行	時宗関係	日本史関係
1427	34 丁未	（称光）	（義量）	（太空） （尊恵）	1・23 佐女牛八幡の神人・神主・禰宜らが、時衆の興行する御影堂新善光寺の功徳風呂に入浴して社殿に参籠することを、三宝院満済は不浄とする（満済） 5・3 足利義持、七条道場金光寺領山城国上豊田半分と三河国額田郡内中山郷への臨時の課役・段銭・棟別銭以下を免除し、守護不入を認可（七文） 尊皓、周防に誕生（遊系） 応永年中、是阿（世阿弥）・南阿・道阿、七条道場に土地を寄進（七文）	3・29 信濃善光寺焼失 5・23 京加茂川洪水、四条・五条橋流失
1428	正長1 戊申	後花園 7.28			2・6 六条道場歓喜光寺焼失（後鑑） 10月 清水坂公文所、七条道場金光寺の引馬銭を一貫文と定める（七文） 太空、金田安養寺を開山（明細）	1・18 足利義持没
1429	永享1 己酉		足利義教	16南要	3・17 万良、村山郡西里に真光寺を開山（明細） 6・8 尊恵、七条道場金光寺にて寂す（66）（遊系・往過・七過） 7・16 弥阿、清浄光寺にて遊行相続、南要と号す（42）（遊系。貞誉本では43歳） 照天（手）姫、清浄光寺内長生院を開基（武風）	1月 播磨の土一揆・大和の土一揆
1430	2 庚戌				3・7 番場蓮華寺八世同阿（悟阿）寂す（78）（血脈譜） 6・11 将軍足利義教、四条道場金蓮寺に詣で七世浄阿と連歌を興行（満済） 7・15 山形光明寺五世巌室寂す（光過） 7月 南要、阿波二階堂九品寺より11月まで土佐伊予を巡錫（回心記） 9・29 足利義教、七条道場金光寺に参詣。日中を聴聞（満済） 12・20 南要、大隅郡重久村辻上神社に参拝。六字名号を納める（時宗研究55号） 『遊行十六代四国回心記』（永享2年7月～11月）成る（宗典下）	
1431	3 辛亥				2・7 時衆六人、昼夜二時にわかれて、将軍足利義教のために愛染不断の護摩祈禱（満済） 3・18 足利義教、七条道場金光寺に参詣、臨時の踊念仏を聴聞（満済）	

				11・2 後小松院より南要に院宣（国家安全、宝祚長久）（遊行無畏宝物縁起）	9月 大和の土一揆
1432	4	壬子		4・19 足利義教、『一遍聖絵』十二巻を六条道場歓喜光寺より借覧、22日返却（満済） 7・16 風早道場の聖、死して天衣降る（看聞） 10・8 足利義教、七条道場金光寺領山城国上豊田半分・三河国額田郡内中山郷等の臨時の課役・段銭・棟別銭以下を免除し、守護不入を認可（七文） この年、南要の元にあった『一遍上人縁起』（十巻）は詞書が消滅していたため、像阿（のちの如象）に命じて新たに複写。絵の部分も江戸時代前期に模写（清浄光寺史）	
1433	5	癸丑		博多称名寺、兵火により全焼（明細）	9・16 関東大地震
1434	6	甲寅		3・14 京大火。六条道場歓喜光寺焼失（看聞） 7・5 唐貿易船の唐人ども、六条坊門の時衆長福寺に寓宿。将軍これに臨む（看聞） 12・25 甲府一蓮寺六世法阿普照寂す（同寺記）	3・19 京大火 5月 世阿、佐渡へ配流
1435	7	乙卯		1・21 六条道場歓喜光寺十世弥阿成巌寂す（67）（歓過） 3・18 足利義教、七条道場金光寺に臨時の踊念仏を聴聞（満済） 6・3 山門自焼の張本人座禅院の子、時衆となり越前の道場にて召捕られる（看聞） 11・7 大炊御門道場聞名寺焼失（看聞） 11・21 関東管領足利持氏、清浄光寺に仏殿百二十坪を造営寄進（遊系） この年、雑太郡和泉泉福寺、建立される（明細）	6・13 満済没 6・29 河野通久没 この年、『蔭涼軒日録』開始（〜明応2年）
1436	8	丙辰		4・8 「六条道場焼失、両三年内に二ヶ度なり」の記述（看聞） 5・3 世良田政親・桃井満昌、誅されようとする。南要、その助命を願い僧と	

西暦		1437	1438	1439
年号 干支		9 丁巳	10 戊午	11 己未
天皇	（後花園）			
将軍	（義教）			
藤沢 遊行	（太空） （南要）			9 南要
時宗関係	する（塩尻・浪合記）。政親、政阿弥陀仏と号し、徳川満徳寺に入る（浪合記） 5・22 亥刻、四条道場金蓮寺炎上（看聞） 5・25 四条道場七世浄阿、宝福寺へ隠居（歴代記・四記・円福寺諸記録）。堺引接寺相阿、四条道場八世浄阿に登位（歴代記） 8月 漢阿、大隅来福寺を開山（明細） 9・3 六条道場歓喜光寺九世弥阿浄安寂す（71）（歓過） 11・9 東山双林寺焼失（東寺長者補任。史料は「草林寺」と記す） 12・1 遊行上人、「回国免許ノ綸旨」（並分記略新撰往生伝） 12・5 幕府、清浄光寺・七条道場金光寺に対して再び往還人夫馬輿勘当の御教書を与える（後鑑・相州文書） 12・29 丑刻、東山双林寺焼失（看聞）	2・22 尊恵、梅染を公方に贈る（後鑑） 9・6 足利義教、六条道場歓喜光寺参詣（蔭涼・後鑑） 5・26 六条道場十一世弥阿如山寂す（59）（歓過）	10・8 足利義教、七条道場金光寺に引物を贈る（蔭涼）	1・3 霊山正法寺三世国阿覚尊寂す（霊過） 7・24 四条道場金蓮寺七世浄阿文阿寂す（四記・歴代記） 9・23 南要会下の相阿、熊野に詣で二祖の『奉納縁起記』十巻を拝観（藤文） 11・14 太空、清浄光寺にて寂す（65）（遊系・往過・七過） 11・20 前鎌倉執事上杉憲実、清浄光寺にて遁世。のち伊豆国清寺に閑居（喜連） 12・15 鹿苑院主用剛乾治等、七条道場金光寺に勝定院殿（足利義持）の仏事料を送進（七文） 南要、清浄光寺に独住（遊系）
日本史関係			8・16 永享の乱	2・10 足利持氏没

	1440	1441	1442	1443	1444	1445
	12 庚申	嘉吉 1 辛酉	2 壬戌	3 癸亥	文安 1 甲子	2 乙丑
			足利義勝	足利義成 （義政）		
	17 暉幽					
高野山聖派蓮華院主、清浄光寺にて徳川親氏と会い師檀の契を結ぶ（高野）	1・16 七条道場金光寺十世弥阿、越後佐橋専称寺にて遊行相続、暉幽と号す（37）（遊系・往過） 8・9 結城氏朝討伐のため、蒲原播磨守、国府津道場蓮台寺に陣す（後鑑・永享記・草紙）	1・17 山形光明寺六世孤岳寂す（光過） 5・16 足利持氏の遺子安王丸・春王丸、濃州垂井金蓮寺で殺される（太平記・上杉・結城） 9・5 四条道場金蓮寺八世浄阿、上人号綸旨（歴代記）	7・6 木之本浄信寺の銀鏡（獅子牡丹蝶鳥文様）完成（同針書銘）	6・15 暉幽、上人号綸旨（建内記・薩戒記・七文）	長阿弥、会津長光寺を開山（明細） 音阿、材木座来迎寺を開山（一説に一向とも）（明細）	1・18 当麻道場無量光寺十四世良尊寂す（70）（麻山集） 4・14 東山双林寺旧蔵国阿上人像入霊（鎌倉国宝館現蔵胎内文書） 7・12 熱田円福寺五世其阿、四条道場金蓮寺九世浄阿に登位（歴代記・円福寺諸記録） 9・2 四条道場九世浄阿、上人号綸旨（歴代記）
	3・9 足利持氏の遺児安王丸・春王丸、挙兵 7・18 増上寺開山聖聡没	6・24 足利義教没（嘉吉の乱）	8・19 大和・紀伊で暴風雨 この年、伊豆大島で噴火	9・9 畿内に暴風 世阿没		

西暦	年号・干支	天皇	将軍	藤沢・遊行	時宗関係	日本史関係
1446	3 丙寅	（後花園）	（義成）	（南要）（暉幽）	1・18 当麻道場無量光寺十五世良然寂す（79）（麻山集） 3月 武田信重入道、甲府一蓮寺客殿造営のため国中の合力を勧む（一蓮） 9・4 霊山正法寺四世鳳山寂す（霊過）	
1447	4 丁卯				1・7 四条道場金蓮寺八世浄阿寂す（80）（四記） 8・21 京荘厳寺開山相阿義縁寂す（七過）	
1448	5 戊辰				1月 藤沢道場清浄光寺、失火により焼失（康富記） 3・15 二本松称念寺開基畠山満泰没（墓銘） 6・16 遊佐美作守宛・御判御教書案、若山庄年貢千疋を七条道場金光寺の時衆へ渡す（九条満家公引付） 7・27 元円満院法親王（還俗名、義有王）、京荘厳寺で首実検される（康富記） 8・1 甲府一蓮寺七世法阿（武田甲斐守信春寿阿の息）寂す（同寺記）	7・19 京大洪水
1449	宝徳1 己巳				11・11 甲府一蓮寺八世法阿宝久寂す（同寺記）	
1450	2 庚午				8・5 霊山正法寺五世国阿慈道寂す（霊過） 智興、浜松聞声院を開山（明細） 一峰、奥州二本松畠山国氏次男国家として誕生（遊系）	
1451	3 辛未				山形光明寺七世達心、大石田西光寺を開山（明細） 3・20 山形光明寺七世達心寂す（光過）	8・16 奥羽大洪水
1452	享徳1 壬申				1・18 当麻道場無量光寺十六世愚禿寂す（68）（麻山集） 11・6 霊山正法寺六世祐海寂す（霊過）	諸国で大雨・洪水

1459	1458	1457	1456	1455	1454	1453
3 己卯	2 戊寅	長禄 1 丁丑	2 丙子	康正 1 乙亥	3 甲戌	2 癸酉
						（義政と改名）
9・2 甲府一蓮寺九世法阿智門寂す（同寺記） 知蓮、上野新田岩松の新田氏に誕生（遊系） 伊予大山祇神社法楽千句連歌の連衆に芳阿の名あり（大山祇神社法楽千句連歌）	**2・22** 山形光明寺八世湛玄寂す（光過） **12・20** 「四条上人」（十世浄阿）、例年のとおり公方へ歳暮の賀に参ず。21日「七条の聖」も参ず（申次記） **12・26** 暉幽の願にて、長崎称念寺以下河和田光称寺など、御願所となる（同寺文書） 将軍足利義政、長崎称念寺に新田義貞香華料として田を寄進（越前・史料）	**6・19** 毛利丹後守広栄、越後専称寺に寺領安堵の状を寄す（専文） **11・8** 清水坂公文所、徳政実施に伴い七条道場金光寺の免輿権を認める（七文） **11・27** 南条駿河守、越後専称寺に天神田三百苅の田地を寄進（専文）	**4・11** 四条道場金蓮寺九世浄阿、念珠院へ隠居（歴代記・四記・円福寺諸記録） **4月** 七条道場金光寺焼失（師郷記。蘭坡景茝「京師金光寺影堂幹縁疏」は夏） **5・11** 四条道場十世浄阿、尼崎正福寺より登位（歴代記・四記） この年、越後専称寺焼失（専文）			尾張熱田神宮法楽連歌あり。神宮寺の円福寺の時衆、多く一座に加わる（清浄光寺史）
9・10 近畿大風雨		**6月** 蓮如、本願寺八代法主就任 『大乗院寺社雑事記』開始（～永正4年）				

西暦	年号 干支	天皇	将軍	藤沢遊行	時宗関係	日本史関係
1460	寛正 1 庚辰	（後花園）	（義政）	（南要）（暉幽）	**3・13** 六条道場歓喜光寺十二世弥阿安住寂す（77）（歓過） **3・21** 番場蓮華寺十世同阿（通阿）寂す（84）（血脈譜） **10・25** 足利義政、七条道場金光寺領山城国上豊田半分・三河国額田郡内中山郷等の臨時の課役・段銭・棟別銭以下を免除し、守護不入を認可（七文） 不外、武州に誕生（遊系）	この年、諸国大飢饉
1461	2 辛巳				**1・7** 霊山正法寺七世国阿天寿寂す（霊過） **1・21** 京凶年、七条の時衆願阿、飢えから人々を救済しようと、幕府また飯尾左衛門大夫に扶助を求める（蔭涼・後鑑・碧山） **2・3** 番場蓮華寺十一世同阿（祐阿）寂す（79）（血脈譜） **11・25** 足利義政、七条道場金光寺に参詣（蔭涼・後鑑）	
1462	3 壬午				**3・18** 東福寺僧の雲泉大極、清岩曇哲の述べた一遍の事績を日記に記載（碧山） **3・29** 円山安養寺源照（昭）法師寂す。六坊大旦那、盲人紫位の初め（同寺過去帳） **5・22** 四条道場金蓮寺十一世浄阿、姫路称名寺より登位（歴代記・四記） **7月** 鉞岩、村山郡中野に向谷寺を開山（明細）	
1463	4 癸未				**2・19** 四条道場金蓮寺十一世浄阿、上人号綸旨（歴代記） **8・11** 足利義政の母日野重子の茶毘において、四条道場金蓮寺・七条道場金光寺、葬儀焼香の先後を争う（蔭涼） 徳川有親（長阿弥）、品川長徳寺を開基。古くは源長庵と号す（明細） 『浄阿上人伝』成る（宗典下）	
1464	5 甲申	後土御門 7.19			**10・13** 霊山正法寺領を寿徳院に売り、紛雑あり。斎藤四郎左衛門尉、これを成敗（蔭涼）	

1471	1470	1469	1468	1467	1466	1465
3 辛卯	2 庚寅	文明1 己丑	2 戊子	応仁1 丁亥	文正1 丙戌	6 乙酉
10 如象 19 尊皓				18 如象		
4・21 山形光明寺九世慈峰寂す（光過） 6・8 七条道場金光寺十二世僧阿、越後国府称念寺にて遊行相続、尊皓と号す	5・19 南要、藤沢道場清浄光寺にて寂す（84）（往過。遊系では文明1年） 6・3 四条道場金蓮寺焼失（後鑑） 7月 津島蓮台寺一向俊聖坐像完成（同像銘） 称愚、山城（京都）富樫氏に誕生（遊系）	2月 岩松家純、岩松青蓮寺を岩松義重邸址に再建（新田）	4・27 当麻道場無量光寺十七世称念寂す（77）（麻山集） 12・26 当麻道場十八世忍空寂す（76）（麻山集）	1・17 四条道場金蓮寺焼失（経覚私要鈔） 3・12 覚阿、垂井金蓮寺にて遊行相続、如象と号す（49）（遊系。往過では11日） 10・23 畠山政長、七条道場金光寺に禁制を与える（七文）	11・28 遊行十七代暉幽、七条道場金光寺にて寂す（69）（遊系・往過・七過） 12・27 秋野道場称名寺焼失（後鑑） この年、暉幽、堺永福寺を開山（明細）	2・19 大極、霊山に遊ぶ（碧山） 5・17 四条道場金蓮寺十世浄阿寂す（四記） 6月 高野山金剛三昧院蔵『一遍念仏法語』成る（奥書） 11・6 長崎道場称念寺薗阿、上人号綸旨（同綸旨） 11・21 四条道場金蓮寺九世浄阿寂す（四記） 伊東家十一世祐国、宮崎光照寺を開基（明細） 意楽、江州上阪氏に佐々木一族として誕生（遊系）
7・27 蓮如、越前吉崎に坊舎建立		7・10 清水寺・建仁寺など、兵火により焼失		応仁の乱（〜文明9年）	閏2月 上杉憲実没	1・10 延暦寺衆徒、蓮如の大谷坊舎を襲う

西暦		1472	1473	1474	1475	1476	1477	1478
年号干支		4 壬辰	5 癸巳	6 甲午	7 乙未	8 丙申	9 丁酉	10 戊戌
天皇	(後土御門)							
将軍	(義政)		足利義尚					
藤沢遊行	(如象) (尊皓)							
時宗関係	(45)(遊系・往過) 6・11 東寺納所乗珍法橋寿賢、七条櫛笥西南角の地を市屋道場金光寺灯明料として寄進(古事類苑) この年、尊皓、下野芦野で朽木の柳の精を済度す(綱要) 8・19 カンバラ重阿	10・3 番場蓮華寺十二世同阿(慈阿)寂す(76)(血脈譜)	5・24 六条道場歓喜光寺十三世弥阿常清寂す(75)(歓過) 3・27 モロ厳阿	11・29 番場蓮華寺十三世同阿(貞阿)寂す(83)(血脈譜)	11・19 道後宝厳寺一遍上人木像造立(明細。平成25年焼失)	5月 尊皓、熊野三山に参拝(熊年)	8・8 霊山正法寺八世国阿妙定寂す(霊過)	1・19 足利義政、富子・義尚と共に七条道場金光寺に参詣、踊念仏を見物(親元日記・後鑑) 2・19 足利義尚父子、彼岸結日に十念を受けるために七条道場に赴く(大乗) 3・26 禁裏で善導・一遍等の影を懸け念仏(大乗)
日本史関係			3・18 山名持豊没 5・11 細川勝元没	この年、山科言国、『言国卿記』を開始(〜文亀2年)	2・22 松平親忠、大樹寺建立		この年、『御湯殿上日記』開始(〜文政9年)	1・29 蓮如、山科本願寺建立を開始

	1479	1480	1481	1482	1483	1484
	11 己亥	12 庚子	13 辛丑	14 壬寅	15 癸卯	16 甲辰
4・16 大勧進願阿、清水寺の鐘を鋳造・寄進（同鐘銘） 4月 真阿、神戸普照院を中興開山（明細）	2・15 甘露寺親長、七条道場金光寺に参詣（親長卿記） 3・12 山名持豊菩提所の管理が金蓮寺重阿に任される（四文） 4・13 熱田円福寺八世其阿、四条道場金蓮寺十二世浄阿に登位（歴代記・四記） 9・23 番場蓮華寺十四世同阿（生阿）寂す（79）（血脈譜） 11月 四条道場十二世浄阿、上人号綸旨（歴代記）	2・9 大納言中御門宣胤、四条道場金蓮寺で踊念仏を聴聞（宣胤卿記） 4・10 伊予大山祇神社法楽千句連歌の連衆に河野通直、宝厳寺其阿、その他弥阿、厳阿、眼阿、臨阿、重阿等の名あり（大山祇神社法楽千句連歌） 6・9 霊山正法寺九世国阿岱洌寂す（霊過） 空達、信州島津氏に誕生（遊系）	9・7 美濃国郡上栗栖の道場の時衆、守山寺（守善寺カ）にとまる（湖東三僧伝） 10・15 四条道場金蓮寺蔵屈輪文大香合成る（同銘。鎌倉彫の優品）	7月 直阿、神戸薬仙寺塔頭世尊庵を開山（明細） 伊予大山祇神社法楽千句連歌の連衆に重阿、弥阿、臨阿、眼阿、其阿、永一、親一、清一の名あり（大山祇神社法楽千句連歌）	深阿高淳、山辺龍徳寺を開山（明細）	4・1 雄阿、村山郡楯岡得正寺を法相宗より改宗（明細） 10・7 如象、上人号綸旨。国家安全宝祚長久を祈願（藤文） 10・13 三条西実隆、亡母忌日に時衆に斎を送る。以後、亡父母忌日などの斎に時衆をときどき呼ぶ（実隆公記）
			4・2 一条兼良没 11・21 一休宗純没	2・4 足利義政、東山山荘造営を開始		6・27 清水寺本堂の勧進造営成る

西暦	1485	1486	1487	1488	1489
年号 干支	17 乙巳	18 丙午	長享1 丁未	2 戊申	延徳1 己酉
天皇	（後土御門）				
将軍	（義尚）			（義煕と改名）	
藤沢 遊行	（如象） （尊皓）				
時宗関係	7・23 山形光明寺十世碧水寂す（光過） 10月 禅僧万里集九、清浄光寺にて菅原道真画像を拝観（梅花無尽蔵）	2・30 三条西実隆、「道場」の時衆深一の逐電につき、言語道断の次第筆端に尽くし難し、と記す（実隆公記） 5・15 清水寺勧進聖願阿、清水寺にて寂す（親長卿記） 5月 直阿、神戸荷松院を開山（明細） 8・17 堺四条道場引接寺歌合（蔗軒日録） 10・3 甲府一蓮寺十世法阿隆天寂す（同寺記）	5・1 三条西実隆、『一遍聖絵』を見る（実隆公記） 6・16 関白近衛政家、『一遍聖絵』十二巻を見る（後法興院記） 仏天、奥州二本松畠山六代修理大夫政国三男として誕生（遊系）	3・15 甲府一蓮寺十一世法阿随善寂す（同寺記） 5・3 般若三昧院での後土御門天皇生母嘉楽門院（大炊御門信子）葬儀に、七条道場三昧衆が諷経（実隆公記） 11・10 霊山正法寺十世国阿智演寂す（霊過）	4・9 将軍足利義煕の葬儀に、国阿・六条・四条各道場、諷経に参勤。七条は来たらず（蔭涼） 6・5 作庭家善阿弥一族、河原者の家に生まれたことを悲しみ、遁世し時衆に入る（鹿苑日録） 8・19 尋尊、堺四条道場引接寺に参詣（大乗）
日本史関係	5・23 益田兼堯没		加賀一向一揆		5・8 京大火

1490	1491	1492	1493	1494
2 庚戌	3 辛亥	明応1 壬子	2 癸丑	3 甲寅
足利義材（義稙）				足利義高（義澄）
				11 尊皓
1・14 前将軍足利義政の葬儀（初七日）に四条・六条各道場、諷経に参勤（蔭涼） **1・23** 足利義政の法事に四条・七条各道場、参勤（後鑑） **3・19** 夜、六条道場歓喜光寺焼失（蔭涼） **閏7・7** 当麻道場無量光寺十九世尊順寂す（83）（麻山集）	**9・29** 甘露寺親長、女房の父の三十三回忌法要に一条道場時衆十六人を招いて作善を行う（親長卿記） 亀泉集証、四条道場金蓮寺に参詣、時衆と語らう（蔭涼）	**6・23** 歓喜光寺中満願寺住持覚阿、六条道場歓喜光寺蔵『一遍聖絵』を補修（奥書） **9・3** 七条道場金光寺十一世持阿寂す（七過）	**6・10** 六条道場歓喜光寺十四世弥阿善念寂す（61）（歓過）	**1・26** 如象、清浄光寺にて寂す（76）（遊系・往過） **3・11** 霊山正法寺十一世国阿此禅寂す（霊過） **3月** 藤沢道場清浄光寺・当麻道場無量光寺焼失（妙法院史料） **4・29** 解意派十八世定阿団了寂す（新善光寺過去帳・記録） **6・7** 番場蓮華寺十五世同阿（無阿）寂す（84）（血脈譜） **6・14** 当麻道場無量光寺二十世恵酬寂す（86）（麻山集） **8・23** 四条道場金蓮寺十二世浄阿寂す（歴代記。四記では明応8年8月23日。なお、九条尚経『後慈厳院殿記』に「四条道場の上人往生す、結跏趺坐し西に向いて死す、諸人群を成して拝す、一遍上人の忌月忌日に当たるは神妙なり」と記し、後日「四条道場上人入滅の期の詠歌」を紹介） **8・27** 堺引接寺弥阿、四条道場に入山、十三世浄阿に登位（歴代記）
1・7 足利義政没 **12・16** 伊勢山田大火 この年、磐木専称寺、勅願寺綸旨、奥州本山の号賜わる	この年、美濃・尾張・甲斐で飢饉	**2・22** 書写山焼失 **5・29** 近畿東海で大雨・洪水		**5・7** 京・大和大地震

西暦	年号 干支	天皇	将軍	藤沢 遊行	時宗関係	日本史関係
		（後土御門）	（義高）	（尊皓）	12・15 四条道場十一世浄阿寂す（四記。歴代記は明応8年） 尊皓、清浄光寺に独住（遊系）	
1495	4 乙卯			20 一峰	3・7 弥阿、清浄光寺にて遊行相続、一峰と号す（46）（遊系・往過） 3・18 大瑞、村山郡稲下耕福寺を開山（明細）	2・30 西教寺真盛没 8・15 鎌倉大地震
1496	5 丙辰				7・18 尊皓、清浄光寺にて寂す（70）（遊系・往過） 臨阿、瓜連金泉寺を開山（明細）	
1497	6 丁巳			12 一峰 21 知蓮（借四）	5・8 弥阿、敦賀西方寺にて遊行相続、知蓮と号す（39）（遊系・往過） 6・7 後土御門天皇、知蓮に綸旨を下す（守光公記） 6・7 知蓮、上人号綸旨（藤文・神奈川県史） 7月 紹阿隆順、真壁郡矢貝眼徳寺を開山（明細） 11・7 七条道場金光寺十二世持阿寂す（七過） この頃、知蓮、『真宗要法記』を著す（奥書）	
1498	7 戊午				1・18 番場蓮華寺十六世同阿（円阿）寂す（77）（血脈譜） 8・7 四条道場金蓮寺、上人号綸旨（四文）	8・25 東海地方大地震
1499	8 己未				8・23 四条道場金蓮寺十二世浄阿寂す（四記） 11・8 当麻道場無量光寺二十一世源亮寂す（56）（麻山集） 5月 「明応八年未五月」銘の鰐口、清浄光寺に設置される（同銘） 12・15 四条道場十一世浄阿寂す（歴代記。四記では明応3年） この頃、『一遍上人法門抜書』成る（奥書）	3・25 蓮如没 5・22 京大雨・洪水 7・20 延暦寺根本中堂等焼失 この年、諸国飢饉
1500	9 庚申	後柏原 10.25			3・12 霊山正法寺十二世国阿仁雅寂す（霊過） 8・24 山形光明寺十一世眼理寂す（光過）	

1506	1505	1504	1503	1502	1501	
3 丙寅	2 乙丑	永正 1 甲子	3 癸亥	2 壬戌	文亀 1 辛酉	
7・4 当麻道場無量光寺二十三世明信寂す（71）（麻山集）	2・1 知蓮『遊行霊宝仏面帳感得記』成る（宗典下）	1・27 当麻道場無量光寺二十二世尊照寂す（91）（麻山集） 8・18 知蓮、大和泊瀬（長谷）寺にて観音の頂上仏面の戸帳を感得（霊帳） 伊予大山祇神社法楽千句連歌の連衆に弥阿、覚阿、賢阿の名あり（大山祇神社法楽千句連歌） 若栗念向寺、尾上伊豆守によって再建され、眼阿を開山とす（明細）	2・10 番場蓮華寺十七世同阿（称阿・定阿・明道）寂す（血脈譜） 8・28 将軍足利義澄、七条道場金光寺へ渡御（実隆公記） この頃、大通庵主声阿、関寺に長安寺を開山（法文）	堅阿弥、駿府修福寺を開山（明細） 遍円、奥州二本松畠山六代政国二男守国の二男として誕生（遊系）	市屋道場金光寺焼失（同寺文書）	8・27 四条道場金蓮寺十三世浄阿入山（歴代記） 覚阿、焼津海蔵寺を開山（明細） 真寂、越後石川氏の一族として誕生（遊系） 体光、奥州二本松畠山分家鹿子田五代満元（二十五代仏天の甥）として誕生（遊系）
3・9 融舜、『蓮門宗派』編纂 7・15 越前で一向一揆 雪舟没	7・18 幕府、洛中内盆踊りを禁止	この年、疫病流行・東国飢饉		5・7 大和西大寺焼失 7・30 宗祇没		

西暦	年号干支	天皇	将軍	藤沢遊行	時宗関係	日本史関係
1507	4 丁卯	（後柏原）	（義高）	（一峰） （知蓮）	2.23 四条道場金蓮寺十三世浄阿寂す（四記） 4月 四条道場十四世浄阿、勢州楠歓喜寺より登位（歴代記） 9.27 山形光明寺十二世諦順寂す（光過） 12.23 当麻道場無量光寺二十四世念空寂す（68）（麻山集）	
1508	5 戊辰		足利義稙 （重任）			
1509	6 己巳				2.24 解意派二十世定阿林笛寂す（新善光寺過去帳・記録） 4.12 七条道場金光寺十三世持阿寂す（七過） 8.25 勘解由小路聞名寺修造のための勧進猿楽張行を武家（将軍義尹）へ内々伺い申し入れ、8月27日内諾（実隆公記） 閏8.26 松平信忠、大浜称名寺に安堵状を寄せる（同寺文書） 10.26 江州の時衆円珍（後法成寺関白記では半阿弥）、前将軍足利義澄に頼まれ義稙を討とうとして果たさず（瓦林・後鑑）	7.16 宗長、関東周遊に出発 11.8 鎌倉光明寺祐崇没
1510	7 庚午				2.7 沼田上野介光延、市屋道場西蓮寺其阿弥陀仏に対し東市町の一部地子銭を本尊に永代寄進（西蓮寺文書） 6.14 四条道場金蓮寺十四世浄阿、上人号綸旨（実隆公記・歴代記・四記） 8.1 日向光台寺其阿	6.6 猪苗代兼載没 8.8 近畿大地震
1511	8 辛未				2.21 三条西実隆の子公条、七条道場金光寺に詣で踊躍念仏を見聞結縁（実隆公記）	1.25 法然三百年遠忌を粟生光明寺で行う
1512	9 壬申				1月 堺引接寺弥阿、四条道場金蓮寺十五世浄阿に登位（四記・歴代記） 2.1 松平信忠、大浜道場称名寺の敵味方追善の踊躍念仏に水田を寄せて賞す（同寺文書）	

1516	1515	1514	1513	
13 丙子	12 乙亥	11 甲戌	10 癸酉	
		意楽（乗台寺） 23称愚	22意楽	
1・20 四条浄阿、将軍の加持に参る（後鑑） 後柏原天皇、摂津宝泉寺にて遊行二十三代称愚所持の『遊行上人縁起絵』を見る（京都御所東山文庫史料）		3・4 後柏原天皇より清浄光寺に対し、国家安全祈願の綸旨下る（藤文） 9・3 其阿、河内通法寺にて遊行相続、称愚と号す（45）。意楽は江州上坂乗台寺に独住（遊系）	1・15 管領大内義興の名をもって遊行回国を保護する旨を布令（清浄光寺史） 1・29 清浄光寺、兵火にあい焼失。本尊を駿府長善寺に移す。『藤沢山過去帳』焼失、のちに意楽、美濃二ッ岩にて過去帳を新調。延文の鐘は北条氏により小田原へ持ち去られる（遊系） 3・4 後柏原天皇、意楽へ綸旨を下す（守光公記） 3・28 七条道場金光寺十四世住持（遊行二十二代意楽）、末寺の僧が独断で寺領・寺地を売却することを禁ずる（七文） 5・3 七条道場十四世持阿、駿府長善寺にて遊行相続、意楽と号す（49）（往過・遊系） 5・8 知蓮、長善寺にて寂す（55）（遊系・往過） 8月 後柏原天皇、漢文縁起『洛陽東山国阿道場双林寺』を筆記（同書） 知蓮『真宗要法記』『神宣遊行念仏記』『一遍義集』成る（宗典下） 意楽、美濃二ッ岩に新藤沢清浄光寺を開山（宗長『那智籠』）	7・7 立阿、禁裏へ七夕の立花を献ずる（守光公記） 8・29 一峰、清浄光寺にて寂す（63）（遊系・往過） 有三、軸屋の子として誕生（遊系）
		8・24 長尾景春没		

西暦	1517	1518	1519
年号 干支	14 丁丑	15 戊寅	16 己卯
天皇	（後柏原）		
将軍	（義稙）		
藤沢 遊行	（意楽） （称愚）	24 不外	
時宗関係	6・2 意楽、美濃に一寺を開山（後鑑。廿四祖では永正10年6月2日） 8・29 番場蓮華寺十八世同阿（戒阿）寂す（80）（血脈譜） 9・1 甲府一蓮寺十二世法阿宣聴寂す（同寺記） 10・10 四条道場金蓮寺辺の巷所を小川坊城俊名より寄進（四文） 鷲尾隆康、四条道場にて踊念仏見物（二水記） 5・19 飫肥其阿	5・19 称愚、薩摩国浄光明寺にて寂す（49）（遊系・廿四祖） 5・27 意楽、近江上坂乗台寺に独住中に称愚の入寂を知り、其阿（59）に乗台寺にて遊行相続を命じる。相続、不外と号す（廿四祖。往過・遊系では9月） 8・10 東山円山安養寺にて、能勢頼則三回忌追悼供養の千句連歌が興行される（東山千句） 10・9 酉刻、意楽、上坂乗台寺にて寂す（54）（遊系・廿四祖・七過） 同念、日向国都於伊東氏に誕生（遊系） 11・19 高宮切阿	春、不外、兵庫真光寺の祖廟に詣でる（廿四祖） 4・27 四条道場金蓮寺十四世浄阿寂す（四記） 6月 不外、国々飢饉のため氣比大神宮での「御砂持」を取り止めようとするも、時衆相阿、前後不覚となり、正気に戻って氣比大神宮の神慮を伝え、「御砂持」を成功に導く（廿四祖） この年、不外、兵庫より近江・越前・加賀を経過し、越中報土寺にて越年（廿四祖）
日本史関係			8・15 北条早雲没

1523	1522	1521	1520
3 癸未	2 壬午	大永1 辛巳	17 庚辰
足利義晴			
			不外（西教寺） 25仏天
8月 清水坂奉行、七条道場金光寺の蓮台銭を免除（七文） 12・13 霊山正法寺十三世国阿義亮寂す（霊過）	1・28 不外、甲府を去り、信濃路に入り、野沢金台寺へ（廿四祖） 2月 大乗院経尋、七条道場金光寺の御成之間を見物（経尋記） 6・26 山形光明寺十三世運応寂す（光過） 9・14 仏天、上人号綸旨（神奈川県史） 10・21 仏天、上人号綸旨仲介の礼として足利義晴に蠟燭二百挺進上、その返礼の御内書出る（親孝日記） 東山霊山時衆紹崇（尺八の名手、のち還俗して大徳寺に縁を求めた）、伊勢二見に入水（宗長手記）	2・12 知仁親王（のちの後奈良天皇）、踊念仏見物のため七条道場金光寺に参詣（二水記） 4・3 不外、甲府一蓮寺を出立（廿四祖） 9月 信州に在った不外、武田信虎の招きにより甲府に入る（廿四祖）	2月 不外、越中氷見に至り、前年一揆の乱に戦凍死した三千の霊を弔う（廿四祖） 7・9 其阿、信州海野常照寺にて不外より遊行相続、仏天と号す（34）（遊系・往過・廿四祖） 冬、永正10年以来駿府にあった清浄光寺本尊を甲府一蓮寺に奉遷（廿四祖） 不外、豊州西教寺に独住（遊系） 『遊行二十四祖御修行記』仏天写本成るか（宗典下） 12・6 興長寺漢阿
4・18 知恩院・知恩寺、本寺争い		2・12 高野山で諸堂塔焼失	

1528	1527	1526	1525	1524	西暦
享禄1 戊子	7 丁亥	6 丙戌	5 乙酉	4 甲申	年号 干支
		後奈良 4.29		(後柏原)	天皇
				(義晴)	将軍
仏天(新善光寺) 26空達				(不外) (仏天)	藤沢 遊行
3・11〜17 肥前国正応寺の一遍方時衆僧、三条西実隆に対し、浄土要文を所望、また扇を送る(実隆公記) 7・18 足利義維奉行人より堺引接寺に対し灯油料問丸等の裁許安堵状が発給される(同寺文書) 8・29 其阿、敦賀西方寺にて仏天より遊行相続、空達と号す。仏天、井川新善光寺に独住(遊系・往過) 9・11 無量寿寺跡地を青蓮院宮より双林寺其阿に給与(華項) この年、御影堂新善光寺、六条佐女牛より新町五条北に移る(山州)	3・21 三好元長、前将軍義澄の子義維を擁して京に入り四条道場金蓮寺に布陣(厳助) 12・4 御影堂新善光寺焼失。下京に小合戦あり(実隆公記)	4・2 当麻道場無量光寺二十五世一声寂す(82)(麻山集) 5・27 不外、豊州西教寺にて寂す(67)(遊系) 8・14 霊山正法寺十四世国阿悟心寂す(霊過) 宗長、駿府長善寺で法楽連歌興行。客殿新造による(宗長日記)	2・21 足利義晴、方違のため七条道場金光寺に泊する(後鑑) 4・25 足利義晴、方違の御成りとて七条道場に泊する(後鑑)	5・19「藤沢上人」(不外か。清浄光寺は焼失中)、三条西実隆へ、以前より依頼の歌・連歌等の添削に対する礼として絹二疋を贈り、添削を再び所望(実隆公記) 6・23 実隆、不外へ絹一疋贈る(実隆公記) 8・7 将軍足利義晴、節分の方違の宿として七条道場金光寺を定める(後鑑) 9・14 仏天、奥州を巡化し北上観音に詣でる(同寺書上・井川)	時宗関係
	この年、山科言継、『言継卿記』を始める(〜天正4年)				日本史関係

1534	1533	1532	1531	1530	1529	
3 甲午	2 癸巳	天文1 壬辰	4 辛卯	3 庚寅	2 己丑	
1・1 時衆聖派出身の有雅、第百八十二世高野山検校となる（高野） 3・6 甲府一蓮寺十三世法阿全立寂す（同寺記） 3・15 六条道場歓喜光寺十六世弥阿了幻寂す（93）（歓過） 12・21 六条道場十五世弥阿上善寂す（歓過） この年、駿河にある冷泉為和に、仏天、頻りに帰洛を勧める（為和卿記） 仏天、浅井大浦遍照寺を開山（明細）	南要、大隅志福寺を開山（明細）	9・2 四条道場金蓮寺十五世浄阿寂す（82）（四記） 11・19 四条道場十六世浄阿、守山守善寺より登位（四記・歴代記） 12・28 七条道場金光寺段銭一段分先二十疋（植通公記） 大津金塚荘厳寺其阿、三条西実隆と交流（実隆公記）	2・30 三条西実隆、『一遍義集』を筆写（実隆公記）	1・7 霊山道場焼失（実隆公記） 8・12 浄源、村山郡左沢称念寺を開山（明細） 8・15 当麻道場無量光寺二十六世智明寂す（62）（麻山集）	1・13 九条植通、「四条道場の上人」を召す（植通公記） 結城朝長、福応寺（現・つくば市覚心寺）を開基（明細） 6・6 井河其阿	博多の豪商、称名寺を再興。大友義鑑、同寺に諸公事免除、分国中に材木を課し寺の再興を援助（明細） 9・4 二本松喜阿
		8・21 山科本願寺焼失	この年、『当麻寺縁起』成る			

西暦	1535	1536	1537	1538	1539
年号干支	4 乙未	5 丙申	6 丁酉	7 戊戌	8 己亥
天皇	（後奈良）				
将軍	（義晴）				
藤沢遊行	（仏天） （空達）	27 真寂			
時宗関係	3・13 四条道場金蓮寺十六世浄阿、上人号綸旨（歴代記） 8・5 七条道場金光寺十五世持阿寂す（七過） 11・14 四条道場十七世浄阿、表佐阿弥陀寺より登位（四記・歴代記）	6・3 四条道場金蓮寺十六世浄阿寂す（四記） 8・1 空達、越後田伏極楽寺にて寂す（遊系・往過） 10・27 願成寺二十三世覚阿、越後府中称念寺にて遊行相続、真寂と号す（37）（遊系・往過） 12・20 長崎称念寺薗阿、上人号綸旨（芝崎文庫） 5・18 野沢金台寺覚阿　8・12 金光寺与阿	6・19 四条道場金蓮寺の四足門につき、山門より、違例であるから破却すべしとの申達し来る（四文） 10・2 真寂、上人号綸旨（神奈川県史）	2・16 浄阿、六十万人決定往生の算を賦《くば》る（親俊日記・後鑑） 8・11 同念、美濃より小野大光寺に移る（三十一祖） 4・10 住吉覚阿　4・11 奥谷其阿　5・27 河口坊覚阿　8・2 佐竹其阿	5・4 浅井亮政、番場蓮華寺泉阿弥陀仏（二十世同阿）に陣僧諸役免除状を発給（蓮華寺文書） 11・23 四条道場金蓮寺十七世浄阿、上人号綸旨（歴代記） 12・5 四条上人、御礼参内（お湯殿） 1・10 弘長寺眼阿　1・20 前神光寺覚阿　7・1 長崎薗阿
日本史関係		天文法華の乱	10・3 三条西実隆没		

1544	1543	1542	1541	1540
13 甲辰	12 癸卯	11 壬寅	10 辛丑	9 庚子
2・15 四条道場金蓮寺、四足門再興綸旨（四文） 4・9 四条道場十九世浄阿、木之本浄信寺より登位（46）（歴代記・四記） 7・10 四条道場、集中豪雨で罹災し「浅ましき為躰なり」（言継卿記） 7・28 四条道場の阿弥陀仏開帳（厳助） 夏、冷泉為和、甲府一蓮寺に写本『古今和歌集』を贈る（同書） 10・22 四条道場十七世浄阿寂す（四記） 閏11・12 連歌師宗牧、東海吟旅の途次、大浜称名寺其阿を訪う（東国） 閏11・17 四条道場十九世浄阿、上人号綸旨（歴代記・四文） 12・20 宗牧、駿府に入る。「一華堂乗阿と風交頗るこまやかなり」（東国）	2・26 徳川広忠、岡崎城に大浜称名寺住持を招き連歌を興行（平日・字賀） 6・2 仏天、七条道場金光寺に本尊名号等諸道具を免許する（七文） 12・18 四条道場金蓮寺十八世浄阿、上人号綸旨（歴代記） 12・26 徳川広忠、大浜称名寺にて連歌興行（文台裏書） 大浜称名寺其阿、仏天の命により近江大津荘厳寺に転住（東国）		2・15 番場蓮華寺二十世同阿（泉阿）寂す（血脈譜） 12・5 武田信虎、清浄光寺へ贈物謝礼の書状を送る（神奈川県史） 9・13 関山坊主与阿	2・27 山本兵庫輔秀家、永正7年の市屋西蓮寺への沼田上野介の寄進を安堵（西蓮寺文書） 11・1 当麻道場無量光寺二十八世亨峰良光寂す（58）（麻山集）
4・9 田代三喜没 7・9 京畿・東海で大雨・洪水	8・25 ポルトガル人、種子島に鉄砲を伝える		6・14 武田晴信（信玄）、父信虎を追放	

西暦	年号干支	天皇	将軍	藤沢遊行	時宗関係	日本史関係
1545	14 乙巳	（後奈良）	（義晴）	（仏天） （真寂）	1・29 甲府一蓮寺十四世法阿徳屯寂す（往過。一蓮寺記では前年） 2・21 四条道場金蓮寺十九世浄阿、参内（お湯殿） 3・24 上杉景虎、越後専称寺に寺領安堵の状を与える（専文） 9・23 四条道場十八世浄阿寂す（四記） 1・24 尺迦堂其阿　7・1 長崎薗阿　7・6 逸見相阿　7・23 夏田住持師阿	宗牧『東国紀行』成る 9・22 宗牧没
1546	15 丙午		足利義藤（義輝）		11・11 四条道場金蓮寺四足門に関する紛議、天台座主の仲裁により落着（四文） 11・28 山形光明寺十四世観林寂す（光過）	
1547	16 丁未					
1548	17 戊申				6月 将軍足利義輝、四条道場金蓮寺に臨んで祇園会を見物（四文・後鑑・畿内） 7・2 真寂、伊予宮床願成寺にて寂す（49）（遊系・往過・同寺記録） 8・10 清水坂奉行、土葬穴銭を五十文と定める（七文） 5・18 イサコ覚阿	
1549	18 己酉			28 遍円	2・9 僧阿、豊後府中称名寺にて遊行相続、遍円と号す（41）（遊系・往過） 5・18 当麻道場無量光寺二十七世明堂智光寂す（50）（麻山集） 11・16 鹿児島其阿　11・7 高瀬其阿	7・10 冷泉為和没 7月 フランシスコ・ザビエル鹿児島に上陸
1550	19 庚戌				10・10 善福寺九代其阿	
1551	20 辛亥				5・5 遊佐河内守長教、時衆珠阿に殺される。珠阿、また即座に討たれる（畿内・後鑑） 5月 武田信虎の妹（法城院殿一帝信大法尼）、八代郡神龍寺を開山（明細） 8・10 遍円、安芸国二十日市にて寂す（遊系・往過）	9・1 大内義隆没

1557	1556	1555	1554	1553	1552	
3 丁巳	2 丙辰	弘治 1 乙卯	23 甲寅	22 癸丑	21 壬子	
正親町 10.27						
					29 体光	
3・24 敦賀大火あり。氣比神宮以下数百家焼亡、西方寺またこの災に罹る。『藤沢山過去帳』類焼（藤過） 8・4 後奈良天皇、柳原資定をもって仏天を召すも、程なく崩御により果たさず（三十一祖） 8・15 仏天、焼失した『藤沢山過去帳』を調製（序）	2月 知阿弥主膳、高山仙源寺を開山（明細） 5・28 北条綱成、藤沢大鋸町森弥五郎・同杢助両名に対し、藤沢の客料二十五人の触口役を務めるよう指示（神奈川県史） 11・27 大野恵光寺臨阿	10・26 三好長慶、四条道場金蓮寺に鴨川東岸の地安堵の状を与える（四文） 1・21 高宮称讃院其阿 5・20 萱谷積善寺其阿	7・1 四条道場金蓮寺二十世浄阿寂す（67）（四記） 8・16 霊山正法寺十六世国阿恵梵寂す（霊過。雍州府志に、十六世国阿、東山長楽寺を獲得、とある） 真寂上人七回忌に、伊予宮床願成寺の墓に宝篋印塔建立（明細）	2月 四条道場金蓮寺二十世浄阿、上人号綸旨（歴代記） 8・15 四条道場十九世浄阿寂す（58）（四記）	4・23 一華堂十世乗阿、越前敦賀西方寺にて遊行相続、体光と号す（遊系・往過） 7・12 六条道場歓喜光寺十七世観光寂す（83）（歓過） 8・28 六条道場、烏丸高辻へ移転（同寺文書）	11・1 当麻道場無量光寺二十八世良元寂す（58）（麻山集）

西暦		1558	1559	1560	1561
年号 干支		永禄1 戊午	2 乙未	3 庚申	4 辛酉
天皇	（後奈良）				
将軍	（義藤）				
藤沢 遊行	（仏天） （体光）				
時宗関係	8・17 霊山正法寺十七世国阿珠臨寂す（霊過） 2・15 本田円光寺生一	2・27 松永久秀・三好長慶等、四条道場金蓮寺・七条道場金光寺に陣を布く（畿内・後鑑） 2月 覚阿、尼崎善通寺を中興（明細） 3月 四条道場二十一世浄阿、江州守山守善寺より登位（63）（歴代記・四記） 8・13 藤沢道場再興につき、体光より玉縄城主北条左衛門大夫（綱成）に書を送る（高瀬文書） 7・19 日向光照寺其阿	12・5 四条道場金蓮寺二十一世浄阿、上人号綸旨（歴代記） この年、京一条寺町東北院、時宗に帰し、弥阿、ここに住す（明細） 1・27 京七条持阿　5・6 越前ダイラ億一	6・25 須田蔵助と藤沢客寮との間の貸借をめぐる件につき北条家許定衆、証文紛失を理由に、徳政とすべき旨の裁許を下す（神奈川県史） 10・27 甲府一蓮寺十五世法阿弘道寂す（同寺記） 10・29 体光、中尊寺へ参詣し、名号札を奉納（同寺文書） 2・18 越中長谷寺覚阿　3・12 黒駒称願寺弥阿　4・23 飛州大野聞名寺覚阿 6・7 吉江仏土寺其阿　7・28 石打極楽寺底阿　10・10 北条専称寺界阿 12・11 肥後願行寺弥阿	3・24 当麻道場無量光寺二十九世称故寂す（83）（麻山集） 8月 パードレ・ガスパル・ビレラ、書簡で「ジシウ」の僧院における男女雑居について報告（耶蘇会士日本通信）
日本史関係			10・6 狩野元信没	5・19 今川義元没	

1565	1564	1563	1562
8 乙丑	7 甲子	6 癸亥	5 壬戌
足利義親（義栄）			
		30 有三	
1・5 三好衆、七条道場金光寺に陣を布く（後鑑） 4・15 山科言継、四条道場での智恩寺長老法談聴聞に赴くも、群衆多数のため席に近寄れず。堂内には恵心筆の阿弥陀と二十五菩薩三幅一対、日蓮の釈迦、一遍名号と称するものが一緒に掛けてある旨を記す（言継卿記） 11・3 佐竹義昭寂す。有三による焼香引導の法要ののち、太田浄光寺、再建される（佐竹系譜） 1・15 富山報土寺臨阿 10・28 大浜称名寺其阿 11・22 但馬興長寺漢阿	7・7 解意派二十七世定阿寛瑞寂す（新善光寺過去帳・記録） 8・16 山科言継、四条道場まで踊念仏を見物（言継卿記） 4・25 長崎称念寺薗阿 11・27 土佐一山善楽寺其阿	3月 沙弥観察、鶴岡栄町地蔵堂を開山（明細） 9・14 其阿、越前岩本成願寺にて遊行相続、有三と号す（遊系・往過） 法爾、相州小田原佐伯氏に誕生（遊系） 1・16 江州土堂徳勝寺覚阿 6・23 豊後国府称名寺其阿	10・15 番場蓮華寺二十二世同阿（来阿）に、勅願所綸旨・香衣綸旨（血脈譜・広橋兼胤公武御用日記） 12・1 京一条道場迎称寺焼失（同寺書上） 12・4 体光、出羽国長泉寺にて寂す（62）（遊系・往過。別伝に出羽梅ヶ沢で寂し、その地を藤沢と称す。現・鶴岡市藤沢。体光に連歌句集『石苔』がある。大浜称名寺蔵） 覚阿恵尭、小浜常福寺を開山（明細） 4・7 信州富田極楽寺覚阿
1・1 フロイス、足利義輝に拝謁			

西暦	1566	1567	1568	1569	1570	1571
年号 干支	9 丙寅	10 丁卯	11 戊辰	12 己巳	元亀 1 庚午	2 辛未
天皇	（後奈良）					
将軍	（義親）		足利義昭			
藤沢 遊行	（仏天） （有三）					
時宗関係	10・12 満善、会津西光寺を開山（明細） この年、有三、江州勝部村紫雲山西蓮寺を開山（同寺由緒書） 有三、喜多方長福寺を開山（明細）	2・10 山口道場善福寺其阿寂す（藤過・同寺過去帳） 5月 連歌師紹巴、駿府一華堂・大浜称名寺に立ち寄り頻りに風交あり（富士） この年、四国河野晴通と宇都宮豊綱との戦に宮床願成寺焼失（同寺記） 2・10 山口善福寺其阿　7・17 若狭西福寺覚阿　11・29 加田興善寺覚阿	11・8 北条氏、当麻道場無量光寺に判物を下し、非分の者があった場合には小田原まで目安を提出するよう指示（鎌倉市史） 6・2 加賀梅田光摂寺其阿	1・5 七条道場金光寺、三好衆の足利義昭攻めの陣地となる（後鑑） 11・18 霊山正法寺十八世国阿弘白寂す（霊過） 10・24 加賀潮津西光寺覚阿	この年、京都の兵乱に東北院焼失（同寺書上） 長野弾正業忠、浜川善長院を開基（明細） 姉川合戦敵味方戦死菩提碑、建立される（四天王寺薬師堂、のちの大坂時宗円成院。碑銘） 4・27 越中蓮沼極楽寺教阿　12・6 萱谷積善寺其阿	7・16 武田信玄、三百貫（藤沢二百貫・俣野の内百貫）の地を清浄光寺に寄進（藤文）
日本史関係		8・27 『紹巴富士見道記』成る			9・12 石山合戦 11・21 長島の一向一揆	9・12 織田信長、延暦寺を焼き討ち

	1572	1573	1574
	3 壬申	天正 1 癸酉	2 甲戌
		有三（西方寺） 31 同念	
7月 有三、阿弥衣着用（同銘。遊行寺宝物館現蔵） 9・25 仏天、井川新善光寺にて寂す（85）。当寺独住四十四年（遊系・井川）仏天筆による『時衆過去帳』に能登金台寺・金蓮寺の記載あり（同書）	2・12 佐竹浄光寺十四世其阿（普光の師）寂す（藤過） 4・21 当麻道場無量光寺内の竹木伐り取り及び田畠抜き取りに関し、北条氏より禁制が出される（神奈川県史） 5・14 七条道場金光寺十七世持阿寂す（七過） 7・23 織田信長の小谷城攻めの兵火により、木之本浄信寺堂塔伽藍焼失（明細） 8・20 朝倉義景寂す。有三、これに覚阿弥陀仏と諡す（藤過） 10・19 山形光明寺十五世恵昌寂す（光過） 12・20 有三、六条道場歓喜光寺蔵阿弥衣に名号を書す（同寺阿弥衣銘） 12・20 当麻道場無量光寺に対し、宝樹院・知光院手形の上、同郡溝原・淵辺原・矢部原・田名野において草木並びに萱を刈り取るべき旨の朱印状が下される（神奈川県史）	5・14 六条道場歓喜光寺十八世底関寂す（79）（歓過） 7・8 織田信長の先勢、上洛して四条道場金蓮寺に布陣（兼見卿記） 7・18 其阿、常陸江戸崎顕声寺にて遊行相続、同念と号す（56）（遊系） 8月 織田信長、井川新善光寺（金縄院）に対し陣取禁制の朱印状を下す（井川） この年、織田・浅井両軍の戦により江州高宮高宮寺兵火に遭う（同寺記）	2月 越前農民一揆の大将七里三河守、長崎称念寺に布陣（越州） 3・20 武田勝頼、甲府一蓮寺に殺生禁断その他の禁制を下す（一蓮） 5・27 七条道場金光寺十八世持阿寂す（七過） 11・19 霊山正法寺十九世国阿真宣寂す（霊過）
	8・26 河野通直没	4・12 武田信玄没 室町幕府滅亡	

西暦	年号干支	天皇	将軍	藤沢遊行	時宗関係	日本史関係
1575	3 乙亥	（後奈良）		（有三） （同念）	1・20 徳川家康、岡崎城に大浜道場住持等を招き連歌を興行（三河） 1・25 山形光明寺十六世天益寂す（光過） 3月 津島蓮台寺に信忠判物（同寺蔵） 12・13 松泉院領を東山双林寺に寄進すべきことを青蓮院宮より沙汰（華頂）	
1576	4 丙子				2・22 山科言経、誓願寺・真如堂・極楽寺・頂妙寺等へ結縁参詣（言経卿記） 7・22 山科言経、四条道場金蓮寺の俳諧に参加（言経卿記） 勢州長野の領主長野氏亡ぶ。道場千手寺も廃寺か（七代上人法語） 10・14 光触寺十八代作阿	
1577	5 丁丑				5・10 六条道場歓喜光寺十九世順清寂す（歓過） 閏7・15 武田勝頼、甲府一蓮寺時衆の不帰依破戒を禁圧する法度を下す（一蓮） 10・10 四条道場金蓮寺二十一世浄阿寂す（四記） 12・15 甲府一蓮寺十六世法阿寂す（同寺記） 秋、有三・同念、駿府に逗留（堀内文書「他阿弥陀仏書状」）	
1578	6 戊寅				2・19 北条氏繁、遊行中欠落の時衆・尼法師とも、寺家門前に立ち入ることを禁ず（神奈川県史） 3・18 豊臣秀吉、越後北条の地を遊行廻国中の普光・満悟の清浄光寺帰山につき、国々領主へ伝馬宿送の御教書を出す（専文） 4・15 四条道場金蓮寺二十二世浄阿、熱田円福寺より登位（59）（四記・歴代記） 5月 下妻多賀谷重経と豊田四良治親の戦いにより、豊田長照寺焼失 7・1 同念、伊豆下田を出、2日海上伊勢に着岸、11日神宮を拝す（三十一祖） 9・5 同念、松か嶋より織田信雄（信長二男）の安濃津城に移り、真盛派の寺に泊まる。のち長野上野介信兼（信長弟）岐阜城主織田信忠（信長長男）等の帰依	

1580	1579	
8 庚辰	7 己卯	
1・13 同念、里村紹巴と連歌を興行（三十一祖） 2・5 同念、正親町天皇に十念を授け、天皇、遊行の霊宝を叡覧（三十一祖・お湯殿） 2・11 同念、七条道場金光寺末寺渋谷道場福田寺の所領を一代限りで老僧覚阿に与える（七文）	1・17 織田信忠、萱津光明寺に参詣し踊念仏を所望。留錫中の同念と対面（三十一祖） 6・7 山科言経、祇園会の帰路に四条道場金蓮寺で一盞（言経卿記） 6・22 同念、垂井金蓮寺に移る（三十一祖） 7・19 同念、岐阜城にて織田信孝に会う（三十一祖） 8月 同念、七条道場金光寺に移る（三十一祖） 8・21 同念、大津荘厳寺に滞在（三十一祖） 9・12 同念、上人号綸旨（神奈川県史） 9・13 同念、参内し殿上人に賦算（三十一祖・お湯殿） この年、同念、尾張萱津光明寺にて越年（三十一祖）	を受ける（三十一祖） 10・28 上杉輝虎、北条専称寺一揆に対し道場を建てることを許す（専文） 11月 四条道場二十二世浄阿、上人号綸旨参内（歴代記） この年、同念、尾張萱津光明寺にて越年（三十一祖） 小谷合戦敵味方戦死菩提碑、建立される（四天王寺薬師堂、のちの大坂円成院。碑銘） 四条道場焼失（信長公記） 柳原資定、遊行上人に対し、勅命につき早々に上洛すべき旨を指示（神奈川県史） 如短、武田氏に誕生（遊系）
	3・2 山科言継没 5・27 安土宗論	

西暦		1581	1582	1583
年号干支		9 辛巳	10 壬午	11 癸未
天皇	（後奈良）			
将軍				
藤沢遊行	（有三） （同念）			
時宗関係	2・13 同念、奈良にて薪能四派（金春、金剛、観世、宝生）の出仕を観る（三十一祖） 3・22 同念、長谷寺へ出立（三十一祖） この年、同念、瀬戸内海を航行中海賊に遭う（重藤氏蔵「一遍上人画像」裏書） 『遊行三十一祖京畿御修行記』（天正6年7月1日～8年3月）成るか（宗典下。奥書には寛永7年3月朔日とあり）	4・10 織田信長の家臣野村甚十郎、仏天供料として御影堂新善光寺に畠を寄進（井川） 4月 四条道場金蓮寺二十三世浄阿、近江仏眼寺より登位（56）（四記・歴代記） 7・13 同念、正親町天皇に拝謁（三十一祖） 8・31 織田信長、全国の高野聖千三百余を捕えて七条磧外三ヶ所において誅す（高野・多聞）	2・9 四条道場金蓮寺二十三世浄阿、上人号綸旨参内（歴代記） 3・27 山科言経、丸山・双林寺・霊山で花見。丸山にて一盞（言経卿記） 4・3 山科言経、時衆の行装にて千本引接寺（閻魔堂）にて念仏並びに花など見物（言経卿記） 同念、大隅国大隅郡に遊行、成園寺を清浄光寺末とす（三国名勝図会）	4・5 有三、敦賀西方寺にて寂す（72）（遊系・藤過） 7・11 近江高宮称讃院に対し、秀吉、諸役を免除（同寺文書） 12・26 北条氏直、高座郡当麻無量光寺に対し、筋目正しき旨の判物を下す（神奈川県史） 覚阿、大隅成園寺を開山（明細） 有三筆『時衆過去帳』に能州十念寺・蓮海寺・金台寺の記載あり（往過）
日本史関係			6・2 織田信長没（本能寺の変）	7月 諸国で大雨・洪水

1584	1585	1586	1587	1588
12 甲申	13 乙酉	14 丙戌	15 丁亥	16 戊子
後陽成 11.7				
同念（日向光照寺） 32 普光				
8・23 太田浄光寺十四世其阿、日向国飫肥光照寺にて遊行相続、普光と号す（42）。同念は同寺に独住（遊系） 8・6 白河勝峰寺其阿	3・15 同念、尾道正念寺を開山（明細） 10・24 当麻道場無量光寺三十世観応寂す（84）（麻山集） 12・21 小早川隆景、水田十五町を元祖仏餉料として宝厳寺に寄進す（同寺文書） 12・21 時衆沙弥の別名聖・鑿打の初見（須山文書） 其阿（のちの満悟）、桐生城主由良成繁を開基として、桐生青蓮寺を開山（明細）	3・5 秀吉、前田玄以をして双林寺に不可伐採の禁制を下させる（花洛） 3月 普光、七条道場金光寺で歴代遊行文書を修理（奥書） 4・5 普光、上人号綸旨（藤文・神奈川県史）。同日、遊行弟子、上人号御礼参内（お湯殿） 9・22 普光、長音寺を使いとして山科言経へ贈物（言経卿記）	6・28 同念、日向光照寺にて寂す（70）（遊系） 7月 崇徳院念持の阿弥陀仏を七条道場金光寺の本尊とするとの御告げあり（七記） 9・3 佐竹義重、藤沢道場（水戸）造営のために用材を見当り次第取ることを許す（藤文） この年、豊臣秀吉、方広寺および豊国社造営のため、滑谷道場福田寺に下寺町五条へ、御影堂新善光寺に五条橋西への移転を命じる（山州）	4・2 直江兼続、北条専称寺に安堵状を与える（専文） 3・6 清浄光寺呑海像焼失。7月12日、清浄光寺呑海像建立（胎内銘）
5・2 存応、増上寺に入寺	3・23 豊臣秀吉、根来寺を攻め堂塔を焼く 11・29 近畿・東海に大地震		6・19 秀吉、キリスト教を禁止し、宣教師を国外に追放する	7・8 秀吉、刀狩令を出す

西暦	1589	1590	1591
年号 干支	17 己丑	18 庚寅	19 辛卯
天皇	（後陽成）		
将軍			
藤沢 遊行	13 普光（神応寺） 33 満悟		
時宗関係	1・29 四条道場金蓮寺二十二世浄阿寂す（四記） 8・27 岩松青蓮寺十八世其阿、越後北条専称寺にて遊行相続、満悟と号す（47）（遊系）。普光、水戸神応寺に独住（藤過） 9・7 普光、越後より帰国につき、直江兼続、国々領主へ伝馬宿送を下知（藤文） 玄阿、馬頭村光林寺を開山（明細）	1・7 北条氏邦、小田原参陣衆の無量光寺内での殺生禁断、狼藉禁止の法度を出す（神奈川県史） 2・21 霊山正法寺二十一世国阿宣相寂す（霊過） 9・28 豊臣秀吉、浅野長吉（後の長政）をもって光林寺領を安堵（光文） 秋、奥州の百姓一揆により、寺林光林寺焼失（光文） この年、江戸日輪寺、神田御門内より白銀町に移転（同寺記） 5・5 常華院僧阿	閏1・18 西洞院時慶、双林寺へ桜甫を取りに遣わす（時慶記） 6・28 大谷刑部より敦賀西方寺へ毎年八貫六百文を扶持すべき状を下す（同寺文書） 9・13 豊臣秀吉、七条道場金光寺に山城国西院内九石、境内替地物集女村内百九十七石を宛行う（七文） 11月 徳川家康、藤沢道場清浄光寺へ百石を、徳川満徳寺へ百石を寄進（清浄光寺文書） この年、豊臣秀吉、荘厳寺を高辻油小路より下寺町五条へ移す（同寺書上） 市姫金光寺、市比売神社とともに、左京東市から六条通河原町に移転（明細） 関白豊臣秀次、四条道場金蓮寺境内地子の替地として山城西院に二十三石を与える（四文）
日本史関係	6・12 上井覚兼没	7・19 大道寺政繁没 8・1 徳川家康、関東に転封し、増上寺を菩提寺に定める 9・14 狩野永徳没	閏1・5 豊臣秀吉、顕如に六条堀川を寄進 2・28 千利休没

1594	1593	1592	
3 甲午	2 癸巳	文禄 1 壬辰	
7・7 最上義光、『一遍上人縁起絵』十巻を山形光明寺に寄進。奥書に「文禄三年七月七日最上出羽守義光寄進之」。絵は狩野法眼宗秀、詞は満悟（奥書） 1・17 見付省光寺其阿　1・30 相州蓮台寺但阿　2・22 住吉教住寺其阿 5・16 顕声寺二代覚阿	2・26 山科言経、彼岸により七条道場金光寺へ参詣（言経卿記） 5・27 豊臣秀次、素眼筆『浄阿上人伝』十巻を質より出し金蓮寺に寄進（四文） 7・30 満悟、大津金塚道場荘厳寺に来臨（園城寺古記） 8・10 満悟、上洛し七条道場に入る（園城寺古記） 8・17 遊行念仏を見廻りに女房衆出る（時慶記） 9・22 満悟、参内、賦算（時慶記） 閏9・29 西洞院時慶、遊行の念仏見物に大炊道場まで行く（時慶記） この年、覚阿、天正9年に兵火により焼失した宇多津郷照寺を再興。四国霊場八十八ヶ所第七十八番札所（明細） 2・12 泉州永福寺其阿　10・7 吉田西念寺其阿	2・18 山科言経、七条道場金光寺へ参詣（言経卿記） 5・28 山科言経、七条道場見物（言経卿記） 9・5 番場蓮華寺二十二世同阿（来阿）寂す（96）（血脈譜） この年以降、山科言経、法事のたびに七条道場比丘尼奥之寮を斎に招く。同弟子縁仏、脈診や投薬のために訪問。金光寺僧・金光寺シュ阿弥も法要に出る（言経卿記） 5・27 京七条持阿　8・5 甲州称願寺其阿	普光、水戸神応寺を開山（明細） 託資、相州小田原土肥氏に誕生（遊系） 卜本、周防に誕生（遊系）
	9・24 方広寺大仏殿上棟	3・26 文禄の役 11・24 本願寺顕如没 ローマ字本『平家物語』刊行	

西暦	1595	1596
年号 干支	4 乙未	慶長 1 丙申
天皇	（後陽成）	
将軍		
藤沢 遊行	（普光） （満悟）	
時宗関係	**1・11** 満悟、参内（お湯殿） **3・24** 満悟、准后へ参る（お湯殿） **7・13** 豊臣秀次と共に殉死した白井備後守の妻、四条道場金蓮寺にて自害（古今武家盛衰記） **7・16** 宍戸氏十四代（安芸守）義長が佐竹義宣により宍戸の領地を押領されたため、真壁郡海老島の郷に移り、平城を構えた。それに伴い、新善光寺三十一世朝阿林外は道場を現在地（筑西市松原）に移転（同寺記録） **9・1** 解意派三十一世定阿林外寂す（新善光寺過去帳・記録） **9・25** 八宗（真言・天台・律・五山禅・日蓮・浄土・遊行・一向）より僧百人充で催す秀吉外祖父母の法会を京都大仏経堂にて修行（言経卿記） **10・25** 「大仏御斎出仕之事」に「遊行」が参加（妙法院史料） **12月** 藤沢道場清浄光寺の阿弥衣縫製される（同銘） **12月** 新福寺正説、若栗念向寺を中興（明細）	**2・25** 山科言経、大仏経堂での月例法事に詣で、日蓮・時衆・門跡衆を聴聞（言経卿記） **4・30** 四条道場金蓮寺二十三世浄阿寂す（四記） **4月〜5月** 御影堂文阿およびその妻女（比丘尼）、脈診や投薬のために山科言経を訪問。礼は扇子（言経卿記） **8・20** 霊山正法寺二十世国阿宣厳寂す（霊過） **8・27** 四条浄阿に後伏見院より院宣（四記。ただしこの時期、浄阿は空位） **8月** 北郷加賀守三久、薩摩青蓮寺を開基（明細） この年、大津金塚道場荘厳寺退転（同寺記） **9・18** 越後称念寺其阿　**12・7** 垂井金蓮寺其阿
日本史関係	**7・15** 豊臣秀次没	

1600	1599	1598	1597
5 庚子	4 己亥	3 戊戌	2 丁酉
1・10 満悟、参内（言経卿記・お湯殿） **3・10** 女御近衛前子、双林寺へ花見（時慶記） 秋、家康、関ヶ原出陣の途次、駿河丸山福田寺に憩い歌を詠ず（徳川実紀） **9・15** 垂井金蓮寺、関ヶ原合戦の兵火を被り焼失（同寺記） **10・1** 石田三成（法華宗）・小西行長（切支丹）・安国寺恵瓊（禅宗）、六条河原で斬首される。七条道場の上人（持阿、のちの法爾）、この三人に十念を授ける（慶長見聞集）	**10月** 普光、「和讃」本作・新作を書写（奥書） **8・20** 黒羽新善光寺覚阿　**9・3** 瓜連西福寺珠阿	**1・10** 満悟、参内（言経卿記） **1・26** 満悟、参賀対面あり（慶長日件録。同書は二年後より起草） **5・25** 満悟、金子持参で山科言経を訪ねるも、所労のため対面できず（言経卿記） この年、満悟、豊臣秀吉の寄進により京都大仏豊国寺を開山。また大津金塚道場荘厳寺領を拝領し、豊国寺の兼帯とする（七記・法記） 備後小坂道場観音寺、三原米田山麓に移築される（同寺記） 滑谷道場福田寺、東山渋谷より高倉五条南（高倉通松原下ル西入福田寺町）へ移転（同寺伝） **2・22** 真壁常永寺覚阿　**3・22** 但馬九日市覚阿	**3・13** 山科言経、誓願寺へ詣でる。満悟の念仏に見物衆群集（言経卿記） 足利義昭、来京の遊行上人に対し、来京歓迎ならびに山城国七条道場金光寺再興の件につき内書を送る（七文） 文峰、会津長泉寺を開山（明細） **10・21** 信州小市蓮花寺覚阿
9・15 関ヶ原の戦い		**8・18** 豊臣秀吉没	**6月** 慶長の役 **8・28** 足利義昭没

西暦		1601	1602	1603
年号 干支		6 辛丑	7 壬寅	8 癸卯
天皇	（後陽成）			
将軍				徳川家康
藤沢 遊行	（普光） （満悟）			
時宗関係	この頃、『一遍上人年譜略』成立か（続群書類従） 3・2 沼津西光寺覚阿　4・20 長徳寺覚阿	2・12 山形光明寺十七世俊山寂す（光過） この年、普光、勝倉道明寺を開山（明細）	1・9 満悟、参内（言経卿記・お湯殿） 1・19 津軽信建、西洞院時慶を丸山正阿弥（勝興庵）にて饗応（時慶記） 2・6 前日雨天順延した女院（勧修寺晴子）御所での満悟の念仏に見物衆群集（言経卿記） 2・23 長楽寺坊主、初めて西洞院時慶のもとに来る（時慶記） 11・12 島津義久主催の里村紹巴追善連歌興行に「遊行他阿」の名あり（時慶記） 四条道場二十四世浄阿、近江仏眼寺より登位（四記・歴代記） 良阿有仙、野木浄明寺を開山（明細） 寿阿善達、本荘蓮化寺を開山（寺々） 7・5 中湊光明寺覚阿	1・26 船橋秀賢、長楽寺参詣（慶長日件録） 2・24 西洞院時慶、早朝に東山遊行（豊国寺カ）まで行き診脈を受け、宿の坊主に扇子五本、遊行（満悟カ）へ十本遣わし、煮餅を振舞われ茶を喫して帰る（時慶記） 4・5 西洞院時慶、満悟を斎に呼び藤を見せ、内儀は十念を請い札を呑む（時慶記） 4・14 西洞院時慶の娘、遊行（豊国寺カ）へ参籠（時慶記） 4・28 普光・満悟、伏見城にて徳川家康に謁見（徳川実紀）
日本史関係	この年、諸宗の寺院法度を制定（～元和元年）	1月 鎌倉光明寺を浄土宗関東総本山とする 2月 東本願寺建立 4・12 里村紹巴没		2・12 徳川家康、征夷大将軍となり、江戸幕府を開く

4・29 徳善院（前田玄以）追善連歌興行。遊行（満悟カ）参加（時慶記）
6・6 家康の五男武田信吉、清浄光寺に殺生禁断の制札を立てる（藤文）
9月 満悟、京荘厳寺蔵二祖名号に極書をする（同軸裏書）
12・5 西洞院時慶、満悟に会う（時慶記）
12・6 船橋秀賢、長楽寺に参詣（慶長日件録）
この年、日輪寺、白銀町より浅草に移転（徳川実紀）
この年以降、冷泉為満第月次和歌会に極楽寺時衆参加。山科言経、東北院縁阿弥・極楽寺縁阿弥と交流（言経卿記）

1・22 川越常楽寺弥阿　7・15 教住寺十一代其阿　12・25 水戸蔵福寺覚阿

1604

9
甲辰

1・8 西洞院時慶、東北院より年玉贈られる。久喜・柿・札等（時慶記）
1・9 満悟、参内（言経卿記・時慶記）
1月 徳川家康、清浄光寺に聴聞の輩の喧嘩口論を停める制札を立てさせる（藤文）
2・22 満悟、西洞院時慶のもとに来る。その後、たびたび交流（時慶記）
2・23 東北院より西洞院時慶へ年初の振舞い（時慶記）
3・6 船橋秀賢、旅先の桑名で宣阿弥宿にて休息、熱田で四条道場金蓮寺末寺亀井道場内僧阿弥坊に一宿（慶長日件録）
4・30 冷泉為満第月次和歌会に覚阿参加（言経卿記）
5・17 船橋秀賢、霊山正法寺へ行き、四条道場金蓮寺前の表具屋にて「鎮宅霊符之本尊」を感得（慶長日件録）
6・6 竹内殿（曼殊院宮入道良恕親王）当座和歌会に覚阿招かれる（言経卿記）
6・16 清浄光寺中興・甲府一蓮寺十七世法阿天順寂す（藤過）

2・27 浜松教興寺覚阿　6・28 奥州光林寺宿阿　9・2 小田原福田寺覚阿
11・6 江戸崎顕声寺覚阿　11・24 下総乗願寺僧阿

2月 徳川家康、関東諸寺に寺領寄進

西暦	年号干支	天皇	将軍	藤沢遊行	時宗関係	日本史関係
1605	10 乙巳	（後陽成）	徳川秀忠	（普光） （満悟）	1・27 満悟、参内（慶長日件録） 9・7 徳川家康、駿府より書状で高野山中時衆寺の破風・隅木等の異例を停禁（高野） 10・24 南部利直、寺林光林寺に寺領七十石の知行状を与える（光文） 其阿良心、大隅常念寺を開山（明細） 1・25 品川海蔵寺但阿	4・15 袋中、『琉球神道記』を著す 5月 徳川家康、増上寺造営開始
1606	11 丙午				1・12 満悟、参内（慶長日件録） 4・22 但阿、会津常念寺を開山（明細） 6・25 当麻道場無量光寺三十一世円鏡寂す（77）（麻山集） 9月 徳川家康、高野山の時衆に、以後加行・灌頂を修し真言宗に帰属することを命ずる（高野） この年、七条道場金光寺、寺地鴨河原の領地を妙法院と諍って勝訴（七記） 1・6 高田光長寺但阿	
1607	12 丁未				閏4・26 普光、満悟に不義を働いた金光寺院代を駿府の徳川家康に訴え、追放する（七文） この年、普光、再興した清浄光寺に入山（藤過）	
1608	13 戊申				7・28 石見益田万福寺本堂の大修理行われる（万福寺史） この年、普光、土崎港金光寺を開山（明細） 松山大願寺了任、相川大願寺を開山（明細） 7・29 横山玉田寺生一	

1612	1611	1610	1609
17 壬子	16 辛亥	15 庚戌	14 己酉
	後水尾 3.27		
2・27 満悟、周防山口善福寺にて寂す（70）（遊系） 5・14 高野山文珠院勢誉の遺品を徳川家康に献ず。目録の中に遊行上人他阿自画讃像一幅あり（高野） 6・2 秋田龍泉寺開山其阿寂す（藤過） 7・3 普光、奥州北上観音に詣で和歌を献ず（同寺書上） 8・15 普光、寺林光林寺に留錫中、八寮の塔頭の神饌供物の役割を改める（明細） 10・18 普光、寺林光林寺に至り住持宿阿の神妙帰命の至極を賞す（光文）	4・28 山科言経、双林寺文阿弥へ「ナクサミニ」参る（言経卿記） 8・15 大炊御門経頼当座和歌会に極楽寺時衆参加（言経卿記） 11月 東山長楽寺観世音三七日開帳。これ御代替りによりてなり（続史愚抄） 満悟、鳥取光清寺を開山（明細） 慈光、羽州最上に誕生（遊系）	この年、義山、秋田聲体寺を開山（明細） 兵庫真光寺堂舎敷地、除地となる（真記）	5・24 四条道場金蓮寺二十四世浄阿寂す（四記。歴代記は9月24日） 6月 半雪、大坂寺より四条道場二十五世浄阿に登位（40）（四記・歴代記） 10月 佐渡大願寺、大久保石見守長安の援助により再建される（同寺記）
4・4 吉田西念寺十三代其阿　6・2 羽州龍泉寺開山其阿	2・21 顕声寺四代覚阿　5・10 鎌倉別願寺覚阿　10・5 真岡長蓮寺弥阿	1・23 栖徳庵覚阿　3・3 駿府安西寺覚阿　3・11 小山松厳寺弥阿　4・1 白河勝峰寺其阿	6・20 長泉寺十二代覚阿
3月 キリシタン禁令発布 5・28 「曹洞宗法度」制定		7・19 増上寺存応、普光観智国師号を贈られる	3月 高野山焼失 7月 「高田専修寺法度」制定 8月 「関東古義真言宗法度」制定

西暦	1613	1614	1615
年号 干支	18 癸丑	19 甲寅	元和 1 乙卯
天皇	（後水尾）		
将軍	（秀忠）		
藤沢遊行	（普光） 34 燈外		
時宗関係	**1・18** 七条道場金光寺十九世持阿、常州水戸にて寂す（七文・七過） **3・3** 燈外、江戸日輪寺にて遊行相続（53）（遊系） **3・11** 幕府、初めて遊行上人に伝馬五十疋の朱印状を下し、燈外、18日出立（藤文） **4・4** 普光、京門中に対し大仏殿焼香その他に関する諸末寺法式を定める（七文） **4・4** 普光、七条道場金光寺後住の件につき京都所司代板倉勝重への口添を長谷川藤広に求める（七文） **4・26** 山口善福寺中興大智庵法阿（毛利輝元の叔父）寂す（同寺記） **8・23** 燈外、兵庫真光寺に祖忌を修し、同寺僧衆を督励（真記） この年、普光、『六時礼讃』を書写（奥書） **1・18** 七条金光寺十九代持阿　**7・4** 会津長福寺但阿	**4・17** 天童仏向寺末寺書上に長井の末寺十七ヶ寺記入あり（仏性寺蔵） **7・19** 当麻道場無量光寺三十二世慈教寂す（67）（麻山集） 温水専念寺願愚、当麻道場三十三世に登位（当麻歴代譜） 満悟、津真光寺天満宮を田中天満宮と改称（明細） 慶長年間、大洲藩主藤堂高虎菩提寺として願成寺を再建（明細） **3・15** 久保西光寺覚阿　**4・3** 三島光安寺覚阿　**8・27** 真浄庵弥阿	**7・27** 徳川家康、七条道場金光寺領西院内九石、物集女村内百八十八石を安堵（七文） 秋、徳川家康、高野山聖方の僧を召し、重ねて真言宗に帰属すべきことを諭す（高野） **12月** 近衛信尹一周忌に、一華堂乗阿、三十一首の和歌を詠じ七条道場持阿に
日本史関係	**2月**「関東天台宗法度」制定 **6月** 勅許紫衣法度制定 「修験道法度」制定	**12月** キリスト教禁止令 大坂冬の陣	**6月** 善光寺焼失 **7月**「浄土宗法度」、「西山派法度」など制定

西暦	年	干支			事項	物故	一般
					贈る（光明寺文書） 12月 橋本作左衛門、熱田盛清寺を開基（明細）	6・13 一花堂乗阿 9・15 武州称名寺覚阿	大坂夏の陣、豊臣家滅亡
1616	2	丙辰			1・6 徳川満徳寺、柳営へ年賀に参る（徳実）	4・4 吉田清光院覚阿 4・17 佐竹浄光寺其阿 10・20 小田原福田寺但阿	4・17 徳川家康没
1617	3	丁巳			3・2 甲府一蓮寺十八世法阿義道寂す（81）（同寺記・藤過） 12・23 当麻道場無量光寺三十三世願愚寂す（61）（麻山集） 大願寺二十七世、佐渡竹田村福寿庵（阿弥陀寺）を開山（同寺記） 独朗、武州滝山に誕生（遊系）	6・26 北条無量院弥阿 6・27 忍阿弥陀寺僧阿	
1618	4	戊午			8・15 真宗仏光寺十七世存海葬儀に、「時宗ノ衆」「霊山ノ衆」参列（存海殯送記）	2・8 見付省光寺十三代其阿 3・14 三春法蔵寺弥阿 6・1 二本松坊主弥阿 8・27 茂木蓮華寺但阿 10・3 小森沢来迎寺覚阿 12・29 越前称名寺覚阿	西本願寺再建
1619	5	己未			7・19 山形光明寺十八世一華堂乗阿、七条道場金光寺寄寓中に寂す（80）（藤過・七記・七過）	1・2 北条無量院相阿 5・6 板鼻聞名寺弥阿 10・6 桑折香林寺像阿 11・18 長生庵覚阿	
1620	6	庚申			3・23 普光、長崎称念寺蔵「道場誓文」に裏書き（同文書裏書）	1・20 福寿庵相阿 7・18 瓜連西福寺弥阿 閏12・15 額田常念寺覚阿	11・2 増上寺存応没
1621	7	辛酉			5・1 七条道場金光寺墓所の赤築地から七条河原口への移転に伴い、清水の坂者へ支払う葬送費用を定める（七文）		この年、伊勢踊り流行

西暦		1622	1623	1624
年号干支		8 壬戌	9 癸亥	寛永 1 甲子
天皇	（後水尾）			
将軍	（秀忠）		徳川家光	
藤沢遊行	（普光） （燈外）			
時宗関係	9・23 近江大津の法国寺領（金塚道場荘厳寺領）を三井寺に押領される（同寺記） この年、普光、『六時漢和礼讃』を書写（奥書） 磐田西光寺、兵火のために焼失（明細） 6・26 真岡長蓮寺覚阿	1・27 山名光台寺僧阿 6・27 福島宝林寺相阿	3・12 普光、七条道場金光寺の寺格について言及（七文） 樹端、相州藤沢梶氏に誕生（遊系） 信碩、佐渡竹田村に誕生。石叱とも称す（大願寺文書） 元和年中、山形光明寺、山形城内から現在地に移転（明細） 6・8 浄光寺十六代其阿	6・19 四条道場金蓮寺にて夢想連歌本所興行。仙巌（六条道場歓喜光寺二十二世）参加（舜旧記） 9・11 松平越後守、北条専称寺に八石一斗余の地を寄進（専文） 9月 名古屋の亀屋殿多野喜兵衛法名但阿、七条道場金光寺に文書保管箱を寄進（西蓮寺蔵蓋裏朱書） 10月 燈外、金沢泉野浄禅寺に留錫（加賀藩史料） 1・28 駿府長善寺其阿 2・25 三島光安寺但阿 3・7 浄光寺十七代覚阿 4・12 堺永福寺其阿 4・13 下妻金林寺覚阿 4・27 日向高城妙興寺但阿 5・26 沼津西光寺覚阿 6・29 介崎乗願寺覚阿 7・8 光触寺僧阿 7・12 結城常光寺師阿 9・5 川越常楽寺相阿 10・11 下野称念寺僧阿 10・14 杉本光明寺弥阿 12・16 小山現声寺僧阿
日本史関係		幕府、新寺建立を禁止	12月 江戸霊厳寺建立	

1629	1628	1627	1626	1625
6 己巳	5 戊辰	4 丁卯	3 丙寅	2 乙丑
明正 11.8				
		14 燈外 35 法爾		
閏2・19 法爾、加賀小松多太八幡に詣で実盛の霊を弔う（多太） 4・17 法爾、越前惣社に歌を奉納（遊鑑） 10・8 番場蓮華寺二十三世同阿勧旭寂す（69）（血脈譜） 水沢長光寺、多賀城から水沢に移転（寺々） 尊真、相州国府津佐伯氏に誕生（遊系） 10・15 若松光徳寺其阿	3・25 清浄光寺・法国寺、大津の寺領（大津金塚道場荘厳寺領）を三井寺に押領された旨を幕府に訴える（七文） 8・11 法爾、信濃を巡化し平原十念寺の踊念仏を見て住持に浄阿号を許す（同寺文書） 10月 四条道場金蓮寺二十五世浄阿半雪、南涼院へ隠居（四記・歴代記） この頃、幕府、諸国被慈利（聖）の宗旨は時宗とする（七文）	2・23 七条道場金光寺二十一世持阿、清浄光寺にて遊行相続、法爾と号す（65）（遊系） 3・19 所々の「被慈利」（聖）は遊行の客僚（配下）たる旨、幕府より認められる（藤文） 燈外、清浄光寺に独住（遊系）	5・22 普光、清浄光寺にて寂す（84）（遊系・藤過） 12月 藤沢大鋸中里理安、清浄光寺の梵鐘を小田原城より引き取り寄進（歴代簿）	5月 佐渡大願寺其阿、法国寺にて寂す（藤過） 坂戸村光徳寺、神応寺の下寺として建立される（明細） 尊任、佐渡宿根木村佐藤氏に誕生（遊系）
7月 紫衣事件				11月 天海、寛永寺建立

西暦	1630	1631	1632	1633	1634	1635	1636
年号干支	7 庚午	8 辛未	9 壬申	10 癸酉	11 甲戌	12 乙亥	13 丙子
天皇	（明正）						
将軍	（家光）						
藤沢遊行	（燈外）（法爾）						
時宗関係		9・25 四条道場金蓮寺二十六世浄阿碧道寂す（四記・歴代記） 10・27 法爾、多賀大社参詣。受阿ミタ仏と書付のある六字の御正体を拝そうと、十五代尊恵以来、遊行上人代々参拝。踊念仏、賦算を致し、禁酒の札を宝殿の柱に打つ（慈性日記） 11・22 法爾、垂井金蓮寺僧阿に「時宗用心之事」と題する制戒を示す（遊鑑）		4・2 鹿児島浄光明寺其阿	7・16 将軍徳川家光上洛につき、七条道場金光寺・四条道場金蓮寺の僧、二条城に伺候（徳川） 12月『器朴論』三巻（現・龍谷大学大宮学舎図書館蔵）を軸屋但阿弥陀仏が書写（奥書）	9・26 萱津光明寺、一宇残らず焼失（同寺由緒書）	3・1 清浄光寺、書上「時宗藤沢遊行末寺帳」を幕府に提出。これが宗名として「時宗」を公に用いた初見。遊行派の寺数二百七十四ヶ寺（遊行派寺院書上帳） 3・14 奥州寺林光林寺中興玄通寂す（光文） 7・29 甲府一蓮寺十九世法阿天親寂す（同寺記） この年、徳川家光、天樹院（千姫）二世安楽のため、上州徳川満徳寺を造営（同寺書上）
日本史関係		9月 諸宗本山末寺帳の幕府への提出を命ずる		1・9 知恩院焼失		9月 キリシタン禁制 11月 寺社奉行を設置	

1642	1641	1640	1639	1638	1637
19 壬午	18 辛巳	17 庚辰	16 己卯	15 戊寅	14 丁丑
	36 如短				
6・27 当麻道場三十四世夢幻寂す（麻山集） 9・17 甲府一蓮寺二十世法阿静岳、浅草日輪寺にて寂す（一蓮） この年、萱津光明寺再建される（同寺由緒書） 5・21 武州横山宝樹寺其阿	2・23 甲府一蓮寺十九世法阿、清浄光寺にて遊行相続、如短と号す（60）。8月2日朱印受領（遊系）	10・29 法爾、甲府一蓮寺にて寂す（78）（遊系） 12・22 霊山正法寺二十二世国阿楽仙寂す（霊過） 普門寺二十二世玄察法弟親誉、焼津阿弥陀寺を開山（明細） 尊通、上州三波川に誕生（遊系） 3・18 真岡長蓮寺覚阿 10・15 浜松教興寺覚阿	6月 表佐阿弥陀寺仙山、四条道場金蓮寺二十八世浄阿に登位（四記）	7・25 法爾、奥州を巡錫北上観音に詣でる（書上） 8月 四条道場金蓮寺二十七世浄阿、上人号綸旨。10月19日に参内（歴代記） 尊遵、相州戸塚に誕生（遊系） 8・17 黒駒称願寺其阿	1・21 番場蓮華寺二十四世同阿（覚阿）寂す（血脈譜） 4月 木之本浄信寺残遊、四条道場金蓮寺二十七世浄阿に登位（四記・歴代記） 転真、誕生（遊系）
1月 安楽庵策伝没	1・30 江戸大火 この年、大飢饉		11月 西本願寺学寮設立	2月 島原の乱平定	3月『天海版一切経』（寛永寺版）開版

西暦	1643	1644	1645	1646
年号 干支	20 癸未	正保 1 甲申	2 乙酉	3 丙戌
天皇	後光明 10.3			
将軍	（家光）			
藤沢 遊行	（燈外） （如短）	15 如短	37 託資	
時宗関係	**12・6** 臨済宗鳳林承章、如短が近頃在京のゆえ、日中法事・踊念仏見聞のため、七条道場金光寺に赴く（隔蓂記） **12月** 長楽寺観音開帳（明細） 寛永年中、七条道場金光寺二十一世持阿、初めて上人号の綸旨を申請し、参内して綸旨を頂戴（藤知事）	**3・16** 如短、仙洞（明正・後水尾・後光明）の御召により、東福門院、公卿諸公に日中法要を修す。十念化益を行い、伝奏勧修寺大納言経慶より綸旨の品々を拝領。この時以来、遊行上人は仙洞御所にいつでも参内してよいとされる（遊系・七記） **4・20** 燈外、清浄光寺にて寂す（84）（遊系） 如短、燈外の入寂により清浄光寺に独住（遊系） 尊証、伊予に誕生（遊系）	**2・29** 沼津西光寺十四世中興其阿、清浄光寺にて遊行相続、託資と号す（55）（遊系） **4・19** 甲府一蓮寺二十一世法阿遵空寂す（同寺記・藤過） **11・13** 上州三波川満福寺十二世其阿一石寂す（藤過） 永福寺徴阿、遠田郡南郷光国寺を開山（寺々）	**1・11** 山形光明寺贈二十世月心寂す（光過） **8・8** 如短、清浄光寺にて寂す（69）（遊系） この年、盛岡教浄寺の半鐘、鈴木喜兵衛によって作られる（同寺ＨＰ） **6・20** 敦賀豊円寺其阿　**6・22** 額田常念寺覚阿　**10・13** 柏崎福海寺覚阿
日本史関係	**2月** キリスト教禁止令 **11月** 天海没		**5月** 幕府、キリシタン改めを五人組、檀那寺が行うことを命じる	

1651	1650	1649	1648	1647
4 辛卯	3 庚寅	2 己丑	慶安1 戊子	4 丁亥
徳川家綱				
				16 託資 38 卜本
2・5 遊行三十七代託資、佐野赤坂厳浄寺に回国留錫（遊系） この年、七条道場金光寺の大方丈成る（七過） 1・30 下妻新福寺其阿 6・23 安中長徳寺但阿 11・25 吉水教念寺相阿 11・27 川越十念寺但阿	『一遍流十念口決』巻末に「慶安三年八月四日写之畢 円陵」とあり（宗典下） 1・10 品川善福寺相阿 2・8 石地法界寺覚阿 3・10 山口善福寺宿阿 5・12 徳川万徳寺大一 5・23 国府津蓮台寺法阿 6・30 榎本法王寺相阿	高野山学侶在番所を江戸浅草日輪寺内に設置（日本仏教史年表） 4・18 金沢玉泉寺其阿 6・9 志布志海徳寺覚阿 7・19 榎戸能永寺但阿 9・12 鎌倉教恩寺僧阿 11・11 沼津松樹院但阿	6・11 卜本、関東を巡化し、この日常陸湊光明寺に掛錫（同寺記） この年、幕府、山形光明寺に朱印を寄す（同寺記） 霊山正法寺二十三世国阿淵龍、霊山清林庵を中興（明細） 阿弥陀寺、伊達梁川から仙台に移転（明細） 1・27 浜川来迎寺弥阿 3・23 小山光照寺相阿 11・26 下妻来迎寺相阿	2・6 沼津西光寺十五世元一寮其阿、清浄光寺にて寂す（藤過） 2・18 番場蓮華寺二十五世同阿（功阿）寂す（49）（血脈譜） 2・19 山形光明寺十九世其阿、清浄光寺にて遊行相続、卜本と号す（57）（遊系） 2・22 越後極楽寺底阿寂す。二祖自筆の縁起十巻を古跡に寄進の住持（藤過） 12・11 間宮藤太郎信勝、清浄光寺に殺生禁断の制札を立てる（藤文） 託資、清浄光寺に独住（遊系） 8・26 島名妙徳寺僧阿 ○妻有来迎寺覚阿
4・20 徳川家光没 7・23 慶安の変		9月 鎌倉大仏殿、大風により倒壊	4月『天海版一切経』完成	6月 高野山大火

西暦	1652	1653	1654
年号 干支	承応 1 壬辰	2 癸巳	3 甲午
天皇	（後光明）		後西 11.28
将軍	（家綱）		
藤沢 遊行	（託資） （卜本）	39 慈光	
時宗関係	2月上旬 六条道場歓喜光寺本堂炎上（家乗） 2・14 四条道場金蓮寺焼失（続史愚抄） 10・21 鳳林承章、七条道場金光寺方丈新築落成を祝し、七言絶句一篇を贈る（隔蓂記・七文） 11・25 一華堂切臨、『古今集寛文記』を著す（同書） 12月 一華堂切臨、『古今集口決』を著す（同書） この年、卜本、奥州を巡化、北上観音に詣で寺林光林寺にて越年（書上・光文） 5・26 戸塚親縁寺相阿　7・6 黒駒称願寺覚阿　7・24 岩城城西寺僧阿	1・18 見付省光寺中興・山形光明寺中興一理寂す（43）（光過・藤過） 4・3 卜本、秋田聲体寺にて寂す（63）（遊系） 4・4 当麻道場無量光寺三十五世夢宅慈眼寂す（麻山集） 閏6・18 日輪寺二十世其阿、清浄光寺にて遊行相続、慈光と号す（42）（遊系） 閏6・23 七条道場金光寺中興二十一世持阿（法国寺二世道才）寂す（七過・藤過） 2・7 鹿児島浄光明寺其阿　2・10 根方泰徳寺相阿　3・5 鎌倉向福寺但阿 9・28 網代浄国寺相阿	6・5 四条道場金蓮寺二十五世浄阿半雪寂す（84）（四記） 6月 京西蓮寺、施主底阿弥陀仏の棟札あり（西蓮寺文書） 7・25 見付省光寺十九世一道寂す（藤過） 8・23 六条道場三十三世底相寂す（73）（歓過） 9・14 僧阿法値、『一遍流十念口決』を書写し、弟子覚阿に授与（奥書） この年、前田利常、金沢玉泉寺を開基（明細） 5・24 高山仙源寺覚阿　8・23 温水専念寺覚阿　12・19 川越東明寺覚阿
日本史関係			7・5 隠元来日

1659	1658	1657	1656	1655
2 己亥	万治 1 戊戌	3 丁酉	2 丙申	明暦 1 乙未
17 慈光				
7月『一遍上人縁起』京都町押小路上ル町柏屋勘右衛門板の版本四巻成る（奥付） 8・27 僧阿法値、『六時礼讃』『六時居讃』を書写（奥書） この年、慈光、清浄光寺に帰山独住（遊系）	2月 持阿切臨『念仏往生要決』稿成る（宗典下） 12・3 託資、清浄光寺にて寂す（69）（遊系） 6・5 品川長徳寺覚阿 6・25 佐野蓮光寺覚阿 8・1 稲毛田来迎寺但阿	1・18 江戸大火。日輪寺焼失。同境内にあった高野山在番所も焼失（高野） 8・26 慈光、紀州に遊行（家乗） この年、慈光、熊野に参詣（熊年） 慈光、岡山に化益。城主池田光政、家士・百姓の遊行に参ることをとどめる（光政日記） 3・26 湊光明寺覚阿 12・12 秋田龍泉寺其阿	2・13 四条道場金蓮寺二十七世浄阿残遊寂す（73）（四記） 3月 持阿切臨『一遍上人念仏安心抄』（松会市郎兵衛版）刊行（跋） 4・22 慈光、加古川教信寺に石燈籠を寄進（銘） 10月 慈光、小倉へ遊行。小倉に長福寺（のち欣浄寺）を開山（寺々・明細） 12・17 霊山正法寺贈二十三世国阿淵龍（清林庵開山）寂す（霊過）	3・13 慈光、北陸遊行加賀篠原に実盛の霊を弔う（多太） 8月 高野山は、これ以前、学侶方在番屋敷を浅草日輪寺境内に借地していたが、芝二本榎に地を拝領して移転することを幕府に請う（高野） 3・17 小川海蔵寺臨阿 7・12 鶴岡長泉寺覚阿 8・19 茂木蓮華寺覚阿
		1・19 増上寺塔頭など焼失 2・29 焼死者を本所へ埋葬供養		

西暦	1660	1661	1662
年号 干支	3 庚子	寛文 1 辛丑	2 壬寅
天皇	（後西）		
将軍	（家綱）		
藤沢 遊行	（慈光） 40 樹端		
時宗関係	1・15 出羽鶴岡城主酒井忠勝の弟長門守忠重、逆修のため清浄光寺に六地蔵像を建立（碑文） 4・27 日輪寺二十一世其阿、清浄光寺にて遊行相続、樹端と号す（38）（遊系） 5・25 大浜称名寺再建につき妙法院門跡より二十間の筋築地を寄進される（同寺文書） 11月 清浄光寺領（西村）において検地が施行される（藤文） 7・25 三波川万福寺覚阿　9・6 岩松青蓮寺其阿	4・21 清浄光寺本堂・客殿・庫裡焼失（遊系）（一山悉ク焼亡ス之ニ依テ後ロノ山ヲ下ゲテ本堂ノ地形ヲ築ク翌寅年江府ニ於テ賦算シ諸材過半ニ及ブ処不例ニ依リ帰山ノ上入寂サル「御手許過去帳」） 6・23 山形光明寺其阿、起請文をもって藤沢上人に帰命を誓う（金台） 8・4 七条道場金光寺二十二世持阿切臨寂す（七過・藤過） この年、登米城主伊達宗貞、田尻通木から西野館に遠田道場常楽寺を移転（寺々・明細。のちに米山に移転） 水沢伯済寺、領主伊達和泉守宗直の家臣江右近久家により建立される（明細） 持阿切臨、『時宗安心大要』を著す（宗典下） 9・17 寺林光林寺其阿	3月 安円長、尊任に帰依し、天台宗から改宗、寺も蓮光寺と改称（明細） 5・3 酒井長門守、清浄光寺に常念仏堂（万日堂）一宇を建立寄進（藤文） 9・1 甲府一蓮寺二十二世法阿了眠寂す（同寺記） 慈光、清浄光寺再建勧進のため江戸に留錫（遊系） 10・15 慈光、病んで清浄光寺に帰山していたが、この日寂す（52）（遊系）
日本史関係		1・15 京大火 1・20 江戸大火 6月 隠元、黄檗山万福寺開山	5・1 京畿大地震

1667	1666	1665	1664	1663
7 丁未	6 丙午	5 乙巳	4 甲辰	3 癸卯
				霊元 1.26
			41 独朗	18 樹端
1月 独朗、巡錫中、稲光万福寺を曹洞宗から改宗（明細） 閏2・27 独朗、雲州松江信楽寺（浄土宗）にて寂す（51）（遊系） この年、独朗、塩冶高勝寺を開山（明細） 9・23 大隅志福寺相阿	7・19 徳川光圀、水戸藩内の仏寺千三百余を破却させる。そのうち時宗十三ヶ寺（西山遺聞） 8・8 独朗、小浜浄土寺本尊名号を書す（同名号） 7・19 本田教念寺其阿 9・19 京極楽寺但阿 9・23 佐渡長松院覚阿	3・25 真壁常永寺慈観『神偈讃歎念仏要義鈔』刊行（奥付） 5・25 妙法院堯恕法親王、法国寺覚阿寂翁らを同伴して清水寺成就院へ行く（堯恕法親王年譜・日記） 11・15 高野山学侶在番所を浅草日輪寺から芝二本榎に移転（日本仏教史年表） 10・12 一花堂長善寺覚阿	3・25 沼津西光寺十六世其阿、清浄光寺にて遊行相続、独朗と号す（48）（遊系） 6・15 清浄光寺本堂上棟（遊系） 一法、相州藤沢青木家に誕生（遊系） 6・19 山名光台寺中興其阿	6月 樹端、清浄光寺に独住（遊系） 7・14 常陸真壁常永寺隠居其阿寂す（藤過） 12・2 甲府一蓮寺二十三世法阿智暁寂す（同寺記）
		7・11 諸宗寺院法度制定 10・22 日蓮宗不受不施派の僧を処罰		

西暦	年号干支	天皇	将軍	藤沢遊行	時宗関係	日本史関係
1668	8 戊申	（霊元）	（家綱）	（樹端） 42 尊任（南門）	**3月** 双林寺のうち（発志庵）漢阿弥・（妙吉庵）臨阿弥、東山長楽寺与阿弥、円山安養寺（多福庵）也阿弥が、東本願寺家臣山岸将堅（忠常）宛の土地譲渡証文を提出（大谷大学蔵「大谷御屋敷証文」） **5・25** 日輪寺二十二世其阿、清浄光寺にて遊行相続、尊任と号す（44）（遊系。『遊行四十二代尊任上人回国記』『遊行四十二代西国御修行之記』あり。時宗近世史料集） **6・24** 尊任、遊行廻国のために清浄光寺をたつ（尊任回国） **8・11** 尊任、伝馬朱印受領（朱印状） **10月** 尊任、下総国葛飾郡山河辺古河を遊行（尊任回国） **11月** 尊任、宇都宮応願寺に移る（尊任回国）	**2・1** 江戸大火
1669	9 己酉				**9・13** 尊任、松島にて詠歌（歌仙軸） **2・29** 益田万福寺重阿　**11・7** 若栗念向寺但阿	鉄眼『黄檗版一切経』刊行開始（〜天和1年）
1670	10 庚戌				**3・28** 尊任、奥州巡化、北上観音に歌を奉納。この年、寺林光林寺にて越年（同寺書上・光文） **8・21** 尊任、酒田安高寺に宿泊（酒田市史） **8・22** 尊任、酒田をたち鶴岡へ移動（酒田市史） **8〜9月** 円山金重（安養寺重［庭］阿弥）、金玉山双林寺漢（閑）阿弥・役者文阿弥および双林寺一山、山岸将堅宛ての土地譲渡証文を提出（大谷御屋敷証文） **9・21** 妙法院堯如法親王、法国寺に赴く（堯如法親王日記）	
1671	11 辛亥				春、尊任、越後出雲崎より佐渡に渡る（乗久寺蔵『尊任上人旅日記』） **6・4** 長楽寺与阿弥、東本願寺家臣粟津右近尉・西口玄西宛に「帷子単物《（ママ）》五」・金子十両で土地譲受の礼状提出（大谷御屋敷証文）。これに対し、「長楽寺の本寺	**1・15** 京大火 **3・27** 伊達騒動

	1672	1673	1674	1675
	12 壬子	延宝1 癸丑	2 甲寅	3 乙卯
たる霊山、即ち時宗国阿派の本山正法寺」が、山の売買は既に法度として禁制されていると故障を申し入れ、長楽寺雑職頭の松尾宇兵衛と雑職の与右衛門、および正法寺の文阿弥・東本願寺の勘左衛門・町役人鹿島長右衛門等の間で交渉（小串侍「大谷本廟沿革考」・細川行信『大谷祖廟史』） **7月** 尊任、越後国五智如来堂に参詣（乗久寺蔵『尊任上人旅日記』） 快存、下野佐野奥沢家に誕生（遊系） **12・29** 西御門来迎寺僧阿	**3月** 尊任、加賀篠原に実盛の霊を弔う（多太） **8月** 尊任、参内。南朝門流南方門主と称し、大僧正を賜わる（綱要・藤由） **11・19** 遊行上人参内（堯恕法親王日記） **11・23** 四条道場金蓮寺二十八世浄阿仙山寂す（四記） **4・20** 焼津普門寺覚阿　**12・21** 焼津延命寺相阿	**2・25** 尊任、『尊任上人旅日記』を著す（乗久寺蔵『尊任上人旅日記』） **4月** 慈観、越前より四条道場二十九世浄阿に登位（四記・歴代記） **7・17** 尊任、長崎称念寺蔵遊行七代託何名号に極書を書く（同名号裏書） この年、当麻道場無量光寺三十六世日庭誠故、府中称名寺に隠居（麻山集） 尊任、摂州・播州・作州・備中・備後・安芸・周防・長門・山口を巡化、尾道西江寺の山号を改める（同寺記）	この年、尊任、大隅念仏寺にて越年（西修）	**1月** 尊任、大隅八幡宮に参詣（西修） **3・15** 尊任、豊後臼杵を出船。翌日伊予宇和島に着船（西修） 春、尊任、伊予を遊行し、宝厳寺に宗祖の像を拝す（高宮寺文書） 夏、当時禅家に転じていた願成寺、尊任の命により時宗に復帰（同寺書上）
10月 宗門人別改帳を実施	**閏6・25** 海外渡航・キリスト教禁止	**4・3** 隠元没 **5月** 京大火	**4・10** 京大風雨	春、諸国飢饉 **閏4・20** 浄土宗檀林入院の定三ヶ条を制定

西暦	年号干支	天皇	将軍	藤沢遊行	時宗関係	日本史関係
		（霊元）	（家綱）	（樹端）（尊任）	9・16 尊任、和歌山城に登城（家乗） 11・25 京都迎称寺・極楽寺・東北院が真如堂共々焼失（家乗）	
1676	4 丙辰				3・18 尊任会下の大衆、兵庫祖廟前に石燈籠一対を寄進（銘） 7・28 松平左近入道如円、十二所道場光触寺の「頬焼阿弥陀縁起」を修覆（箱書） 11・6 六条道場歓喜光寺、遊行支配となる（歴代簿） この年、尊任、京都に留錫越年（七記）	3・30 高田大火 6月 修験者に関する禁令を出す 9・22 増上寺庫裡など焼失
1677	5 丁巳				1月 寺林光林寺十六世円護、塔頭を清浄院と改める。のち超勝院と改称（明細） 8月 清浄光寺境内に堀田正利の墓碑建立（同墓碑）	4・6 浅草大火
1678	6 戊午				6・27 尊任、尾張を遊行して萱津光明寺に滞留（同寺記・塩尻） この年、鎌倉教恩寺、光明寺境内より大町善昌寺趾に移転（鎌記） 倫誉貞雄、大和田光明寺を開山（明細）	8・17 江戸大地震 8月 諸国暴風雨・洪水
1679	7 己未				1・29 六条道場歓喜光寺二十四世今相寂す（歓過） 4・22 京西蓮寺中興覚阿西堂寂す（同寺過去帳） 9月 幕府、尊任に僧正を允許（藤由・綱要） 10月 尊任、熊野三山に入る（熊年） / 8・1 真壁常永寺其阿	5・29 江戸大火
1680	8 庚申		徳川綱吉		6・22 番場蓮華寺二十七世同阿快秀、将軍家綱（厳有院）の葬儀に参勤（葉山古錦） 8・3 将軍代替寺社御礼中に、徳川満徳寺、同寺役人庄田隼人の名あり（増上寺史料集）	閏8・6 江戸暴風雨・地震 この年、諸国飢饉

西暦	年号			人物	事項	一般事項
					12月 木下長嘯子の娘清林院殿也一房寂す。霊山に葬る（霊文）	
1681	天和1 辛酉				2・7 甲府一蓮寺二十四世法阿一還、佐竹浄光寺にて寂す（同寺記） 9月 清浄光寺境内に堀田正盛の墓碑造立（明細） 12・28 妙法院堯恕法親王、方違に法国寺らを同伴し清水寺成就院へ行く（堯恕法親王日記） 6・27 南部教浄寺其阿	鉄眼『黄檗版一切経』完成 この年、近畿・関東飢饉
1682	天和2 壬生戌				4・11 妙法院堯恕法親王、覚阿らを同伴し日厳院へ行き、連歌に興ずる（堯恕法親王年譜・日記） 4月 四条道場金蓮寺三十世浄阿白信登位（歴代記。四記は翌年4月形木承嗣） 5・25 山形光明寺、上人号御礼参内（お湯殿） 7・5 甲府一蓮寺二十五世法阿廓道寂す（同寺記） 7・23 当麻道場三十七世行往寂す（麻山集） 9・18 澄意、小柿東方寺を再興（明細） 11・28 妙法院堯恕法親王、法国寺へ行く（堯恕法親王年譜・日記） 12・29 四条道場二十九世浄阿慈観寂す（59）（四記） 賦存、上野秋妻半田家に誕生（遊系）	12・28 江戸大火（八百屋お七の火事）
1683	3 癸亥			19 尊任	3・31 樹端、清浄光寺にて寂す（61）（遊系） 4月 四条道場金蓮寺三十世浄阿白信、形木承嗣（四記。歴代記は前年4月入院） 閏5・2 山形光明寺二十二世法休寂す（光過） 6・26 寺林光林寺、上京し上人号御免参内（南部家資料『寺社記録』） この年、尊任、清浄光寺に帰山独住（遊系）	
1684	貞享1 甲子				1・14 四条道場金蓮寺の寺中火事。早速消火（堯恕法親王日記） 6・28 妙法院堯恕法親王、法国寺覚阿らと連歌を催す（堯恕法親王日記）	8・28 稲葉正休、堀田正俊を殺害

西暦		1685	1686	1687	1688
年号 干支		2 乙丑	3 丙寅	4 丁卯	元禄 1 戊辰
天皇	（霊元）			東山 3.21	
将軍	（綱吉）				
藤沢遊行	（尊任）	43 尊真			
時宗関係	7.27 尭恕法親王、粟田口土民が雨乞いの踊りを催すのを、霊山の吉水（円山安養寺）で、夜、見物（尭恕法親王日記） 常陸小栗と下野宇都宮の両一向寺による本末諍論に裁許状出る（続蓮華寺文書）	3.25 甲府一蓮寺二十六世法阿、清浄光寺にて遊行相続、尊真と号す（57）。6月5日朱印受領（遊系・七記） 7.11 石叱（のちの信碩）、甲府一蓮寺に転住（一蓮寺概観） 10.16 当麻道場三十六世誠古寂す（75）（麻山集）	妙法院尭恕法親王、法国寺覚阿らと連歌会を催す（尭恕法親王日記） 一海、武蔵本田真下家に誕生（遊系）	1.21 円山安養寺惣中、年頭の挨拶のために妙法院尭恕法親王を訪れる（尭恕法親王日記） 2.11 御影堂新善光寺の寺家四十五ヶ宇焼失。本堂は残る（通誠公記） 3.18 番場蓮華寺二十七世同阿元向快秀、掟書を出す（同寺文書） 4.22 妙法院尭恕法親王、法国寺覚阿らと連歌会を催す（尭恕法親王日記） 4.26 尊真、奥州巡化北上観音に詣で歌を奉納（書上） 6.16 尊任、吉野に登り後醍醐天皇三百五十年御忌法要を修す（久保田文書） 8.28 尊任、再び上洛、緋衣参内（南門） 9.10 尊真、米沢誓願寺に宿泊（藤文） 妙法院尭恕法親王、法国寺に参る（尭恕法親王日記） 若神子長泉寺十八世清也、大泉村に観音寺を開山（明細）	4.7 東大寺大仏殿釿始千僧供養。『大仏殿釿始千僧供養私記』では「北京山城愛宕郡丸山安養寺時宗七人焼香」とあり、『大仏殿再建記』に「京霊山時宗七人
日本史関係				1.28 生類憐みの令発布 この年、久留米善導寺にて、聖光四百五十年遠忌、良忠四百年遠忌を行う	2.6 幕府、寺院の古跡・新地を定める

1691	1690	1689	
4 辛未	3 庚午	2 己巳	
20信碩			
5月 表佐阿弥陀寺円廓（熱田円福寺二十五世円隆）、四条道場金蓮寺三十一世浄阿に登位（四記・円福寺記録） **6・6** 尊真、七条道場金光寺にて寂す（63）（遊系） **9・15** 尊任、清浄光寺にて寂す（67）（遊系） **9・24** 甲府一蓮寺二十七世法阿、遊行を相続せずに藤沢を相続して、信碩と号す。尊任の遺言による（遊系） **12・28** 番場蓮華寺二十七世同阿快秀に香衣参内綸旨（同寺文書・葉山古錦） 曾良、長楽寺見学（曾良旅日記） 元禄年中、尊任、清浄光寺骨堂（本尊地蔵尊）を再建（明細） 当麻道場無量光寺三十八世是名編著『麻山集』成る（宗典下）	**1月** 神戸薬仙寺松舎朝也、『霊山国阿光英問答』を板行（奥付） **5・21** 尊任、高田称念寺を越後一国の総録に任じ六ヶ条条目を定める（藤近） 夏、江州番場蓮華寺で『一向上人伝』書写（奥書） **8・13** 清浄光寺、黄檗山万福寺より『黄檗版大蔵経』を購入（『金蔵漸請千字文朱点』簿による『黄檗版大蔵経』流布の調査報告書） **11月** 四条道場金蓮寺三十世浄阿白信、大坂光堂へ隠居（歴代記・四記）	**3月** 尊真、北陸路遊行の途次、加賀篠原に実盛の霊を弔う（多太） **3・16** 天台座主尊澄、東山長楽寺の額を揮毫す（華頂） **9・22** 六条道場二十五世正教寂す（歓過）	焼香勤之」、『南都大仏木作始儀式』に「北京霊山安養寺僧七人。右各焼香」、『南都大仏釿始諸宗参詣次第』に「京霊山時宗七人、同（焼香）」とある **8・21** 尊任、伊予松山城主松平隠岐守に対し宝厳寺救護を懇請（書状） **8月** 宗祖一遍四百回忌記念に『播州問答集』を梓行（跋） 覚阿良空、乃木善光寺を中興（明細）
4・28 日蓮宗悲田派禁止	**12・22** 湯島孔子廟落成		

西暦	1692	1693
年号 干支	5 壬申	6 癸酉
天皇	（東山）	
将軍	（綱吉）	
藤沢 遊行	（信碩） 44 尊通	
時宗関係	1・23 番場蓮華寺二十七世同阿快秀、小御所に参内（同寺文書・葉山古錦） 3・23 山形光明寺二十四世其阿量光、清浄光寺にて遊行相続、尊通と号す（53）。5月28日朱印受領（遊系） 4・6 東大寺大仏開眼供養において、『大仏開眼供養記』では「霊山正法寺・円山安養寺・東山長楽寺、衆僧十四人・伴僧十三人、踊躍念仏、柏葉御判国阿上人杖木履」、翌日に「遊行上人代僧法国寺・藤沢上人代僧金光寺出仕、衆僧十六人・侍者五人」、その後、「京都極楽寺松洞庵出仕、随僧並戴髪門派十五人、踊躍念仏、空也上人鹿角柱杖鉦鼓縁起」とあり、『大仏開眼供養並万僧供養之記』に「北京霊山・丸山・長楽三寺より二十人出仕し踊躍念仏作法有り」、翌日は「空弥（也）上人派二十人出仕」とある 11・16 番場蓮華寺、後水尾院より勅額を賜わる（同額） 12・1 京青蓮院里坊より火起こり、東北院・極楽寺・迎称寺等焼失（続史・通誠公記） 冬、尊通、尾州遊行（塩尻）。12月5日萱津光明寺着（同寺文書） 高宮高宮寺本堂、再建される（明細） 『空也一遍作阿三祖別伝』成る（西市屋西蓮寺蔵） 6・21 松山大願寺其阿	2・9 尊通、萱津光明寺発出（尾州） 6月 前年焼失の京東北院など、真如堂と共に洛東に移転（続史愚抄） 11・23 尊通、岡山正覚寺（浄土宗）に滞在（同寺過去帳） この頃、京東北院蔵『一遍上人和泉式部物語』成立（明細） 2・7 榎戸能永寺覚阿
日本史関係	3・8 東大寺大仏殿再興 5・9 新寺建立禁止、寺院再興・庵の寺院取立禁止 12・1 京大火	

1694	1695	1696	1697
7 甲戌	8 乙亥	9 丙子	10 丁丑
		45 尊遵	21 尊遵 46 尊証
2・5 尊通、中・小本寺および孫末寺の諸法度を定める（常記） 7・6 清浄光寺境内に堀田正仲の墓碑建立（藤鑑） 7月 尊通、自著『播州問答領解鈔』の第六巻以下の著述を鹿児島廓龍に托す（跋） 11・18 尊通、鹿児島浄光明寺に到着。ここで越年（鹿児島市史） 11・26 将軍綱吉、清浄光寺道場池に金魚・銀魚を放すべき旨を令す（徳川）	2月 尊通、摂津国遊行中、宝泉寺本堂を再建（明細） 3・9 尊通、日向光照寺に着き賦算。26日病により船にて兵庫に向かう（説黙） 5・11 尊通、兵庫真光寺にて寂す（56）（遊系） 7・1 川口法蓮寺其阿	3・27 光林寺十六世其阿円護、奥州寺林光林寺より出で清浄光寺にて遊行相続、尊遵と号す（59）。6月7日朱印受領（遊系・光文）。8月に「遊行由緒書」を老中柳沢出羽守に提出し、四十二代上人同様の待遇を受ける（日輪寺書上） 7・8 番場蓮華寺二十八世同阿月秋（智阿）に上人号綸旨（血脈譜・蓮華寺文書） 9・27 信碩、清浄光寺にて寂す（74）（遊系） 10・12 番場蓮華寺二十八世同阿月秋（智阿）寂す（29）（血脈譜） 12・11〜12 番場蓮華寺二十七世同阿快秀、明正女帝の中陰に参勤（葉山古錦） 12・9 大谷来迎寺珂全	2・10 『麻山集』の筆者・当麻道場三十八世是名寂す（系譜録） 3・18 甲府一蓮寺二十八世法阿証元、清浄光寺にて遊行相続、尊証と号す（54）。5月4日朱印受領（遊系） 8月 日輪寺二十四世呑了（後の賦国）、『時宗要略譜』を著す（奥書・宗典下） 5・14 遠野常福寺雲察　7・2 岩本成願寺円察　8・9 下妻金林寺輪長 8・11 浜川来迎寺覚阿　11・16 越前府金蓮寺覚阿　12・23 京法国寺覚阿
	2・8 江戸大火 この年、東北・北陸飢饉		1・18 法然に円光大師の勅諡号 10・12 関東大地震 10・17 江戸大火

西暦	1698	1699	1700
年号干支	11 戊寅	12 己卯	13 庚辰
天皇	（東山）		
将軍	（綱吉）		
藤沢遊行	（尊遵） （尊証）		
時宗関係	2・1 柔光、水戸神応寺より甲府一蓮寺に転住（同寺記） 任称、白河に誕生（歴代簿） 4・3 二本松称念寺覚阿　5・10 金田安養寺但阿　5・28 長浜安養寺善達 6・8 根本阿弥陀寺其阿　6・15 温水専念寺万冏　7・2 会津弘長寺岩鉄 8・4 鹿児島浄光明寺廓然　8・24 焼津普門寺覚阿　12・2 黒羽新善光寺成弁	1・15 四条道場金蓮寺三十世浄阿白信寂す（四記） 3・6 尊証、加賀篠原に斎藤実盛の霊を弔う（多太） 9月 尊遵、清浄光寺蔵『別巻絵詞伝』巻二を修覆（金台寺本奥書） 10・2 当麻道場無量光寺三十九世澄意一行寂す（系譜録） この年の調査によれば兵庫津における時宗信者数五千六百二十六人（宗門改目録） この年、僧了鐘（尊証弟子）、陸奥国下北郡佐井に伝相寺を開山（明細・寺々） 2・2 秋田声体寺門量　6・22 常州府花園寺受天　6・21 三波川満福寺是心 10・17 黒駒称願寺岩水　11・18 板橋福寿寺月閑	この年、尊証、山陰より備後尾道に巡錫ののち四国に渡る（西江寺記） 4・8 尊証、土佐国高知称名寺にて寂す（57）（遊系） 5・10 尊証の遺骸、郡山宿泊（山崎通郡山宿椿之本陣宿帳）。その後、遺骨は生存中の朱印により京七条道場まで、それより朱印を改めて、6月7日藤沢へ到着（歴代史） 2・11 小浜浄土寺灌立　3・14 秋田声体寺連山　3・17 吉水教念寺察道 4・5 十二所光触寺呑冏　5・3 茂木蓮華寺知月　7・22 浜松教興寺団碩 8・23 七条西光院素眼　12・2 本田称名寺円了
日本史関係			12・6 徳川光圀没

1704	1703	1702	1701
宝永１ 甲申	16 癸未	15 壬午	14 辛巳
		47 唯称	
1・12 番場蓮華寺二十七世同阿快秀（津島西福寺三十世）寂す（70）（血脈譜・葉山古錦） 3月 廓龍、尊通の後をうけて『播州問答領解鈔』の下六巻の著述をおわる（跋） 12・14 唯称、大浜称名寺を13日に発足、萱津光明寺に到着（遊鑑）	2・30 円山重阿弥にて、尾形光琳による東山衣装比べ（翁草） 10・5 朱印受領（遊鑑） 12・23 『時宗統要篇』の著者・山形光明寺院代贈二十六世玄秀寂す（43）（光過・藤過） この年、品川宿の時宗東光寺、黄檗宗に改宗し、大龍寺と改名（武風・江戸黄檗禅刹記） 1・26 水沢長光寺義天　2・20 鎌倉海善寺原理　4・14 鎌倉向福寺円徹 12・12 富山浄禅寺順声	7・28 円山安養寺にて、赤穂浪士による京丸山会議開催（元禄） 8・1 大石内蔵助、山科での閑居を出、四条道場金蓮寺中梅林庵に潜居（元禄） 8月上旬 呑了（のちの賦国）、浅草日輪寺にて『芝崎文庫』を著す（奥書） 8・18 山形光明寺二十五世其阿玄道、清浄光寺にて遊行相続、唯称と号す（58）（明細） 1・16 名草称念寺永順　3・7 佐渡大願寺碩諄　5・14 常州正成寺理伝 6・3 高山仙源寺哲三　6・30 大知波向雲寺円冏　8・6 福島宝林寺知伝 10・13 布施善照寺満也	1・27 舞木円福寺文嶺　2・14 水沢白済寺中興知察　5・18 結城常光寺玄道 6・23 本田教念寺球玄　9・28 洛陽荘厳寺圭堂　10・7 角田専福寺伝也 10・30 京聞名寺素禅　12・8 渋井光台寺順察　12・15 川越十念寺暦山 12・21 東山迎称寺春翁
7月 女巡礼・念仏講禁止 7月 諸国水害	11・22 関東大震災 11・29 江戸大火	12・14 赤穂浪士討入り この年、凶作により東北で餓死者多数	3・14 浅野長矩切腹

西暦		1705	1706	1707
年号干支		2 乙酉	3 丙戌	4 丁亥
天皇	（東山）			
将軍	（綱吉）			
藤沢遊行	（尊遵） （唯称）			22 唯称
時宗関係	1・6 足利常念寺察道 1・11 鎌倉光照寺寿文 5・8 羽州龍泉寺詫岸 6・23 会津西光寺祖道 7・1 小山現声寺龍也 8・5 大沼田万福寺南庭 8・6 黒駒称願寺恵浄	2・10 唯称、名古屋に発足（遊鑑） 4・1 唯称、伊勢山田神光寺に対し諸役御免の書付を下す（遊鑑） 4・27 唯称、天台宗真盛派伊賀西蓮寺に逗留（歴代史） 5・12 四条道場金蓮寺三十一世浄阿円廓寂す（四記） 5月 唯称、熊野三山参詣（熊年） 6・11 甲府一蓮寺二十九世法阿柔光寂す（同寺記） 7月 霊山正法寺の歯生阿弥陀を本所回向院にて開帳（武江） 8月 泉州堺引接寺住持、四条道場三十二世浄阿に登位（四記。歴代記は年月記さず） 9・14 唯称、七条道場金光寺に移る（七過）	2月 寺林光林寺存冏の寄資により『器朴論』初版刊行（跋・光文） 3・2 七条道場金光寺二十二世持阿随真寂す（藤過・七過） 7月 東山天皇、『一遍上人縁起』を新たに写させ京都留錫中の唯称に賜う（塩尻） 8・24 唯称、郡山宿泊（山崎通郡山宿椿之本陣宿帳） 8・28 唯称、七条道場にて祖忌を修し翌日西国に向かう（塩尻） 尊遵、『器朴論考録』三冊及び『毀謗踊躍返摧論』を著す（光文） この年、唯称、尾道常称寺にて越年（西江寺記）	1・20 唯称、運量を尾道西江寺に任じ役人に同寺興隆のことを嘱す（同寺記） 2・9 唯称、尾道発足、17日七条道場金光寺に到着（過去帳）
日本史関係		3月 この月より、おかげ参り流行 閏4・1 増上寺方丈など焼失 この年、融観、『融通念仏信解章』を著す		10・4 宝永大地震 11・23 富士山噴火

1710	1709	1708	
7 庚寅	6 己丑	5 戊子	
	中御門6.21		
	徳川家宣		
		48賦国	
閏8・11 賦国、参内（御綸旨参内控集。同書はこの年より起草される） 賦国、京より兵庫真光寺に至り越年（遊鑑） 賦国会下の受哲、内子願成寺を再建（寺々）	3・24 東大寺大仏殿供養に、京霊山正法寺二十五世国阿（円隆）・円山安養寺・東山長楽寺、出仕。26日遊行上人代僧京荘厳寺覚阿、七条宗寿院など出仕（大仏殿堂供養記） 春、大炊道場聞名寺、川東二条の地に移転す（同寺書上） 6・23 賦国、奥羽を巡化して米沢誓願寺に宿泊（藤文） 11月 四条道場金蓮寺三十一世浄阿隠居（歴代簿）	3・8 京大火。大炊道場聞名寺焼失（藤鑑・同寺書上） 4・8 日輪寺二十四世其阿吞了、清浄光寺にて遊行相続、賦国と号す（53）。7月1日継目御礼出府、同5日朱印手形受領（遊系） 4・26 唯称、清浄光寺にて寂す（藤過） 5・23 山形光明寺二十七世快雄、江戸にて寂す（光過・藤過） 8月 越後北条専称寺焼失（同寺記）	2・16 唯称、郡山宿泊（山崎通郡山宿椿之本陣宿帳） 7・3 当麻道場無量光寺四十世尊階寂す（系譜録） 10・1 尊遵、清浄光寺にて寂す（70）（遊系・藤過） 11・12 番場蓮華寺二十六世同阿（広阿）寂す（88）（血脈譜） 11・15 唯称、参内。11月19日院参（御綸旨参内控集） 唯称、清浄光寺に入住（遊系） 仙台大火。阿弥陀寺焼失（同寺記） 東山天皇、兵庫真光寺に寺号の勅額を賜う（真記）
	1・10 徳川綱吉没 1・20 生類憐みの令廃止 3・21 東大寺大仏殿落慶供養 6・3 柳沢吉保隠居		

西暦	1711	1712
年号 干支	正徳1 辛卯	2 壬辰
天皇	（中御門）	
将軍	（家宣）	
藤沢 遊行	（賦国） 23賦国　24転真	49一法
時宗関係	2・4 賦国、兵庫をたち、伊勢に詣で、8月清浄光寺に帰山（遊鑑） 2・20 赤穂藩典医寺井玄渓、京都で没し、東山長楽寺に埋葬（90）。刃傷事件直前まで常に浅野長矩の側近にあって投薬していた（元禄） 3月 涼水（万生軒）、明石法音寺を開山（明細） 4・29 賦国、兵庫真光寺を遊行上人の兼帯とし、賞山を初代院代に任命（遊鑑・真光） 5・10 四条道場金蓮寺三十二世浄阿唯称寂す（四記） 5・10 当麻道場無量光寺四十一世栄龍寂す（系譜録） 5・24 長崎称念寺末寺宮谷興徳寺、本山直末となる（遊鑑） 8月 賦国、清浄光寺に帰山（遊鑑） 10・23 七条道場金光寺二十三世持阿大転寂す（藤過・七過） 11・5 賦国、熱海に入浴、15日帰山（遊鑑） 11・24 賦国、品川善福寺にて寂す（藤過） 12・2 甲府一蓮寺二十世法阿、藤沢二十四世を相続、転真と号す（遊系） 冬、小浜称念寺本『国阿上人伝』書写（同寺文書）	3・18 山形光明寺二十九世其阿晋応、清浄光寺にて遊行相続、一法と号す（49）（遊系） 3月 浄土宗三条大橋東三丁目正栄寺恵観、四条道場金蓮寺三十三世浄阿に登位。のち延享年中、三宗兼学で寺法に背き不法の所業で不埒との理由で、寺社奉行所より追放を命じられる（歴代記・四記） 4・22 一法、江戸に着き、5月15日登城。次いで武・常・磐・陸各州を巡化（遊鑑） 5・19 一法、伝馬朱印受領（同朱印状）
日本史関係	7月 東海地方大風雨 11・10 忍澂没 12・11 江戸大火 法然五百年遠忌に東漸大師を加謚号	1～2月 江戸大火頻発 10・14 徳川家宣没

1716	1715	1714	1713	
享保1 丙申	5 乙未	4 甲午	3 癸巳	
徳川吉宗			徳川家継	
7・24 一法、郡山宿泊（山崎通郡山宿椿之本陣宿帳） 8・28 一法、参内（御綸旨参内控集） 10・5 豊前小倉長徳寺、寺号を欣浄寺と改める（遊鑑）	1・25 一法、山口をたち九州を遊行、四国に渡り奥谷宝厳寺にて越年（遊鑑） 11・17 一法、臼杵から乗船、翌日宇和島に着（遊鑑）	1月 真光寺院代賞山、『一遍上人別願和讃直談鈔』を著す（奥書） 2・2 一法、長崎称念寺に留錫（遊鑑） 3・5 一法、越前大野恵光寺留錫中類火にあい宿寺焼失（遊鑑） 3・9 一法、敦賀氣比神宮にて御砂持の式を修行（遊鑑） 10・23 真光寺院代賞山、『一遍上人絵詞伝直談鈔』を著す（序） 10・25 尾道常称寺を芸備両国触頭と定める（常文） この年、一法、周防山口善福寺にて越年（遊鑑）	2・12 一法、寺林光林寺をたち、羽越を経て加賀金沢玉泉寺にて越年（遊鑑・光文） 7・25 一法、佐渡相川大願寺に遊行。同地役人衆庶の参詣を禁止（遊鑑） 8・7 佐渡宿根木称光寺、願により本山直末とする（遊鑑） 8・23 兵庫真光寺院代賞山、『誓願文標指鈔』『神偈撮要鈔』を梓行（奥付） 9・15 越前称念寺如海、『時宗要義集』二巻を著す（跋） 中村久把（元米子城主中村氏子孫）、京西蓮寺本尊地蔵尊の宮殿を寄進（厨子刻文）	12・2 一法、寺林光林寺に着き越年（光文） 時宗戒名の料金を身分差別なく金七両二分から銀二枚に位付けする（日本仏教史年表） 尊如、上州新田郡田嶋郷に誕生（徧行沙門尊如年譜）
1・11 江戸大火 閏2・12 融観没 4・30 徳川家継没	7・6 稲生若水没	11・2 柳沢吉保没		

西暦	1717	1718	1719	1720
年号干支	2 丁酉	3 戊戌	4 己亥	5 庚子
天皇	（中御門）			
将軍	（吉宗）			
藤沢遊行	（転真） （一法）			
時宗関係	3・28 山形光明寺三十世義道、江戸にて寂す（光過・藤過） 4・8 薩摩浄光明寺焼失（遊鑑・三国名勝図会） 6・24 六条道場歓喜光寺二十六世陽山寂す（歓過） この年、転真、託何『東西作用抄』より『作用抄略標』を作り、修行僧の規則とする（奥書） 一法、『七条道場掟書』を定める（遊鑑） 哲阿了欣、蒲生田安養寺を開山（明細）	3・7 一法、和泉式部七百年忌を墓所誠心院にて厳修（遊鑑） 4月 一法、入洛し、六条道場歓喜光寺の濫雑を糺し、京門中に条目五ヶ条を申し渡す（遊鑑） 6・11 京法国寺執啓堂祖元、甲府一蓮寺へ転住（遊鑑） 7月 西本願寺門主の娘、しばしば七条道場金光寺に一法を訪問（遊鑑） この年、浜松教興寺空達、佐野称念寺（のちの涅槃寺）二十四世に転住。のちに快存と改名（時宗辞典）	2・1 下関専念寺火災、塔頭ことごとく焼失（同寺書上） 4・25 一法、京をたち、紀州を経て大和伊賀伊勢を巡錫（遊鑑） 6月 一法、熊野三山参拝。大床に名号の額を上げようとするが社家許さず（遊鑑・熊年） 9月 大炊道場聞名寺玄鉄、寺格をめぐって金光寺院代に詫びを入れる（七文） 10月 七条道場金光寺、清水坂非人と関わり、火葬場を寺内に設ける（七記） 12・4 一法、尾州萱津に着き、光明寺にて越年（遊鑑・塩尻・尾州）	2月 一法、萱津をたち、三・遠・駿各州を経て甲州に入り黒駒称願寺にて越年（遊鑑）
日本史関係	1・20 江戸大火	7・15 祐天没	1・2 無能没	3・27 江戸大火

1724	1723	1722	1721	
9 甲辰	8 癸卯	7 壬寅	6 辛丑	
			25 一法	
8・6 甲府一蓮寺三十二世祖元寂す（同寺記） この年、伊豆三島光安寺類焼（藤鑑）	2・8 甲府一蓮寺三十一世・山形光明寺二十八世法阿長応寂す（光過） 9月 薩摩浄光明寺、再営ほぼ成る（藤鑑） 10・8 甲府一蓮寺三十二世祖元隠居し、12月浜松教興寺快存、三十三世に転住（藤鑑） 清浄光寺の公式記録『藤沢山日鑑』、この年より明治44年までの百十八冊現存（所在目録）	2月 清浄光寺、領地西村に対し御林竹木伐採についての法度を下す（藤文） 4月 時宗法度書が出される（日本宗教制度史料類聚考） 6・14 一法、薩摩浄光明寺に対し別触れの支証を与える（藤鑑） この年、一法、時宗僧の規律を戒める（宇多津郷照寺文書）	2・9 一法、甲州をたち、清浄光寺に帰山独住（遊鑑・遊系） 8・23 快存、『時名帳註釈』を著す（宗典上） 9・21 番場蓮華寺二十九世同阿覚栄（寂舜）寂す（69）（血脈譜） 10・7 甲府一蓮寺と称願寺が争論、よって宗用は一蓮寺、公儀は称願寺を触頭と定める（藤鑑） 『遊行派末寺帳』成る（奥書） この頃、一法、『器朴論要解』撰述か	4・20 南部盛岡教浄寺中興其阿文英寂す（藤過） 11・16 転真、清浄光寺にて寂す（84）（遊系） 諦如、備後に誕生（一蓮） 快存、『合掌私記』を著す（宗典下）
9月 幕府、三天以上の仏像作成を許可制にする	春、おかげ参り流行		3・4 江戸大火	この年、キリスト教関連以外の洋書禁輸を緩和

西暦	1725	1726	1727
年号 干支	10 乙巳	11 丙午	12 丁未
天皇	（中御門）		
将軍	（吉宗）		
藤沢 遊行	26 快存	27 如意 50 快存	
時宗関係	**2月** 京都奉行、金光寺役者の火葬料に応じた炭薪代を隠亡へ支払うよう、金光寺に対し申し渡す（七記） **5・28** 甲府一蓮寺法阿快存、一法病中、附法として入山（時宗辞典） **6・29** 一法、清浄光寺にて寂す（62）（遊系） **7・7** 快存、甲府一蓮寺より藤沢二十六世を相続（藤鑑） この頃、藤沢道場清浄光寺と六条道場歓喜光寺との間で本末相論が起こり、歓喜光寺、京都所司代へ訴える（七記）	**2・28** 西本願寺門跡（住如か）、江戸下向の途次、清浄光寺を訪う（藤鑑） **3・3～18** 呑海上人四百年遠忌を清浄光寺にて修行（藤鑑） **3・18** 甲府一蓮寺三十四世法阿、藤沢二十七世を相続し、如意と号す。同日、快存、遊行五十代を相続（遊系・藤鑑） **4月** 関牛、上野岩松青蓮寺より甲府一蓮寺三十五世に転住（同寺記） **5・21** 快存、将軍徳川吉宗より朱印受領（清浄光寺宝物館現蔵同朱印状） **6・11** 快存、江戸を発し、武・上下野州を巡化、常陸結城にて越年（遊鑑） 夏、薩摩浄光明寺に島津忠久五百年忌法事を営む（藤文） **9・5** 霊山正法寺二十五世国阿円隆寂す（方広庵十一世。霊過）	**1・29** 古河大火、西光寺類焼（遊鑑） **4・5** 如意、小田原福田寺に赴き化益（藤鑑） **6・13** 真壁常永寺先住万里、兵庫真光寺院代に転住（藤鑑） **8・2** 快存、芦野宿遊行柳にて回向あり（遊鑑） **10・7** 光触寺より遊行三十七代託資の真筆絵入古縁起を清浄光寺へ返却（藤鑑） この年、快存、常・野・磐・羽の各州を巡化し、12月仙台真福寺に入り越年（遊鑑）
日本史関係		**8・18** 増上寺録所、伴頭を学頭に改称 この年、東大寺戒壇院再興 この頃、浄土礼誦法編纂	**6・15** 鸞宿、『浄土伝灯総系譜』を撰述 **12・9** 甲府大火

1732	1731	1730	1729	1728
17 壬子	16 辛亥	15 庚戌	14 己酉	13 戊申
3・9 快存、豊後鉄輪松寿寺に掛錫し一遍上人三筆名号を贈呈（遊鑑） 3月 本多修理太夫恒久、越前長崎道場称念寺に誌碑を建立（越前） 8・15 六条道場歓喜光寺二十八世智元寂す（61）（歓過）	9・18 快存、厳島に参詣額を奉納（遊鑑） この年、快存、春、京を発し、丹・但・因・伯・雲・石・防と遊行し、山口善福寺にて越年（遊鑑）	1・16 六条道場歓喜光寺二十七世超現寂す（64）（歓過） 5・12 井川新善光寺、寺檀騒乱。快存これを裁断し、住職を隠居させる（遊鑑） 12・14 大炊道場聞名寺三十三世中興玄鉄寂す（遊鑑・同寺過去帳）	春、快存、小松にて実盛の霊を弔い、敦賀にて氣比神宮御砂持神事を修行（七記・遊鑑・多太） 8・26 快存、参内（遊鑑・七記） 9・11 兵庫真光寺院代四世万里寂す（七記・遊鑑） 12・22 兵庫真光寺焼失（遊鑑） この年、快存、北陸路を経て、夏入洛、七条道場金光寺にて越年（遊鑑）	5・13 山形光明寺三十一世喚迎寂す（光過） 7・17 羽越国境の小国関所にて、遊行（快存）の先使、幕府からの伝馬朱印状を持参しなかったため通行を阻まれる。18日長泉寺が表書し家老中の裏判を取り遣わす（遊鑑） 10・29 快存、遊行の途次、越中青柳村に常雲院を開山し、この年金沢にて越年（遊鑑） この年、伊勢香取常音寺焼失（遊鑑） 七条道場金光寺、境内火葬料を取り決める（七文）
	4・15 江戸大火	6・20 京大火	この年、石田梅岩、心学の講義を開始	

西暦	年号・干支	天皇	将軍	藤沢・遊行	時宗関係	日本史関係
		（中御門）	（吉宗）	（如意） （快存）	8・26 快存、人吉願成寺に到着。9月6日たつ（遊鑑） 11・21 快存、鹿児島浄光明寺に対し永代足下位の許状を下す（遊記）	
1733	18 癸丑				7・21 快存、郡山宿泊（山崎通郡山宿椿之本陣宿帳） 7・22 快存、兵庫を化益し、所労のため再度入洛、20年10月まで滞京す（遊鑑） 11・8 快存、七条道場金光寺に里村昌迪・昌悦・仍隣等を招き連歌興行（遊鑑）	9・8 天野信景没
1734	19 甲寅				6・27 岩本村内田吉左衛門、敦賀西方寺へ二祖仏供料として金百両を寄進（七記） 9・6 当麻道場無量光寺四十三世天霊寂す（54）（系譜録） 9・14～20 快存、京極誓願寺に参籠（遊鑑） この年、快存、七条道場にて越年。この間、二条家、里村昌迪・昌築等と頻りに往返（遊鑑） 御影堂新善光寺惣代桑林房・善光房開帳（開帳差免帳）	2・30 小田原大火
1735	20 乙卯	桜町 3.21		26 快存	3・14 清浄光寺、五社大神を修復（藤鑑） 4・10 快存、敦賀西方寺の衰頽を嘆き修覆料金百両を寄進（遊鑑） 7月 市屋派本寺金光寺住職を西山派俊旭に付嘱（七記） 9・11 如意、清浄光寺にて寂す（69）（遊系・藤鑑） 10・1 七条道場院代二十世寂翁寂す（七過） 10・29 快存、清浄光寺に帰山独住（遊系） 11・8 佐野蓮光寺、院号八葉院を改め豊学院と号す（藤鑑） 浄念、越後加茂郡円阿弥寺を開山（明細）	
1736	元文1 丙辰				6・30～7・2 長崎道場称念寺、新田義貞四百年忌を修行（同寺記） 7月 清浄光寺、西村名主の年頭参詣に関し掟を定める（藤鑑）	

1742	1741	1740	1739	1738	1737
2 壬戌	寛保 1 辛酉	5 庚申	4 己未	3 戊午	2 丁巳
51 賦存					
3・18 見付省光寺二十六世其阿、清浄光寺にて遊行相続、賦存と号す（64）（遊系・藤鑑） 5・21 賦存、朱印受領（同朱印状）。5月23日公儀より触書（藤鑑） 8・13 薩摩法光寺住持、本尊の霊夢により富士山頂において祈禱し下山（藤鑑）	1月 清浄光寺、寺社奉行へ寺領西村の御促飼場仰付御免を願い出る（藤文） 6・2 檀栄、結城常光寺より甲府一蓮寺三十六世に転住（同寺記） 浅草日輪寺より『時宗門法服弁法﨟階級之次第』を幕府に提出（藤沢青木家文書・続々群書類従） 7月 古町来迎寺十七世覚阿法全、十日町法全庵を開山（明細）	10・29 青蓮院宮尊祐親王、六条道場天満宮の額を題す。石井了珍申次なり（華頂） 12・15 甲府一蓮寺三十五世法阿関牛寂す（同寺記）		8月 清浄光寺にて宗祖四百五十回忌を厳修（法記） 法阿関牛編『神勅教導要法集』成る（宗典下）	4・20 幕府、長崎道場称念寺に新田義貞四百年香資白銀百枚を寄付（同寺記・史料） 11・1 清浄光寺御石塔開眼（藤鑑） 閏11・2 浅草日輪寺塔頭宝珠院住持南量、阿弥陀仏坐像・光背を新作し、清浄光寺に本尊として納める（藤鑑）
7・27 近畿大暴風雨 8・1 関東地方大水害				4・7 幕府、仏像・什物などの質入を禁止 この年、聖光五百年遠忌	5・3 江戸大火

西暦	1743	1744	1745	1746
年号干支	3 癸亥	延享1 甲子	2 乙丑	3 丙寅
天皇	（桜町）			
将軍	（吉宗）		徳川家重	
藤沢遊行	（快存） （賦存）			
時宗関係	3・29 当麻道場無量光寺四十二世門英寂す（75）（系譜録） 閏4・6 七条道場金光寺院代法阿等、作事・修復等の件について奉行所へ願い出る（七記） 12・20 下野中久喜松岸寺、自火一宇焼失（藤鑑） この年、賦存、佐野涅槃寺より常陸を遊行し真岡長蓮寺にて越年（遊鑑）	2・14 清浄光寺地蔵堂、入仏供養（藤鑑） 3月 賦存、米沢誓願寺着（遊鑑） 6・19 修領軒意舜、遊行先にて寂す（藤鑑） 7・24 賦存、奥州を遊行し北上観音に歌を献ず（遊鑑・光文） この年、賦存、奥州を賦算し、磐城より象潟蚶満寺の風光を賞し越後に入る（遊鑑） 弘海（隣哲）、若狭に誕生（遊系・一蓮）	1・6 賦存、加賀国篠原に実盛の霊を弔う（多太） 5月 薩摩浄光明寺隠居寿門、大坂にて天王寺薬師堂を買得、円成院を開山（遊鑑・明細。一説に賦存、宝暦元年とも） 10・28 将軍代替につき、快存、出府登城。12月まで在府。諸侯と交訪化益（藤文・藤鑑） 11・30 賦存、尾道より厳島に詣で、踊躍念仏法楽名号額を奉納（遊鑑） この年、賦存、益田万福寺にて越年（遊鑑） 長楽寺境内を東本願寺大谷祖廟に割く（長楽寺千年。寺々は、幕命により割譲とする。一説に翌年2月）	3月 河内道明寺天神を四条道場金蓮寺にて開帳（続史愚抄） 4・14 当麻道場無量光寺四十五世白善（『時宗当麻派下寺院牒』では碧善）寂す
日本史関係			2・12 江戸大火 9月 幕府、本末帳の提出を命じる この年、富永仲基、『出定後語』刊行	2・30 江戸大火

	1747	1748
	4 丁卯	寛延 1 戊辰
	桃園 5.2	
(系譜録) 4・30 冷泉宰相為村、清浄光寺を訪れ、和歌の典籍・古筆等を見、快存と閑談(藤鑑) 8・8 番場蓮華寺三十世同阿寂す(67)(血脈譜) この年、賦存、九州を遊行し、別府鉄輪松寿寺(のちの永福寺)を中興、鹿児島浄光明寺にて越年(遊鑑)	1・12 賦存、大隅正八幡宮に参拝、踊躍念仏を修し詠歌を奉納(遊鑑) 4・5 甲府一蓮寺三十六世檀栄寂す(同寺過去帳) 8・16 賦存、讃岐国分寺に立ち寄り、宇多津郷照寺に入る(遊鑑) 10・11 賦存、中国巡化中、池田継政より『一遍上人縁起絵』の箱を寄進される(箱書) 11・15 賦存、兵庫真光寺に着き、越年(遊鑑) 11・19 弁点(任声)、水戸神応寺より甲府一蓮寺三十七世に転住(同寺記) 一空、出羽山形に誕生(歴代史)	2・21 賦存、留錫中、兵庫真光寺一遍上人像の厨子および光背を寄進(遊鑑) 3・6 賦存、郡山宿泊(山崎通郡山宿椿之本陣宿帳) 4月 会津西光寺地蔵尊を浅草日輪寺・本所回向院両所にて開帳(武江) 5・1 藤沢山(清浄光寺)・七条道場(金光寺)に東西学寮開設(藤鑑) 5・1 快存・賦存、学寮条目・両本山条目を定める(七文) 5・3 賦存、西国御修行に七条道場金光寺より出立(遊鑑) 5・26 賦存、参内。伴僧、六条道場歓喜光寺二十九世弥阿祖龍(祖流)(遊鑑) 6・12 長崎道場称念寺秀也寂す(遊鑑) 8・11 伯耆安養寺を僧寺と改める(遊鑑) 閏10・6 清浄光寺念仏堂入仏供養、七夜別時を開闢(藤鑑) 12・12 四条道場金蓮寺(三十四代浄阿真順カ)、上人号御礼参内(通兄公記)

西暦	年号 干支	天皇	将軍	藤沢 遊行	時宗関係	日本史関係
		（桃園）	（家重）	（快存） （賦存）	常陸国鹿島神向寺村神向寺開帳（開帳差免帳）	
1749	2 己巳				3・6 快存、熱海入湯（遊鑑） 4・1 七条学寮を普請（遊鑑） 4・28 清浄光寺内に藤沢学寮開設（藤鑑） 5・18 薩摩浄光明寺隠居廓心、天永寺を開山。賦存、これを嘉賞（遊鑑） 11月 冷泉為村、快存八十賀の詠草を遣わす（法文）	8・13 関東大風雨
1750	3 庚午				1・28『時宗要義集』の著者・山形光明寺三十二世如海、江戸にて寂す（光過） 2・23 託何『仏心解』刊行（宗典上） 6・20 山形光明寺、財政紊乱につき、整理のため衆領軒文英を特命す（遊鑑） 8・22 当麻道場四十四世弁応寂す（系譜録） 10・2 賦存、院代・塔頭・学寮・軌則、御条目を定める（七記） 11・27 賦存、七条道場掟を定める（七記） 11月 賦存、東西学寮の条目を定める（常記） 玄秀著・青蓮寺玄加校訂『時宗統要篇』全七巻刊行（宗典下）	
1751	宝暦 1 辛未				5・21 京荘厳寺十九世・七条道場金光寺院代十九世其阿証空足下寂す（七過） 閏6・17 衆領軒廓音、大竹円光寺に転住（藤鑑） この年、浅井大浦遍照寺焼失（明細）	2・29 京大震災 4・25 越後高田大地震
1752	2 壬申				4・24 薩摩浄光明寺前住・大坂円成院初世寿門足下寂す（遊鑑） 4月 九日市西光寺焼失。宝暦5年、教道により再建される（明細） 7・28 兵庫真光寺院代六世了道、病気退役。後役に岩本成願寺昌全が転住（遊鑑）	

	1753	1754
	3 癸酉	4 甲戌
		28賦存
10・9 久我通兄、東山の社寺（安養寺・長楽寺・双林寺・正法寺）に赴き紅葉を賞覧（通兄公記） 10・9〜11、24〜25、27 番場蓮華寺（三十一世同阿）一願、香衣綸旨願・勅許・披露・参内（広橋兼胤公武御用日記） 10・30 綾小路俊宗、番場蓮華寺の執奏家を許可される（広橋兼胤公武御用日記） 10月 伊豆三島光安寺焼失（藤鑑） 11・1 大津関寺長安寺焼失（遊鑑） この年、賦存、七条道場金光寺に留錫、同寺の梵鐘を改鋳（遊鑑・七記） 下高井戸常光寺、白金に移転し、のち松秀寺と改称（明細）	2・29 関東下向中の武家伝奏広橋兼胤、酒匂川満水により落橋のため、清浄光寺内において同役柳原大納言（光綱）と語らう（広橋兼胤公武御用日記） 6・4 鹿島神向寺、本堂・庫裡一宇残らず焼失（明細） 11・9 快存、清浄光寺にて寂す（83）。賦存入山まで院代沼津西光寺快倫（遊系・遊鑑） 12・21 七条道場院代二十五世慈門退任。後任に根本阿弥陀寺昌山が就任（法記） この年、賦存、滞京、七条道場金光寺にて越年（遊鑑）	2・21 賦存、京を発し、大坂・伊勢より東海道を巡錫、7月7日清浄光寺に帰山独住（遊鑑） 4・6 賦存、岩本成願寺にて宗祖名号に裏書（同名号） 8・15 沼津西光寺快倫、御院代在勤の功により足下位に転進（遊鑑） 8月 賦存、会津五ヶ寺に対し組合条目七ヶ条を制定する（遊鑑） 9・3〜10・11 学寮主恵秀、居間にて『選択集』を講義（藤鑑） 10・13 七条道場金光寺院代二十四世昌山寂す（七過）。後任に荘厳寺隠居一堂が就任（法記）
		10・19 貞享暦を廃止し、宝暦暦を採用

西暦		1755	1756	1757
年号干支		5 乙亥	6 丙子	7 丁丑
天皇	（桃園）			
将軍	（家重）			
藤沢遊行	（賦存）		29 一海	52 一海
時宗関係	10・22 解意派三十九世定阿雲系寂す。江戸回向院へ葬る（新善光寺過去帳・記録） 10・23 武家伝奏広橋兼胤へ青蓮院宮（尊真）より東山長楽寺一円支配の願書が差し出される。無体の書付なので、幕府の内諾を得ている疑惑もあり、所司代へ聞き合わせる（広橋兼胤公武御用日記） この年、幕府、河内通法寺に修覆料を下付（大成令続集）	5・29 七条道場金光寺院代二十五世一堂退任し、後任に法国寺順察が就任（法記） 8・2 時宗での「学頭」の初出（藤鑑） 8・23 六条道場歓喜光寺三十世弥阿輪山、『一遍聖絵』を修補（奥書）。この輪山、鳥辺野に聖戒の供養塔を建立（碑銘） 9・16 蓮台寺歓霊、学頭に就任（藤鑑） 9・27～28 番場蓮華寺三十一世同阿一願、末寺の輩の香衣綸旨頂戴を願うに当たり、清浄光寺末寺の例を尋ねる（広橋兼胤公武御用日記） 10・15 番場蓮華寺末寺参内勅許（葉山古錦） 12・8 番場蓮華寺末寺香衣勅裁（綸旨頂戴）願が出されるも、二日後に出願無用とされ沙汰止み（広橋兼胤公武御用日記）	2・28 賦存、清浄光寺にて寂す（75）（遊系） 3・5 甲府一蓮寺三十七世弁黙、藤沢二十九世を相続、一海と号す（藤文） 8・11 綾小路俊宗初めての執奏につき内談があり、三日後、綾小路執奏の番場蓮華寺末寺香衣願が聞き届けられる（広橋兼胤公武御用日記） 9・20 大炊道場聞名寺（七条道場院代二十三世）慈門、甲府一蓮寺に転住（藤鑑。法記では宝暦7年2月）	3・18 一海、遊行相続。4月遊行に出駕、院代一蓮寺慈門（遊系・遊鑑） 4月 江戸永代寺にて京染殿地蔵尊を開帳（武江）
日本史関係		この年、奥羽を中心に大飢饉		

	1758	1759
	8 戊寅	9 己卯
5・21 一海、伝馬朱印受領（同朱印状） 5月 清浄光寺院代に甲府一蓮寺慈門が就任（遊系・遊鑑） 9・18 大田原不退寺焼失（遊鑑） 10・24 徳川宗将が願主となり江戸麻布常光寺に冬嶺山松秀寺を建立（遊鑑） 12・1 学寮主交替、後役に温水専念寺就任（藤鑑） 12月 一海、信州野沢金台寺に『一遍上人絵巻』第二を寄進（奥書）	2・12 紀州藩主徳川宗将奥方、『一遍上人絵縁起』の緞子覆袋を清浄光寺に調進寄付（遊鑑） 2・15 解意派四十一世定阿韻音、願行寺にて閑居中寂す（新善光寺過去帳・記録） 3月 一海、江戸より遊行廻国に出立（遊鑑） 3月 天童仏向寺旭阿善流、番場蓮華寺三十二世同阿に登位（血脈譜） 4・17 六条道場歓喜光寺二十九世祖流（御綸旨参内控集では祖龍）寂す（56）（歓過・同寺記録） 5・1 清浄光寺院代一蓮寺慈門、在役中寂す。一海、甲府巡化中（藤鑑・七過） 5・15 浅草日輪寺二十七世青山寂す（省光寺過去帳） 8・8 高田称念寺了諦、甲府一蓮寺三十九世に転住（法記） 9・5 清浄光寺衆領軒品川善福寺恵秀、日輪寺に転住（藤鑑） この年、常州真壁郡海老島新善光寺開帳（開帳差免帳） 傾心（悦岸）、奥州白河に誕生（歴代簿）	2・11 一海、真壁を発駕。下野上野より善光寺に詣で、9月敦賀に至る（遊鑑） 3月 井川新善光寺、酒井出雲守菩提所となる（藤鑑） 5・18 沼津西光寺快倫足下、山形光明寺に転住（藤鑑） 9・20 一海、敦賀にて御砂持神事を修行（遊鑑） **9月晦** 京九品寺其阿法忍、駒込円乗院に寂す。「近年の碩徳なり」（武江）
	7・23 宝暦事件	

西暦	1760	1761	1762	1763
年号干支	10 庚辰	11 辛巳	12 壬午	13 癸未
天皇	（桃園）		後桜町 7.27	
将軍	徳川家治			
藤沢遊行	（一海） （一海）			
時宗関係	**2月** 一海、末寺に弟子養成のことを督励（常文） **5・19** 一海、和歌山留錫中、熊野三山参拝、万歳峰宗祖の名号石を修復（遊鑑） **9・28** 一海、兵庫滞留中、芸備門中に永代弟子譲り制を允許（常文） **11・27** 一海、参内。伴僧、六条道場歓喜光寺弥阿輪山（遊鑑・御綸旨参内控集）。同日、番場蓮華寺三十二世旭阿含光（同阿善流）へも綸旨（同寺文書）	**1・28** 一海、誓願寺に参籠（法記） **2・27** 一海、京をたち、東海道を遊行して7月5日清浄光寺に帰山（法記） **4・7** 浅草日輪寺、類火にあい本堂のみを残す（常記・藤鑑・遊鑑） **6・15** 一海、全国門末僧侶の衣態（体）の乱雑を訓戒（常記） **8・21** 人召を近侍司、二ノ御台を内近司、火燈を典司と称する旨、回文を出す（藤鑑） **11・23** 七条道場院代職は聞名・法国両寺が隔年に勤めることと定める（七記） この年、常陸江戸崎顕声寺、類火焼失（遊鑑）	**1月** 一海、二十七年後の宗祖五百年忌に備えて全国檀徒の積立を勧奨（常記） **2月** 海老島新善光寺光法、甲州にて勧化の際、衣（紫衣）越格のために公儀より召捕られる（藤鑑） **8・25〜9・7** 西山派俊鳳を招聘し、清浄光寺にて「播州問答集」講義（藤鑑） **9・9〜11** 清浄光寺にて円頓戒開筵（藤鑑） **10・25** 青蓮院門跡勅会灌頂の浄水を円山安養寺弁財天の閼伽井より引く（華頂） **12・30** 番場蓮華寺三十一世同阿一願寂す（67）（血脈譜・葉山古錦）	**1・15** 番場蓮華寺三十二世同阿寂す（59）（血脈譜） **3・19** 九戸郡大川目慈光寺焼失（明細） **7・10** 薩摩浄光明寺法阿智観、江戸薩州邸にて寂す（藤過）
日本史関係	**2・4〜7** 江戸大火	**1・18** 知恩院で法然五百五十年遠忌法要を行う。慧成大師を加諡号 **3・28** 東西本願寺で親鸞五百年遠忌法要を行う	**2月** 寺院の改宗、新寺建立を禁止	

	1764	1765	1766
	明和1 甲申	2 乙酉	3 丙戌
			30 呑快
8・4 寺社奉行酒井飛驒守（忠香）の係にて、海老島新善光寺の後任に、宇都宮応願寺恵運転住（藤鑑） 8・11 兵庫真光寺院代昌全隠居し、弟子洞天、院代八世に転住（真記） 9・5 妙法院方丈屋根修理につき、七条道場金光寺より瓦寄付の願出があり、申達す（妙法院日次記） この年、一海編『一遍上人語録』初版（宝暦版）梓行（奥付）	2・20 「藤沢上人、他あミたち（末寺カ）、上人号りんし（綸旨）の事」（後桜町天皇宸記。御綸旨参内控集では同日、常州矢田長徳寺覚阿薫道が綸旨頂戴） 5・9 東本願寺、四条道場金蓮寺で開帳中の肥後如来寺の宝物中にある、親鸞と蓮如の筆になる名号を取り除くよう、奉行所に訴える（真宗年表・上檀間日記） 11・19 薩摩浄光明寺二十一世廓心寂す（藤過） 12・23 一海、『一遍上人縁起絵』二ノ巻（筥入・一軸、清浄光寺現蔵）を金台寺に寄進（明細） 『一遍上人語録』（宝暦板）版木が火災で焼失（明和版奥付）	4・15〜17 七条道場金光寺にて、徳川家康百五十回遠忌を厳修（法記） 8・24 山形光明寺三十四世快倫足下寂す（光過） 秋田龍泉寺焼失（遊鑑） この年、東部学林、小林氏の寄付金にて日輪寺内に開設される（令規集） 小林宗兵衛、浅草日輪寺衆寮造立のため、逆修の過去帳入りに加入（藤過）	1・28 霊山正法寺二十八世国阿通真寂す（霊過） 3・22 甲府一蓮寺三十七世弁点寂す（同寺記） 3・23 京荘厳寺二十世一堂足下寂す（七過） 3・26 一海寂す（79）（遊系） 4・5 甲府一蓮寺了諦、藤沢三十世を相続し、呑快と号す（藤鑑）
			1・28 弘前・青森・松前大地震

西暦		1767	1768	1769
年号干支		4 丁亥	5 戊子	6 己丑
天皇	（後桜町）			
将軍	（家治）			
藤沢遊行	（呑快）			31 任称 53 尊如
時宗関係	6月 沙弥は被慈利または磬打と称したと『沙弥由緒書』に記載（譲原万福寺文書） 11・15 七条道場金光寺院代二十六世順察足下寂す（七過） 12月 西村農民、田方水腐につき清浄光寺へ年貢用捨願いを提出（藤文） この年、並木乗蓮の尽力にて野沢金台寺鐘楼門建立（佐久市志 美術・建築編） 小林宗兵衛没（藤過）	7・7 俊鳳、『一遍上人語録諺釈』四巻の稿を終える（奥書） 8・23 二祖上人四百五十回遠忌を厳修（藤鑑）	1・26～27 七条道場金光寺にて二祖上人四百五十回忌を厳修（法記） 6・19 山形光明寺三十三世・七条道場院代二十一世文英寂す（光過・藤過） 秋、仙台真福寺春長、京の書肆柏屋勘右衛門より『播州問答集』二巻、『絵詞伝』四巻、『直談鈔』十八巻、『統要篇及一切経音義』百巻の版木を購入。七条蔵版とす（常文）	3・18 仙台真福寺春長、清浄光寺にて遊行五十三代を相続し、尊如と号す（58）（遊系・法記） 3・29 呑快、清浄光寺にて寂す（99）（藤鑑） 4・12 遊行の職名を改める（遊鑑） 5・21 尊如、伝馬朱印受領（宗典下） 6・12 尊如、内子願成寺に移る（遊鑑） 6・16 尊如、道後宝厳寺に移る（遊鑑） 7・1 衆領軒、学寮勘定のため出府（藤鑑） 7・22 豊後鉄輪松寿寺（のちの永福寺）、温泉村支配より寺支配となる（藤鑑） 7・23 甲府一蓮寺四十世儀伯、藤沢三十一世を相続し、任称と号す（遊系・常記）
日本史関係		11月 江戸で隠れ念仏摘発		

1773	1772	1771	1770
2 癸巳	安永1 壬辰	8 辛卯	7 庚寅
			後桃園 11.24
2・18 尊如、金沢を発駕。閏3月2日敦賀で御砂持神事を修行。さらに山陰より長駆九州に至り越年（遊鑑・法記） **3・2** 任称寂す（75）。尊如、但馬より使をもって院代を甲府一蓮寺行山に命じ、依然遊行を継続（遊系・遊鑑） **3・7** 福島宝林寺類焼。宇都宮大火で、応願寺焼失（藤鑑） **8・6** 尊如、下関専念寺に留錫（遊鑑） **8・25** 七条道場金光寺院代二十八世和淳寂す（七過）	**2・12** 尊如、盛岡をたち、青森秋田を経て越後に入り、7月佐渡に渡る（遊鑑） **2・16** 江戸白金松秀寺初代朝晨足下寂す（藤過） **2・29** 浅草日輪寺類焼（遊鑑・武江） **3月** 木之本浄信寺仁山、四条道場金蓮寺三十五世浄阿に登位（歴代記・四記） **9・27** 高田称念寺東寛、越後一国触頭として職務怠慢のため、逼塞を命じられる（遊鑑）	**2・15** 四条道場金蓮寺三十四世浄阿真順寂す（四記・歴代記） **3・9** 尊如、芦野宿遊行柳にて回向（遊鑑） **3・13** 頓阿四百回忌法要を東山双林寺花月庵で厳修（半日） **4月** 尊如、米沢誓願寺に到着（遊鑑） この年、尊如、奥州を遊行し、盛岡教浄寺にて越年（遊鑑）	**1・21** 尊如、越年地岩松をたち関東各地を巡錫、太田浄光寺にて越年（遊鑑） **2・3** 大坂円成院二世快長寂す（藤過） **3・27** 品川海蔵寺行山、甲府一蓮寺四十一世に転住（遊鑑） この年、俊鳳編『一遍上人語録』上下二巻、小林円意の子勘平により梓行（奥付） 実心、村山郡小関に常福寺を開山（明細）
この春、疫病流行 **6・19** 伊勢・尾張など大暴風雨	**2・29** 江戸大火	**7月** 関西洪水 **8月** 池大雅・与謝蕪村『十便十宜画冊』成る	**2・2** 関通没 この年、聖徳太子千五百年忌

西暦		1774	1775
年号干支		3 甲午	4 乙未
天皇	（後桃園）		
将軍	（家治）		
藤沢遊行	（尊如）		
時宗関係	一道、備後に誕生（歴代簿） 一如、常陸鹿島の信田善右衛門三男として誕生（歴代簿） この頃の各派寺院伝奏（執奏）は、遊行派・四条派・御影堂派は勧修寺家、市屋派は花山院家、霊山正法寺は清閑寺家、長楽寺は高辻家、江州番場蓮華寺は綾小路家（新刊雲上明鑑など）	**6月** 日輪寺復興のため、毎月10日勧進能を催す。見物少なしという（平日・藤鑑） **10・21** 尊如、岡山前城主池田継政に『一遍上人語録』二巻を贈る（遊鑑） **12・1** 尊如、兵庫真光寺に着き、越年（遊鑑） この年、尊如、日向国志布志に遊行廻国（三国名勝図会）	**1月晦** 尊如、兵庫をたち、3月9日京都着、4月7日参内、そのまま在京（遊鑑） **3・9** 山形光明寺、『二祖上人往生綱要集註』一巻を尊如に献上（遊鑑） **8月** 沼津西光寺沙門尚山（賞山）、『重刻百利講略註』を刊行（奥付） **9・21** 尊如、誓願寺に参籠（法記） **10月** 洞天編『防非鈔』刊行（奥付） **11・29** 尊如、参内・院参。伴僧中に六条道場歓喜光寺弥阿祖達あり（御綸旨参内控集） **11月** 尊如、七条道場金光寺学寮条目を定める（七記） **12月朔** 伯耆安養寺亮堂に勅願所再興の綸旨を賜う（同寺文書） この年、敦賀西方寺長順校訂『他阿上人法語』、岩本成願寺蔵版として刊行（奥付）
日本史関係		**1・19** 幕府、虚無僧取締り **6月** 京・大坂風雨	

1778	1777	1776
7 戊戌	6 丁酉	5 丙申
		32 尊如
1・21 江戸小林勘平・同惣兵衛、一切経を浅草学寮に寄付（藤文） 1月『他阿上人法語』八巻刊行（序） 1月 浅草日輪寺、時宗の沙弥について、その由来書を幕府に提出（『徳川禁令考』四十二僧侶作法の条） 6・18 山形光明寺三十五世快悦寂す（光過・藤過） 7月朔 薩州浄光明寺真淳足下寂す（藤鑑）	3・12 白金松秀寺博邦寂す。4月後任に関月就任（藤鑑） 5・26 盛岡教浄寺四十一世発三寂す（藤鑑） 8・23 当麻道場無量光寺四十六世祐玄寂す（81）（系譜録） 9・15 兵庫真光寺院代八世洞天寂す（真過・藤鑑） 11・24 七条学寮主澂禅、兵庫真光寺にて講義（藤鑑） 12・13 当麻道場四十七世楽玄寂す（系譜録） 幕府、長崎称念寺に対し諸侯に勧進することを許す（大成）	2・1 七条道場金光寺院代二十九世に迎称寺宣然が就任（法記） 2・18 七条道場にて四祖上人四百回忌を厳修（法記） 3・5 尊如、京を出発、京中の寺院に宗典開板を命ずる（法記） 3・15『器朴論』版木（宝永三年出版）焼失につき、荘厳寺旭堂、これを再版（序） 5・13 甲府一蓮寺行山、藤沢院代勤役中に寂す。後任に榎戸能永寺察道が就任（藤過・遊鑑） 6月 尊如、熊野に参詣（遊鑑・熊年） 7・1 遊行会下の衆領軒弁寿（川口法蓮寺）、甲府一蓮寺に転住（遊鑑） 8月 洞天編『三大祖師法語』、『播州法語集』刊行（奥付） 11・29 尊如、清浄光寺に帰山独住（遊系・金台） この年、弥阿輪山『六条縁起』刊行（奥付）
2・12 江戸大火 7・2 京中大雨	この年、三原山大噴火	4・13 池大雅没 12・26 幕府、宗門改帳の提出を命ずる

西暦	（前頁より）	1779	1780	1781
年号干支		8 己亥	9 庚子	天明 1 辛丑
天皇	（後桃園）	光格 11.25		
将軍	（家治）			
藤沢遊行	（尊如）	33 諦如		
時宗関係	7・10 大川目慈光寺焼失（明細） 11・22 綸旨吹挙納（29日上人号綸旨勅許、12月1日御礼）の越前府中称名寺但阿貞山に対し、「従来、吹挙状頂戴の際は清浄光寺に登山すべき処、今般、中国西国末寺の願届は七条道場にて吹挙状を差出すこととする。此度、称名寺初めて七条道場にて吹挙状を頂戴する也」と申し渡す（御綸旨参内控集） 賞山『播州問答集私考』刊行（奥付）	2・11 大浜称名寺二十五世弁響寂す（藤鑑・藤過） 3・20 尊如、寂す（68）（遊系） 4・2 将軍徳川家治の嫡子家基の葬儀に際し、寛永寺における納経拝礼に「藤沢上人代僧浅草神田山日輪寺」「常州海老ヶ嶋新善光寺」「相州当麻無量光寺」「尼寺上州滝(ママ)川万徳寺」参列（松戸市史史料篇） 5・11 甲府一蓮寺弁寿、藤沢三十三世を相続し、諦如と号す（遊系・藤文） 8・17 弁量、武州本田称名寺より甲府一蓮寺四十三世に転住（同寺記） 10・9 四条道場金蓮寺三十五世浄阿仁山寂す（四記） 一念（暢音）、出羽漆山半沢家に誕生（歴代簿）	5・25 兵庫真光寺院代七世昌全寂す（真過・藤過） 6・1 尾道慈観寺前住玄察（諦如の師範）に足下位を追贈（藤鑑） 10月 東塩小路村庄屋若山正蔵・周介、荘厳寺に対し、同村百姓持墓所のなかに新規の取り立てをしないことを誓約（七記） 12月 市屋派金光寺、法儀違乱につき、寺社奉行土岐定経裁断（七記）	3月 浅草日輪寺本堂再建成る（藤文） 5・25 大炊道場聞名寺快含寂す。足下位を追贈（藤鑑） 閏5・20 川越東明寺、自火により焼失（藤鑑）
日本史関係		10・1 桜島噴火	6月 関東大洪水	

1786	1785	1784	1783	1782	
6 丙午	5 乙巳	4 甲辰	3 癸卯	2 壬寅	
1月 西国における遊行末寺の願届は七条道場金光寺にて処理することを定める（常文） **3・15** 大炊道場聞名寺本堂再建、入仏供養を厳修（法記）		**2・4** 常陸根本阿弥陀寺焼失（藤鑑） **4・2** 岩本成願寺・衆領軒玄道、清浄光寺にて寂す（藤過）	**1・12** 上野安中長徳寺寛広、本堂を再建し中興号を授与される（藤鑑） **3・1** 秋田大火で龍泉寺焼失、聲体寺は危く免れる（藤鑑） **4月** 浅草日輪寺で会津西光寺日限地蔵開帳（日本仏教史年表・開帳差免帳） **7・8** 浅間山大噴火被災の上野国諸寺およびその配下の被慈利に対し諸掛りを免除（藤鑑） この年、3月から9月までの間に荘厳寺旭堂・福田寺育堂、『器朴論』を再版（跋）	**2・4** 当麻道場無量光寺焼失（明細） **4・30** 六条道場歓喜光寺三十一世弥阿智寛、参内（御綸旨参内控集） **4月** 天王寺伽羅堂修覆調査の際、遊行宗六万七十六ヶ寺ありという（集覧） **6・3** 六条道場歓喜光寺二世一色和尚四百五十年忌を六条道場にて厳修（藤鑑） **8・6** 清浄光寺本堂再建成り、入仏式を修行（藤鑑） **9・22** 南部茂時正阿弥陀仏の四百五十年忌を教浄寺にて修行（藤記） **12・27** 豊後鉄輪松寿寺、類火により焼失（藤鑑）	**7・22** 六条道場歓喜光寺三十世弥阿輪山寂す（70）（歓過） **10月** 市屋派金光寺、掟書二十ヶ条を定める（七記）
1・22 江戸大火 この年、諸宗本山、幕府に末寺帳提出		この年、俊鳳、『西山復古篇』を著す	この年、冷害のため諸国大飢饉	この春、諸国洪水 この年、西日本大凶作	

西暦	1787	1788	1789
年号 干支	7 丁未	8 戊申	寛政1 己酉
天皇	（光格）		
将軍	徳川家斉		
藤沢 遊行	（諦如）		
時宗関係	1・18 品川善福寺二十九世教岳寂す（藤過） 5・1 当麻道場無量光寺四十八世（府中称名寺と兼務）万的寂す（73）（系譜録） 8・6 真光寺院代九世澂禅寂す（藤過・真過） 8・19 小松仏成寺十六世耀阿明真、本堂再建（明細） この年、越前長崎称念寺、新田義貞四百五十年忌を厳修（同寺記） 尊澄（澄学）、薩州薩摩郡東郷町斧淵桑波田平左門景知三男として誕生（歴代簿）	1・30 京に大火、金蓮・歓喜光・荘厳・福田・市屋・染殿（十住心院）の各寺焼失（藤鑑・七記） 2・5 番場蓮華寺三十三世同阿（白阿）寂す（73）（血脈譜） 2月 天童仏向寺其阿天秀、番場蓮華寺三十四世同阿に登位（血脈譜） 2・26 山形光明寺三十六世快弁寂す（光過・藤過） 3・17〜23 宗祖五百年遠忌法要を清浄光寺にて修行（遊系・藤鑑） 7・29 小林円意居士二十三回忌を清浄光寺にて厳修（藤鑑） 9月 この春、伝奏勧修寺家焼失につき、門末より五十両の見舞金を出す（常記）	2月 番場蓮華寺三十四世同阿天秀、羽州村山郡十文字村阿弥陀寺に隠居（血脈譜） 4・24 諦如、熱海入湯のため出立（〜5月18日）（藤鑑） 6・1 当麻道場無量光寺四十九世智隆寂す（系譜録） 6・18 山形光明寺三十七世智演寂す（光過・藤過） 6月 羽州長延寺才阿嶺弁、番場蓮華寺三十五世同阿に登位（血脈譜） 8月 番場蓮華寺三十五世同阿嶺弁、参内（血脈譜）
日本史関係	5月 各地で打毀し 7月 寛政の改革始まる	1・30 京大火	

1790	1791	1792	1793
2 庚戌	3 辛亥	4 壬子	5 癸丑
	54尊祐		
4・1 浅草日輪寺二十九世放下庵智丈、病気隠居。後任に白金松秀寺智格が転住（藤鑑） 4・14 藤沢洞雲院在役弁瑞、兵庫真光寺に転住（藤鑑） 9・14 南門上人（遊行四十二代尊任）百回忌を清浄光寺にて修行（藤鑑） この年、伯州稲光万福寺焼失（藤鑑・七記）	3・18 大炊道場聞名寺歓澂、遊行を相続し尊祐と号す。3月27日遊行の途につく（藤鑑） 5・26 尊祐、伝馬朱印受領（同朱印状） 7・2 日輪寺隠居智丈寂す（遊鑑・藤過） 8・5 関東地方風水害、上州満福寺、甚しく損壊（藤鑑） 9・15 甲州黒駒称願寺玄廓、本山衆領軒を退く。在勤二十年に近し（藤鑑）	1・15 甲府一蓮寺弁量、老衰隠居し、称願寺玄廓が転住（藤鑑） 3・15 尊祐、芦野宿遊行柳にて回向（遊鑑） 5・11 法国寺十二世（七条道場金光寺院代三十世）快善寂す（七過） この年、尊祐、関東東北を巡化し、10月22日鶴岡長泉寺に着き、越年（遊鑑） 清浄光寺、寺領西村に対し徒党禁止等を定めて八ヶ条の法令を出す（藤文）	2・11 尊祐、鶴岡を出立（遊鑑） 3・24 上州満福寺恵観・見付省光寺廓音、共に足下位を允許されるが、廓音辞退（藤鑑） 3・29 尊祐、山形をたつ。佐渡に渡り北越を遊行、冬、福井乗久寺に入り越年（遊鑑） 3月 尼崎善通寺真如、四条道場三十七世浄阿に登位（四記・歴代記） 6・21 清浄光寺お茶屋より出火、一棟焼失（藤鑑） この年、四条道場金蓮寺三十六世浄阿良山、宝福寺に隠居（四記・歴代記）
5・24 寛政異学の禁	10月 大坂大火	4・1 雲仙岳大噴火 7・21 江戸大火	10・25 江戸大火 この年、豊作で米価下落

西暦	1794	1795	1796
年号 干支	6 甲寅	7 乙卯	8 丙辰
天皇	（光格）		
将軍	（家斉）		
藤沢 遊行	（諦如） （尊祐）		
時宗関係	2・21 尊祐、篠原で実盛の霊を法要す（多太） 3・27 尊祐、福井をたち、越・若・但・伯・雲の諸州を巡り、8月尾道に至る（遊鑑） 5・9 山形光明寺長順、『二祖法語』を重校再版して尊祐に献ず（遊鑑） 11・3 甲府一蓮寺四十二世弁量寂す（同寺記） 11・24 清浄光寺方丈一宇残らず焼失（棟札記・藤近。遊鑑は12月4日とす） 閏11・15 尊祐、赤間関専念寺に至り尊観法親王廟修築の資金を寄付（遊鑑） 東西学寮の『寮則抜萃』作成（時宗辞典）	2・9 幕府、遊行の廻国に対し諸侯の接待簡略たるべき旨を令す（藤近） 5・12 当麻道場無量光寺五十一世仏雄（応）寂す（45）。後任、霊随、芝増上寺より登位（系譜録） 7・23 六条道場歓喜光寺三十一世智寛寂す（52）（歓過・藤鑑） 9・18 松平越中守、先年来借覧の『絵詞伝』十巻を清浄光寺に返却（藤鑑） 11・11 赤間関専念寺快弁寂す（遊鑑・藤過） 12・24 俳人蝶夢、法国寺其阿に師事し、法号を幻阿弥陀仏と号す。のち浄土宗阿弥陀寺中帰白院に住し、蕉風復興運動の中心として活躍、近江国膳所の義仲寺を復興（京都大事典） この年、尊祐、九州四国を遊行、兵庫に至って越年（遊鑑）	3月 甲府一蓮寺本堂竣成、入仏法要を厳修（藤鑑） 3・4 尊祐、上洛。4月2日参内・院参、伴僧中に六条道場歓喜光寺三十二世弥阿対山あり（御綸旨参内控集）。同月誓願寺に参籠（遊鑑） 5・9 京一条道場迎称寺昌随、江戸にて寂す（遊鑑） 5・25 四条道場金蓮寺三十六世浄阿良山寂す（四記）
日本史関係	1・10 江戸大火		

1801	1800	1799	1798	1797
享和1 辛酉	12 庚申	11 己未	10 戊午	9 丁巳
	34 尊祐			
1・5 山形光明寺、財政紊乱につき尊祐より条目を下す（藤鑑） 3月 四条道場金蓮寺三十七世浄阿真如、塔中元正院へ隠居（四記） 5・3 天台座主尊真、円山安養寺弁財天華表の額を与える（華頂）	3・23 尊祐、京をたち、5月熊野本宮に参詣（熊年・御師書上） 4月 常陸根本阿弥陀寺再建成る（棟札） 4・27 足利常念寺、一宇焼失（藤鑑） 10・28 山形光明寺三十八世・真光寺院代十世長順寂す（光過・墓銘） 11・23 尊祐、清浄光寺に帰山独住（藤鑑）	3・28 藤沢三十三世諦如、清浄光寺にて寂す（79）。尊祐、院代を甲府一蓮寺玄廓に命ずる（遊系・藤鑑） 5・14 水戸神応寺智元足下寂す。8月後任に浅草学寮主感徹、入住（藤鑑・遊鑑） 8・13 上州板鼻聞名寺十八世智厳寂す（藤鑑） 10・24 尊観法親王四百回忌を清浄光寺にて厳修（藤鑑） 12・27 六条道場歓喜光寺に「阿弥衣」が寄付される（同銘） この頃、門末会下の僧の出奔失踪するもの多し（藤鑑）	3月 越後柏崎一念寺焼失（遊鑑）	2・8 卒島新善光寺配下の訴訟に関し、日輪寺智格、逼塞を申付られる（藤鑑） 3・5 荘厳寺三十一世・七条道場院代三十一世旭堂足下寂す（同寺過去帳・藤過。遊鑑では3日） 4・24 常陸北条無量院琢諄、見付省光寺に転住（藤鑑） 8月 清浄光寺宇賀神社再建費のため、幕府より銀三十枚の寄付あり（藤文・日本仏教史年表） 9月 平原十念寺、再興される（明細）

西暦		1802	1803	1804	1805
年号干支		2 壬戌	3 癸亥	文化 1 甲子	2 乙丑
天皇	（光格）				
将軍	（家斉）				
藤沢遊行	（尊祐）				
時宗関係	**5・23** 熱田円福寺三十二世其阿灌澄、四条道場三十八世浄阿に登位（円福寺記録・四記） **9・10** 六条道場歓喜光寺三十二世弥阿対山寂す（35）（歓過。金井清光『一遍と時衆教団』の「享保元酉九月十日」は、前後の年代や干支から享和の誤植と推定）	**2・25** 天満宮九百年忌を清浄光寺にて厳修し、尊祐、歌を献ず（藤鑑） **2月** 武州府中称名寺、竹林中より松平徳阿弥の碑を発掘（三河） **4・3** 浅草日輪寺智格寂す。6月後任に水戸神応寺感徹が転住（藤近。野沢金台寺位牌・墓石では3月17日） **6・24** 清浄光寺の役所である番方成る（藤鑑） **7・14** 長崎称念寺澄含寂す（藤鑑）	**4・3** 甲府大火、一蓮寺類焼（藤鑑・同寺記） **6・16** 江戸小林勘平・伊藤樗翁同室、金八十両を寄せて清浄光寺骨堂を建立（藤鑑） **9・11** 菅浦阿弥陀寺焼失。弘化年中に再建される（明細）	**5・28** 小栗一向寺五十世善阿俊了（光天）、番場蓮華寺三十六世同阿に登位（血脈譜） この年、清浄光寺書院成る。住吉内記・板谷桂意、その襖絵を描く（藤文） 守山阿弥陀寺、再建される（明細）	**1月** 徳川満徳寺、隣家の火事により全焼（縁切寺満徳寺資料館HP） **2・13** 番場蓮華寺三十六世同阿俊了（光天）、綾小路家の猶子となる（血脈譜） **2月**『敦賀来迎寺縁起』成る（同書） **4・2** 三宝院・妙法院宮、清浄光寺に立ち寄る（藤鑑・真仁親王関東御参向之記） **8月** 総州中田宿本願寺誓阿嶺喬、番場蓮華寺三十七世同阿に登位（血脈譜）
日本史関係		**11月** 諸宗本山、階級・衣体などの制を幕府に提出			

	1806	1807	1808	1809	1810
	3 丙寅	4 丁卯	5 戊辰	6 己巳	7 庚午
		35 一空			
兵庫長楽寺義乗、『神勅要偈深秘鈔』を著す（奥書）	3・4 浅草日輪寺類焼、学寮も焼失（同寺記） 尊教（随音）、遠州豊田郡大和田村新村家に誕生（歴代簿）	2・30 霊山正法寺三十世国阿証真寂す（霊過） 3・12 聖護院宮盈仁法親王、清浄光寺に立ち寄る（藤鑑） 7・10 甲府一蓮寺四十四世法阿玄廓寂す（同寺記） 9・19 衆領軒義伝、本田教念寺より甲府一蓮寺四十五世に転住（藤鑑） 10・28 尊祐寂す（73）（歴代簿） 11・9 甲府一蓮寺義伝、藤沢を相続、一空と号す（遊系） 出羽鶴岡高安寺焼失（藤鑑） 磐田省光寺類焼（明細）	5・20 山形光明寺三十九世元海、甲府一蓮寺四十六世に転住（藤過） 8・17 沼津西光寺寿門寂す（藤鑑）	4月 番場蓮華寺三十七世同阿嶺喬、大殿その他、諸建物をことごとく造作し、中興と称される（血脈譜） 6・15 日輪寺放下庵唯心恵秀足下寂す（七過） 9・1 山形光明寺四十世寛広寂す（光過） この年、徳川満徳寺焼失（満徳寺史）	3・4 甲府一蓮寺四十六世元海寂す（同寺記・藤鑑） 3・15 大炊道場聞名寺三十九世隣哲、甲府一蓮寺四十七世に転住（藤鑑） 4月 法国寺十三世貞山、七条道場院代三十三世就任（藤鑑・七記） 5・7 浅草学寮主岳善、高田称念寺に入住（藤鑑） 5・12 当麻道場歓喜光寺五十世唄潮寂す（71）（系譜録）
	3・4 江戸大火	この年、隆円、『近世往生伝』を著す			

西暦		1811	1812	1813	1814
年号干支		8 辛未	9 壬申	10 癸酉	11 甲戌
天皇	（光格）				
将軍	（家斉）				
藤沢遊行	（一空）		55 一空		
時宗関係	6・19 大浜称名寺愍全、大炊道場聞名寺四十世に転住（藤鑑） 10・4 沼津西光寺先住靠含足下寂す（藤鑑）	1・14 国府津蓮台寺、自火により焼失（藤鑑） 2・17 遊行十一代自空四百年忌を清浄光寺にて厳修（藤鑑） 2・19 七条道場金光寺院代三十三世貞山寂す（七過） 6月 会津田島教林寺悦岸（のちの傾心）、衆領軒を拝命（藤鑑） 10月 俊鳳編『一遍上人語録』三版（文化版）、日輪寺学寮蔵版で梓行（奥書）	3・18 甲府一蓮寺四十五世義伝、遊行相続、一空と号す。4月12日本山出立、江戸より関東を遊行。真壁にて越年（藤文） 5・11 一空、伝馬朱印受領（同朱印状） 8月 清浄光寺境内における小間物商売に関し掟を制定（藤鑑） 10・8 江戸小林勘平没。藤沢より東陽院を遺して弔慰（藤鑑）	1・23 遊行先東陽院春登、関戸延命寺住職を仰せ付けられる（藤鑑） 1月 宇都宮応願寺焼失（遊鑑） 9・1 一空、芦野宿遊行柳にて回向あり（遊鑑） 9・18 白金松秀寺道詮寂す。後任に水海吉祥寺全冏、転住（藤鑑） 11・25〜29 小浜称念寺観道、知恩院で『選択集』を講義（浄全） この年、一空、3月真壁をたち、奥州路を賦算、仙台真福寺にて越年（遊鑑）	2・22 浅草学寮主一道退役。後任、野沢金台寺快宣（藤鑑） 7月 一空、佐渡を遊行（遊鑑） 7・7 一空、松山大願寺に着き、翌日相川大願寺に到着（遊鑑） 11・17 俳人巣兆死す。浅草日輪寺に埋葬（俳人評伝）
日本史関係		1・18 法然六百年遠忌により弘覚大師の諡号を賜わる			

1818	1817	1816	1815
文政 1 戊寅	14 丁丑	13 丙子	12 乙亥
	仁孝 3.22		
			36 弘海
2・14 観阿円海、番場蓮華寺三十八世同阿に登位（血脈譜） **3・10** 関戸延命寺春登、清浄光寺興徳院に出仕（藤鑑） **3・23〜27** 弘海、二祖五百年遠忌を清浄光寺にて厳修（遊系・藤鑑）。清浄光寺長廊下を再建（歴代簿） **5・23** 兵庫真光寺院代十三世嶺天寂す（真過） **8月** 清浄光寺領西村役人、小間物見世世話人菊屋平左衛門等に対し、清浄光寺本堂内における商売取締の件につき通知（藤文）	**1月** 春登、『万葉用字格』を著す（序） **3・7** 京法国寺十四世・七条道場院代三十四世覚全寂す（藤鑑。七過では17日） **5・10** 日向国佐土原安宮寺（当山派修験）の泉光院野田成亮、藤沢の宿場に出て遊行上人の寺に参詣（日本九峰修行日記） **6・7** 兵庫真光寺院代十二世琢諄寂す。岩本成願寺嶺天、院代十三世に転住（藤鑑・真過） **8・8** 番場蓮華寺三十七世同阿嶺喬寂す（血脈譜） **12・21** 大坂円成院義天、京法国寺へ転住（藤鑑） この年、清浄光寺日供堂、上棟（藤鑑）	**4・16** 悦岸、会津田島教林寺より甲府一蓮寺四十八世に転住（同寺記） **5・3** 清浄光寺、鐘楼堂上棟式（日鑑） **7・6** 谷文晁、『一遍上人絵詞伝』を清浄光寺原本より模写（奥書） **12・10** 六条道場三十三世弥阿寛良、上人号綸旨（御綸旨参内控集）	**4・22** 一空、敦賀に着き、氣比神宮にて御砂持神事を修行（遊鑑） **5・2** 一空、大飯称名寺にて宗祖名号に裏書（同名号） **5・29** 一空、但馬九日市西光寺にて寂す（68）（遊鑑・遊系） **8・21** 甲府一蓮寺四十七世隣哲、藤沢三十六世を相続、弘海と号す（遊系） **10月** 衆領軒悦岸、甲府一蓮寺四十八世に転住（藤鑑）

西暦		1819	1820	1821
年号 干支		2 己卯	3 戊辰	4 辛巳
天皇	（仁孝）			
将軍	（家斉）			
藤沢 遊行	（弘海）			37 傾心
時宗関係	9・17 西国筋寺院の参内拝綸住持交替は七条道場にて処理と定める（藤鑑） 11・24 武州本田教念寺法阿諦及足下寂す（藤鑑）	5・10 四条道場金蓮寺三十八世浄阿灌澄寂す（76）（四記・歴代記） 5・24 尼崎善通寺真月、四条道場三十九世浄阿に登位（四記） この年、伊豆三島光安寺類焼（藤鑑）	7・28 四条道場金蓮寺三十七世浄阿真如寂す（四記） 11月 福島宝林寺類焼（藤鑑） 天童仏向寺五十三世術阿一如（嶺貫）、本堂再建（血脈譜）	1・29 一真（武田義徹）、越前入谷村五十嵐嘉兵衛二男として誕生（歴代簿） 1月 水海吉祥寺焼失（藤鑑） 2・19 弘海寂す（77）（遊系・藤鑑） 2・21 常陸下妻金林寺焼失（藤鑑） 3・3 甲府一蓮寺悦岸、藤沢三十七世を相続し、傾心と号す（遊系・藤鑑） 3・15 東山長楽寺にて金比羅権現贋開帳（日本仏教史年表） 3・18 品川善福寺快宣、甲府一蓮寺四十九世に転住（藤鑑） 3月 結城金福寺焼失（藤鑑） 4・27 四条道場金蓮寺三十九世浄阿真月寂す（四記・小柿常勝寺・尼崎善通寺過去帳） 4・29 山形光明寺四十一世還覚寂す（光過） 5・1 春登、清浄光寺興徳院を辞任、関戸延命寺に帰坊（藤鑑） 8・15 乙川光照寺廓山、四条道場四十世浄阿に登位（四記） 9・27 四条道場四十世浄阿廓山寂す（四記。小柿常勝寺過去帳では28日） 京東山長楽寺に浄瑠璃の竹本綱太夫（三代目）塚建立（牧野體山足下の生涯）
日本史関係				

1822	1823	1824	1825	1826
5 壬午	6 癸未	7 甲申	8 乙酉	9 丙戌
		56 傾心		
1・6 六条道場歓喜光寺三十三世弥阿寛良寂す（51）（同寺過去帳） **2・15** 聖戒五百年忌につき、六条道場および清浄光寺にて法要を厳修（藤鑑） **2月** 下妻金林寺焼失（明細） **9・23** 頼山陽没。京東山長楽寺に埋葬される（牧野體山足下の生涯） **10・5** 常陸筑波来迎寺、自火により焼失。このとき住持寂天、焼死（藤鑑） この年、寿阿弥陀仏曇奝、日輪寺感徹の弟子として出家（時宗辞典）		**3・17** 遊行四十九代一法百年忌につき回向（藤鑑） **3・18** 遊行四代呑海五百年遠忌。傾心、遊行五十六代を相続（藤鑑） **4・17** 傾心、遊行廻国のため江戸へ出駕（藤鑑）。遊行廻国の記録『遊行五十六代上人御相続御参附記』あり（教学年報10） **4・21** 山形光明寺四十二世恵汲寂す（光過） **12月** 天童仏向寺五十三世術阿一如（嶺貫）、番場蓮華寺三十九世同阿に登位（血脈譜）	**2・17** 衆領軒岳善（高田称念寺）、山形光明寺四十三世に転住（同寺記・徳行録） **3・29** 法国寺末大津荘厳寺、失火により焼失（遊鑑） 春、古河西光寺天龍、『一向上人伝』を書写（奥書） **5・14** 尊龍（河野察龍）、美濃安八郡中川郷に誕生（歴代簿） **8月** 四条道場金蓮寺再建される（明細） この年、傾心、夏より冬まで中国路を賦算、石見益田万福寺にて越年（遊鑑） 『浄土和讃』編集される（奥書）	この年、傾心、九州四国を巡化し、兵庫に至って越年（遊鑑）
	11・29 隆円、『吉水瀉瓶訣』を著す	この春、『和字選択集』刊行		

西暦	1827	1828	1829	1830	1831
年号干支	10 丁亥	11 戊子	12 己丑	天保 1 庚寅	2 辛卯
天皇	（仁孝）				
将軍	（家斉）				
藤沢遊行	（傾心） （傾心）				
時宗関係	2・13 福島宝林寺、再び類焼（藤鑑） 5・9 傾心、大坂円成院助成のため、お手許金五十両を寄付（遊鑑） 6月 傾心、熊野に参詣。万歳峰に宗祖の名号石を拝しその保全を計る（遊鑑・熊年・碑銘） 8・19 傾心、参内。伴僧中に六条道場歓喜光寺三十四世弥阿良随あり（御綸旨参内控集） 9月 傾心、和歌山藩邸にて日中法要を修行（藤鑑）	1・8 足利常念寺焼失（藤近） 8月 傾心、清浄光寺に帰山独住（遊系）	8・3 当麻道場無量光寺五十三世隆苗寂す（系譜録） 10・27 七条道場金光寺院代三十五世愍全寂す（七過） この年、清浄光寺へ紀州徳川治宝より二百両の寄進。これを元金に紀州家名目金貸付を開始（藤沢青木家文書・藤鑑）	9・8 七条道場金光寺役者正覚院、境内模様替普請を願い出る（七記） 9・20 甲府一蓮寺四十九世法阿快宣寂す（同寺記）	1・16 甲府一蓮寺五十世法阿感徹寂す（同寺記） 2・4 国学者吉村静軒、東山双林寺・西行庵を巡拝（旅のおぼえ） 4・16 常陸太田浄光寺弁仲、日輪寺へ転住（藤近） 5・8 兵庫真光寺院代十四世一道、甲府一蓮寺へ転住。後任、岩本成願寺智全（藤鑑・藤近） 5・10 大浜称名寺二十七世教全寂す（熱田円福寺過去帳） 9・11 沼津西光寺並びに塔頭四ヶ院、残らず類焼（藤近）
日本史関係					

1835	1834	1833	1832	
6 乙未	5 甲午	4 癸巳	3 壬辰	
39一如　38一道				
3・8 宇都宮宝勝寺本寺応願寺と協議の上総本山直末となる（遊鑑） 4・2 傾心、芦野宿遊行柳にて回向あり（遊鑑） 9・6 傾心、柏崎にて痢患、高田称念寺に移り、21日寂す（77）（遊系・遊鑑） 10・5 甲府一蓮寺一道、藤沢三十八世登位準備中寂す。幕府に請うて藤沢三十八世を相続（遊系）	4月 幕府、番場・天童並びにその末寺に対し、固く日輪寺触下たるべきことを布令（藤近） 6・29 盛岡教浄寺、本寺清浄光寺より時宗一派東北触頭を命ぜられる（藤鑑） 7・5 春登、京聞名寺住職に転住（藤鑑） 尊純（稲葉覚道）、周防吉敷郡嘉川村藤津家に誕生（歴代簿）	5・17 傾心、再び遊行の途につき関東・奥羽を遊行（遊鑑） 5月 山形光明寺岳善、清浄光寺院代を命ぜられ、執啓堂足下に転進（藤鑑） 8・1 関東地方暴風雨、湊光明寺堂宇倒潰（書上） 10・16 関戸延命寺春登、旅先修領軒を命ぜられる（藤鑑） 12・3 傾心、宗内に質素倹約の旨を守るべきことを令す（遊鑑）	5・22 盛岡教浄寺、南部茂時（正阿）の五百回忌を厳修。住持俊冏足下（藤文） 7・1 霊山正法寺三十一世国阿慈天、薬仙寺にて寂す（霊過。薬仙寺歴代譜では17日） 8・15 清浄光寺の復興進捗し、台所御番方、上棟式を行う（藤鑑） 12・18 清浄光寺内宇賀神社殿再建のため、徳川家より白銀三十枚寄進（藤鑑・遊系） この年、天童仏向寺伝了、番場蓮華寺との本末諍論に坐し、遠島に処せられる（藤鑑・窿応）	12・27 巳刻、藤沢宿茅場より出火、清浄光寺書院居間以下諸堂塔頭悉く罹災（遊系）
		天保の飢饉始まる		

西暦		1836	1837	1838	1839
年号干支		7 丙申	8 丁酉	9 戊戌	10 己亥
天皇	（仁孝）				
将軍	（家斉）		徳川家慶		
藤沢遊行	（一如）				
時宗関係	12・18 白金松秀寺全冏、甲府一蓮寺に入院せず、直ちに藤沢三十九世を相続し、一如と号す（遊系・藤鑑） 12・29 当麻道場無量光寺五十二世南謨霊随寂す（71）（系譜録） 12月 府中称名寺類焼（明細） この年、幕府、伝馬朱印による人足賃は遊行より支払うべき旨を達す（藤文）	2・6 山形光明寺開基斯波兼頼に、龍華院法阿上人号を追贈（藤鑑） 8・18 山形光明寺四十三世岳善足下、院代を辞し帰坊、この日寂す（80）（徳行録・光過） 9月 藤沢付近、この年凶作、本山より領内農民に施行を行う（藤鑑） 10・25 品川善福寺大応、山形光明寺四十四世に転住（藤鑑） 11・23 兵庫真光寺を永代足下地と定める（藤鑑・真記）	2・21 清浄光寺御居間再建（藤鑑） 2・24 須賀川金徳寺類焼（藤鑑） この年、越前長崎称念寺にて新田義貞五百年忌法要を厳修（同寺記）	4・1 一如、将軍家慶へ代替御礼参府。『家慶公御代替御参府記』あり（同書） 4・19～22 兵庫真光寺にて宗祖五百五十年遠忌を厳修（法記） 8・23 尾道常称寺湛応、『遊行一遍上人百利口語並法語』を遠忌記念に刊行（奥付） 8月 この年、宗祖五百五十年だが、清浄光寺の復興完成せず、翌年に延期（藤文） 9・2 霊山正法寺三十二世国阿専英寂す（霊過）	2・24 衆領軒暢音、越後石内極楽寺より甲府一蓮寺五十三世に転住（藤鑑） 3月 宗祖五百五十回忌を清浄光寺にて修行（遊系・藤文）
日本史関係			2月 大塩平八郎の乱	5月 蛮社の獄	

西暦	和暦	事項	一般事項
		4・14 大炊道場聞名寺四十一世・七条道場院代三十七世唯敬足下寂す（七過） 5・8 京知恩院門主、清浄光寺に立ち寄る（藤鑑） 9・18 徳川有親の墳墓大破につき、徳川家より銀五百枚が大浜称名寺に遣わされる（藤近） 12月 高田称念寺焼失（藤鑑）	
1840	11 庚子	1・1 衆領軒澄学、一如の命により新たに『遊行藤沢御歴代霊簿』を編纂（序） 4・10 鹿児島浄光明寺法阿廓道寂す（藤鑑） 9・14～15 南門上人百五十回忌を清浄光寺にて厳修（藤鑑） 10・20 大田原不退寺二十九世門暁寂す（藤鑑）	
1841	12 辛丑	2・10 鎌倉別願寺、足利持氏の四百回忌を厳修（藤鑑） 7・5 七条道場金光寺院代三十六・三十八世義天寂す（七過） 12・3 霊山正法寺三十三世国阿快恵寂す（霊過。薬仙寺歴代譜では14日）	5月 天保の改革
1842	13 壬寅	4・19 磯原円福寺焼失（明細） 7・23 大浜称名寺、由緒格別につき、幕府より別段七十石の地を寄せられる（藤鑑） 8・1 一如、甲府一蓮寺暢音を関西門末取締りのため京に派遣（藤鑑） 8・23 清浄光寺山門前に青銅燈籠成る（同銘文）	
1843	14 癸卯	3・27 香川景樹卒す。大炊道場聞名寺に埋葬。法名実参院悟阿在焉居士（景樹研究） 6・18 六条道場歓喜光寺三十四世弥阿良随寂す（53）（歓過） 閏9・15 常陸太田浄光寺張算、如法の故をもって藩主より嘉賞される（藤鑑） 秋、将軍徳川家慶、日光参詣の際の宇都宮仮泊所を応願寺本堂に賜う（藤鑑）	
1844	弘化1 甲辰	1・30 当麻道場無量光寺五十四世智静寂す（系譜録）	

西暦	1845	1846	1847	1848
年号 干支	2 乙巳	3 丙午	4 丁未	嘉永1 戊申
天皇	（仁孝）	孝明 2.13		
将軍	（家慶）			
藤沢遊行	（一如）	40一念		57一念
時宗関係	1・24 白金松秀寺、類焼（藤近） 2・10 下野稲毛田来迎寺、自火焼失（藤近） 2・28 澄学、衆領軒を辞し、後任、三波川満福寺覚龍（藤鑑） 4・5 金沢玉泉寺十六世戒順寂す（藤鑑） 7・28 大炊道場聞名寺四十三世・七条道場金光寺院代三十九世専察寂す（七過） 8・4 七条道場金光寺院代四十四世・尾道常称寺三十三世湛応寂す（七過） 8・22 当麻道場無量光寺五十五世香風鸞及寂す（57）（系譜録） 9・13 法国寺十六世・七条道場院代四十二世臨道寂す（七過） 10・28 七条道場三十九世専察寂す（七過） この年、水戸藩の寺院整理に伴い、神応寺、常葉村より戸崎村に移転（藤鑑）	4・29 日輪寺智全、足下位に転進。10月29日甲府一蓮寺五十四世に転住（藤鑑） 5月 四条道場失火、四条高倉通数十町を焼く（大雅堂家譜） 6・16 上野高山仙源寺、山崩れのため本堂庫裡倒潰（同寺上申） 8・17 一如寂す（73）（遊系） 9・9 甲府一蓮寺五十三世暢音、藤沢四十世を相続し、一念と号す（遊系）	1・23 品川善福寺澄学（のちの尊澄）、浅草日輪寺に転住（藤鑑） 12・9 衆領軒覚龍、病により辞す（藤鑑）	3・18 一念、遊行相続。次いで参府遊行に出、この年、仙台真福寺にて越年（武江・遊鑑） 3・23 江戸大火。横死者数を知らず、7月一念、高輪にて大供養を厳修（遊鑑） 5・11 一念、朱印受領（同朱印状） 9・26 一念、芦野宿遊行柳にて回向（遊鑑） 10・23 尊観法親王四百五十回遠忌を清浄光寺にて厳修（藤鑑）
日本史関係				

1849	1850	1851	1852	1853
2 己酉	3 庚戌	4 辛亥	5 壬子	6 癸丑
				徳川家祥（家定）
閏4・18〜5・28 一念、北海道を遊行。この間、結縁賦算四万三千七百余（遊鑑） 5・28 摂津別所宝泉寺、山崩れのため損壊（七記） 6・3 越後十日町来迎寺失火、本堂庫裡土蔵等焼失（藤近） 7・5 鶴岡高安寺再建。一念、東弌を褒賞（遊鑑） 9・14 一念、庄内をたち、清川泊。本陣に清川八郎の父、斎藤治兵衛の名あり。また舟掛り斎藤林八郎は清川八郎か（遊鑑。西遊草には「我家に一舎」とある） 11・9 埼玉持田阿弥陀寺晋龍等、迎講と称して歌舞伎を興行、追放される（藤鑑）	3・6 一念、山形留錫中、会下の僧と光明寺役人と争う。寺役人を追放（遊鑑） 9・5 一念、宇賀神堂再営のため清浄光寺に帰山（遊系）	4・6 四条道場金蓮寺四十一世浄阿覚山寂す（四記） 清浄光寺宇賀神堂の再営成る（歴代簿）	閏2・5 結城常光寺類焼。一山灰燼に帰し、弟子僧法林、焼死（藤鑑・同寺届） 3・15 三波川満福寺覚龍、足下位に転進（藤鑑） 6・17 一念、再び遊行の旅に上り、この年、浜松にて越年（藤鑑・遊鑑） 11・3 六条道場歓喜光寺三十五世弥阿随囧寂す（歓過） 三河碧海郡矢作村光明寺開帳（開帳差免帳）	2・1 一念、浜松をたち、三・尾・勢・江の諸州を遊行し、兵庫真光寺にて越年（遊鑑） 3月 大浜称名寺慇囧、功により中興号を允許され、同寺は准檀林三ヶ寺に列せられる（遊鑑） 5・16 兵庫真光寺院代十七世広善寂す（真過・墓碑銘） 9・20 一念、兵庫真光寺にて託何上人五百年忌を厳修（遊鑑） 10・25 山形光明寺四十四世大応寂す（光過）
				6月 ペリー、浦賀に来航

西暦		1854	1855
年号 干支		安政1 甲寅	2 乙卯
天皇	（孝明）		
将軍	（家祥）		
藤沢 遊行	（一念） （一念）		41 尊澄
時宗関係	11・29 法国寺十七世・七条道場院代四十五世玄道、兵庫長楽寺にて寂す（遊鑑。七過では12月1日） 秋、本暁、『一遍上人法語意案』を成す（奥書） この年、小浜称念寺、類火により焼失。安政3年再建される（明細）	2・11 甲府一蓮寺五十四世智全（智善）、本山院代在役中寂す（藤鑑・同寺記） 4・24 無外（小林大空）、備後国甲奴郡領家村字亀ヶ谷龍口家に誕生（歴代簿） 5月 七条道場金光寺庫裡再建の資として、兵庫真光寺塔頭より金七十五両を寄付（真記） 5月 一念、姫路阪田心光寺（浄土宗）にて遊行・賦算（姫路市立図書館『村翁夜話集附録雑聞書』） 11・4 東海地方地震。浜松教興寺、大浜称名寺、その他、甚しく損壊（藤文） 12月 霊山正法寺三十四世国阿秀山、四百両にて遊行派に身売り（藤近・七記。「霊山正法寺遊行支配下ノ件」では4月） 12月 甲府一蓮寺澄学、清浄光寺本尊光背の化仏並びに前机を再興（同銘） この年、一念、黒船渡来に国情騒然たると所労のため、七条道場に留まる（遊鑑） 日輪寺澄学、甲府一蓮寺五十五世に転住（一蓮寺記） 常州茨城郡向井村神応寺開帳（開帳差免帳）	1・6 十日町来迎寺二十六世法泉寂す（藤鑑） 3・10 回向院にて常陸水戸神応寺蹴上観音開帳（日本仏教史年表・開帳差免帳） 3・15 一念、幕府に請うて隠居。甲府一蓮寺澄学、藤沢四十一世を相続し、尊澄と号す（68）（遊系・藤近） 5・6 満福寺三十二世・七条道場金光寺院代四十世覚龍足下寂す（七過）
日本史関係			12・23 日蘭和親条約調印

1859	1858	1857	1856	
6 己未	5 戊午	4 丁巳	3 丙辰	
	徳川家茂			
1・23 越後高田称念寺大善（のちの尊覚）、七条道場院代四十九世に登位（藤鑑・七過） 4・28 山形光明寺四十五世善冏足下寂す（光過）	5・4 一念、七条道場金光寺にて寂す（79）（遊系） 6・4 松原高倉より出火し、七条道場類焼、遊行伝持の『一遍上人縁起絵』（東山天皇勅命による縁起）・御一筥・御朱印状一部・かじめの杓子・波除名号・唐団扇等を焼失。ただし経蔵のみ免れる。荘厳寺・福田寺も同様（七記） 9・28 伊豆三島光安寺、類焼（同寺書上） 10・16 番場蓮華寺四十二世同阿霊道、将軍家定（温恭院）追薦に参勤（葉山古錦） 11・13 衆領軒本暁、甲府一蓮寺に転進。後任、見付西光寺随音（藤鑑）		8・25 夜、暴風のため関東地方被害多数。清浄光寺また損害甚大（藤鑑） 10・16 清浄光寺への徳川治宝寄進の財（祠堂金）をもって庶民に貸付を始める（藤文） 11・13 越前長崎称念寺義徹（のちの一真）、品川善福寺に転住（藤鑑） この年、浅草日輪寺本暁、甲府一蓮寺五十六世に転住（一蓮寺記）	6・10〜12 清川八郎、東山長楽寺・双林寺・東北院を訪問（西遊草） 7・24〜25 清川八郎、清浄光寺に参詣。遊行一行の横暴を非難（西遊草） 10・2 江戸大地震により、日輪寺以下、地方寺院被害夥し（藤鑑） 10月 下野芳賀郡稲毛田来迎寺、弘化2年焼失の後、再建成る（藤鑑）
	6・19 日米修好通商条約調印 安政の大獄	5月 縁山学頭観随、『六時蓮門勤行式』を編纂 この年、聖冏『釈浄土二蔵頌義』刊行		

西暦		1860	1861	1862
年号干支		万延1 庚申	文久1 辛酉	2 丁戌
天皇	（孝明）			
将軍	（家茂）			
藤沢遊行	（尊澄）			58 尊澄
時宗関係	10・11 尊昭（河野法善）、京都桝屋町荒木家に誕生（歴代譜） 11・1 頼三樹三郎、安政の大獄で斬首され、東山長楽寺に埋葬される（牧野體山足下の生涯） 11月 紀伊大納言徳川治宝寄進による清浄光寺中雀門、上棟（歴代簿）	3月 清浄光寺子育地蔵尊一躰、造営入仏（歴代簿） 閏3・16 尊澄、江戸に化益し、6月清浄光寺に帰山（藤鑑） 4月 尊澄、将軍代替につき御礼参府（歴代簿）		3・21 尊光（河野頼善）、京都小西家に誕生（歴代簿） 3・18 尊澄、遊行五十八代を相続（遊鑑） 4・16 尊澄、遊行のため清浄光寺を出駕。18日浅草日輪寺に到着（遊鑑） 4・28 尊澄、江戸城にて御目見。5月9日御朱印頂く（遊鑑） 5・9 尊澄、伝馬朱印受領（同朱印状） 5月 尊澄、浅草日輪寺にて化益。日々参詣多し（武江） 8・25 奥州白河郡植田村教興寺、自火により焼失（藤鑑） 閏8・18 京西蓮寺覚阿、参内。但阿上人号を下賜される。祝い客百三十人（同寺過去帳） この年、時宗寺院の伝奏家について、花山院家—市屋道場金光寺・西蓮寺、勧修寺家—相模遊行・四条道場・御影堂（新善光寺）、清閑寺家—霊山正法寺と「寺社伝奏之事」に記載されている（京都御役所向大概覚書）
日本史関係		3月 桜田門外の変	1・18 法然、六百五十年遠忌で慈教大師の諡号を賜わる	1・15 坂下門外の変

1863	1864	1865	1866	1867
3 癸亥	元治 1 甲子	慶応 1 乙丑	2 丙寅	3 丁卯
				明治 1.9
			徳川慶喜	
2・15 将軍徳川家茂上洛の途次、清浄光寺に昼休所を設ける（藤鑑） 3・10 京法国寺十八世智稔、山形光明寺へ転住のため出立。後任は高田称念寺大善（法記） 7・4 尊澄、遊行を中止して帰山（遊鑑） この年、内藤源輔（藤原宗明）が京西蓮寺に厨子入りの空也・一遍上人の像を寄進（厨子銘文）	2・25 大津長安寺留守居稲葉覚道、長安寺住職に就任（同寺記） 6月 清浄光寺にて、沙弥人別帳が作成される（藤文） 7・19 七条道場金光寺兵火に罹る。歓喜光寺・荘厳寺・福田寺および市姫金光寺も類焼（七記・法記）	4・7 大浜称名寺中興二十八世愍冏呑空寂す（熱田円福寺過去帳） 5・18 征長のため上洛の将軍徳川家茂、清浄光寺に宿泊（藤鑑） 7・22～23 番場蓮華寺四十二世同阿霊道、綸旨参内（葉山古錦・議奏加勢備忘・嵯峨実愛記） 12・27 六条道場歓喜光寺三十六世弥阿文冏、上人号綸旨（御綸旨参内控集）	8・23 大炊道場聞名寺四十五世・七条道場金光寺院代四十三世大宣、七条道場御忌の日中礼讃中に寂す（法記） 11・11 番場蓮華寺四十二世同阿霊道、将軍家茂（昭徳院）追薦に参勤（葉山古錦）	2・16 番場蓮華寺四十二世同阿霊道、孝明天皇の中陰に参勤（葉山古錦） 2・29 甲府一蓮寺役僧円暁、暴徒のために刺殺される（藤鑑・同寺記） 3・25 尊浄（桑畑静善）、常陸北条無量院四十七世廓竜長男君太郎として誕生（歴代簿） 9・17 兵庫真光寺院代十八世恵空寂す（真過・墓碑銘） 近江守山最明寺四十四世正随、『名体不離文深秘』を著す（奥書）
7月 薩英戦争	7・19 蛤御門の変			8月 「ええじゃないか」起こる 10月 将軍徳川慶喜、大政奉還 12月 王政復古の大号令

西暦	1868	1869	1870
年号 干支	明治 1 戊辰	2 己巳	3 庚午
天皇	（明治）		
将軍			
藤沢 遊行	（尊澄） （尊澄）		42 尊教
時宗関係	**3・17** 神仏混淆の禁止により、「神祭ハ総テ祠官祠掌ノ専務、仏事ハ悉ク僧侶ノ職掌心得」べきこととされる（官報） **4・12** 東征軍本隊の有栖川大総督宮、小田原宿より藤沢宿へ到着し、清浄光寺に宿泊（藤鑑） **8・7** 清浄光寺の紀州貸付取引、政令により停止される（藤近） **9・6** 霊山正法寺三十八世（七条道場院代四十七世）秀山寂す（七過） **9・8** 明治改元。徳川幕府崩壊により朱印状による遊行廻国の特権終了（入門） **10・10** 明治天皇東幸の際、清浄光寺、行在所となる（藤鑑） **12・9** 明治天皇還幸の際、再び行在所となる（藤鑑）	**1・23** 番場蓮華寺四十二世同阿霊道寂す（葉山古錦） **5月** 神仏判然の結果、清浄光寺領諏訪明神の別当不動院、復飾独立（藤鑑） **12月** 常陸真壁常永寺焼失（藤鑑）	**2・18～10・12** 京法国寺河野覚阿、教学興隆のため全国末寺を遊説（藤鑑・日並） **8・25** 尊澄、国府津蓮台寺にて寂す（83）（藤鑑） **閏10・19** 品川善福寺武田義徹、衆領軒に就任（藤鑑） **閏10月** 山形光明寺四十七世智穏、窮民撫助により官より褒賞される（同寺記・藤文） **閏10月** 四条道場金蓮寺四十二世雪乗、木之本浄信寺へ隠居（四記） **11・27** 衆領軒随音、甲府一蓮寺に転住し、次いで藤沢四十二世を相続、尊教と号す（藤鑑） 河野覚阿（大善）、宗命により廃仏毀釈に対応するため、全国末寺を遊説（時宗辞典） 一教（星徹定）、越後北魚沼郡湯之谷大沢村に星平八・ヤスの子、良吉として誕生（入門）
日本史関係	**1月** 鳥羽・伏見の戦い **3・28** 神仏分離令発布（廃仏毀釈起こる）	**11月** 鹿児島、廃仏を断行	

1871	1872	1873	1874	1875	1876
4 辛未	5 壬申	6 癸酉	7 甲戌	8 乙亥	9 丙子
		59 尊教			
3月 甲府一蓮寺五十六世本暁、下総布川へ隠居（同寺記） 5・28 尼崎善通寺十二世真瑞、四条道場金蓮寺四十三世浄阿に登位（四記） 11月 衆領軒義徹、甲府一蓮寺に転住（同寺記） この年、大川目慈光寺徳輪、重立檀家と共謀し、神仏混淆の布達を曲解し、境内地の元久慈備前守旧館に祀られていた牛頭天王社を八坂神社となし、自らは僧名を捨てて岩泉悦男と改め神職となる（明細）	国阿派本山東山道場双林寺、時宗から離脱し天台宗に帰す（明細） 徳川満徳寺、廃寺（縁切寺満徳寺資料館ＨＰ） 尊教、横浜に別院（のちの浄光寺）を建立（妙好） この年、無住無檀寺院は廃止の布告。大津荘厳寺、廃寺となる（法記）	1・8 尾道常称寺の末寺三、末庵六、県より廃絶させられる（常記） 3・18 尊教、遊行五十九代を相続（遊系） 5・26 明石法音寺・七条道場院代五十世倫徹寂す（七過） 11月 尊教、伊豆三島・横浜・三浦郡を遊行す（遊鑑）	7・22 遊行称名講社結衆条目制定さる（令規集） 8・10 佐原窿応、山形宝泉寺佐原隆明について得度（窿応） 道後宝厳寺門前で松ヶ枝遊郭営業（野田宇太郎『四国文学散歩』）	7・19 時宗大教院規則・時宗中教院規則を教部省に提出（令規集）	3・24 岩手寺林光林寺、野火のため焼失（明細） 4・24 京都法国寺十九世河野覚阿、七条道場金光寺四十九世に転住（七記・法記） 9・28 四条道場金蓮寺四十二世浄阿雪乗寂す（四記） 10・4 「時宗規則」制定（令規集）
上知令 宗門人別帳・寺請制度廃止	3月 教部省設置 11・9 太陽暦採用	2・14 増上寺大殿に大教院設置	2月 融通念仏宗独立	5月 大教院廃止	9・21 浄土宗西山派が別立を許可される

西暦	1877	1878	1879	1880	1881
年号干支	10 丁丑	11 戊寅	12 己卯	13 庚辰	14 辛巳
天皇	（明治）				
将軍					
藤沢遊行	（尊教） （尊教）				
時宗関係	3・16 当麻道場無量光寺五十六世聖順至実（河野姓）寂す（76）（当麻山の歴史） 5・7～14 第一回山梨県議会、甲府一蓮寺本堂にて開催される（同寺記） 7月 伝宗伝戒を東西両学寮において隔年に行うこととなる（令規集）	10・20 真宗興正寺二十八世本常（華園沢称）、霊山廟建立のため東山の地所を視察（本常日記・興正寺年表） 10・26 山形光明寺四十七世（法国寺十八世・七条道場院代四十八世）智穏足下寂す（光過・七過） この年、尊教、兵庫・福井・滋賀・京都を遊行し、12月清浄光寺に帰山（遊系）	1・6 日輪寺内時宗大教院を藤沢清浄光寺に移動（令規集） 3月「宗規綱要」改定制定（令規集） 3月「宗学校則」制定（令規集） 4・18 河野覚阿、七条道場金光寺より山形光明寺に転住（光明寺記・七記） 11・12 尊教、北陸を遊行し、加賀篠原にて実盛の霊を弔う（多太）	1・13 岩手県慈光寺、明治維新時に住職が神仏混淆禁止の命を曲解して寺を八坂神社に改めたが、檀徒の努力により、寺院に復帰（明細） 11・27 藤沢宿内陣屋小路より出火、清浄光寺類焼。中雀門および倉庫三棟を残すのみ（遊系・藤記） この年、尊教、大阪・兵庫・和歌山・中国・四国を遊行し、垂井にて越年（遊系） 一求（飯田良伝）、東京小伝馬町飯田家に誕生（遊系・歴代簿）	2月 尊教、いったん清浄光寺に帰り再建大会議を開く（遊系） 8月 尊教、関東・奥羽より北海道を遊行し、越後にて越年（遊系）
日本史関係	2月 西南戦争 3月 日米和親条約調印	各宗で管長を設置			

1886	1885	1884	1883	1882	
19 丙戌	18 乙酉	17 甲申	16 癸未	15 壬午	
	43一真 60一真				
1月 七条道場内の時宗西部大学林を再開し、稲葉覚道を学頭に任命（令規集） 5・6 尊教の本葬儀を清浄光寺にて行う（令規集）	5・6 尊教、横浜浄光寺にて寂す（77）（藤文・遊系） 10・16 武田義徹、管長に任じ、遊行・藤沢両主を兼ねて一真と号す（令規集） 11・15 内務省より認可された宗制寺法を公布（令規集）	2・7 山形光明寺四十六世俊乗足下、白金松秀寺にて寂す（光過） 3月 時宗宗学林を総本山内に開設（藤鑑） 6・25 番場蓮華寺貫主青柳良道寂す（窪応） 8・1 尊教、法国寺義天足下に執啓堂法阿号を追贈（位牌銘） 10月 清浄光寺に宗制寺法制定会議を招集（遊系） 新井田称名寺、延焼により本尊をのぞき焼失（明細）	1月 河野覚阿管長代理、依願解職し、武田義徹出勤する（令規集） 5・18 尊教、小松仏成寺に遊行（令規集） 9・27〜10月 再び大会議を開き本山復興の資金寄付のことを審議（令規集）	6・10 「托鉢免許方法並取締規則」を制定（令規集） この年、横浜別院を森証善経営し藤沢山浄光寺と公称（妙好） 上山西光寺四十二世藤原諦玄、経蔵を建立（明細） 尊教、函館に遊行、亀田村念仏堂（のちの浄光寺）に留錫（明細） 尊教、久慈慈光寺を遊行（明細）	10・9 甲府一蓮寺五十六世本暁（贈藤沢四十二世）寂す（同寺記） 10・29 兵庫真光寺で隔年加行の開筵を通達（令規集） 11・24 霊山正法寺三十五世国阿普該寂す（62）（霊過。熱田円福寺過去帳では国阿霊天）
4・10 学校令公布		この頃、浄土宗名越派、独立を企画	8月 社寺、桐章依用を認許		

西暦		1887	1888	1889
年号 干支		20 丁亥	21 戊子	22 己丑
天皇	（明治）			
将軍				
藤沢 遊行	（一真） （一真）			44 尊覚 61 尊覚
時宗関係	8・1 東京日輪寺焼失。東部学林廃校（同寺記） 8・22 当麻道場無量光寺五十七世無垢霊輪寂す（当麻山の歴史） 9・15 甲府一蓮寺選挙で山形光明寺河野覚阿当選（令規集） 9・20 四条道場金蓮寺四十三世真瑞寂す（四記） 10月 佐原窿応の蓮華寺史『葉山古錦』成る（窿応） この年、下妻満願寺再建される（明細） 解意派洞下西光寺・つくば市法徳寺、清浄光寺末となる（明細）	3・15 浅草日輪寺卍山実弁（恵弁）足下寂す（68）（伝記） 4月 一真、病により浅草日輪寺に隠退（遊系） 山形光明寺河野覚阿（大善）、甲府一蓮寺五十九世に転住し、管長代理となる（一蓮寺記・令規集）	3月 兵庫真光寺河野往阿、寺内に大悲学校を開設し、近隣の児童を教育（神戸市史） 4・21 番場蓮華寺、時宗一向派管長設置の願書を時宗宗務院に提出（日本仏教史年表） 7・10 木之本浄信寺木本真成、四条道場四十四世浄阿に登位（四記） 7・17 岩瀬元向寺焼失（明細） 11月 大炊道場聞名寺釈河野灌順、霊山正法寺三十七世国阿に登位（霊過）	3・8 河野覚阿、清浄光寺副住職に補任（令規集） 3・10 藤沢山中教務院内に東部宗学本校を仮設置し、建設費を募る（令規集） 7・10 一真、都合により解職（令規集） 7・10 河野覚阿（大善）、管長に任じ、遊行・藤沢を相続して尊覚と号す（遊系） 7・10 兵庫真光寺内河野頼善等、愛友社を結成し、雑誌『大悲之友』を発行（令規集）
日本史関係		井上円了、哲学館開校	4・25 福田行誡没	

1893	1892	1891	1890	
26 癸巳	25 壬辰	24 辛卯	23 庚寅	
4月 清浄光寺に大会議を召集、総本山再建と学林興隆のことを審議（令規集） **8・15** 末寺総代委員会を開き、全国末寺の等級を再査定、義納金を定める（令規集） **11・4** 四条道場金蓮寺四十四世木本真成寂す（四記） **11・15** 当麻道場無量光寺焼失（明細） **12・10** 兵庫真光寺院代二十世河野往阿、『時宗綱要』刊行（奥付） **12・24** 尊覚、関東・北海道・奥羽の巡化をおえて藤沢に帰る（令規集） この年、谷田部長徳寺焼失（明細）	**5・23** 六条道場三十六世弥阿文冏寂す（73）（歓過） **10月** 尊覚、関東・北海道・奥羽地方への一年余にわたる遊行に発駕（令規集） **12・25** 霊山正法寺焼失。『国阿上人伝』も焼失（七記） 浅草日輪寺にあった学寮を清浄光寺に移設し、東部大学林と称す（令規集） 浅草安称院、水戸市字赤沼町に移転（明細）	**6・3** 佐原窿応等、時宗一向派独立願を内務大臣に提出（窿応） **12月** 加行僧、『播州問答集』『絵詞伝縁起』『三代祖師法語』『器朴論』を再刻し、兵庫真光寺内大教支校に寄付（添書）	**2・20** 兵庫真光寺を檀林に昇格させ、山形光明寺を四等寺に革定（令規集） **2・20** 十日町来迎寺河野察龍、甲府一蓮寺に転住（令規集・一蓮寺記） **3・15** 京都白蓮寺（文化9年時宗から離脱）、真宗大谷派から時宗に帰属（明細） **5月** 森谷白弁、北海道函館亀田に時宗教務支所（浄光寺）を設置（明細） **10・26** 一真、浅草日輪寺にて寂す（69）（遊系） この年、総本山清浄光寺を勅願所と認めるよう出願したが却下される（藤近） 京東山長楽寺本堂として、西賀茂正伝寺法堂を移築（牧野體山足下の生涯）	**8・3** 当麻道場無量光寺五十八世宥堂寂す（当麻山の歴史）
		5月 大津事件		

西暦	年号干支	天皇	将軍	藤沢遊行	時宗関係	日本史関係
1894	27 甲午	（明治）		（尊覚） （尊覚）	3・1 東部宗学林、再開（始業）（令規集） 2・12 東部大学林教頭に常陸太田浄光寺住職小林大空就任（令規集） 8・6 維新時に廃寺となった徳川満徳寺、信徒が寺号復旧を出願し認可される（上野国寺院明細帳）	8月 日清戦争勃発 この年、浄土宗、ハワイ開教開始
1895	28 乙未				3・18 尊覚、愛知・岐阜・滋賀および北陸の遊行に出発（令規集） 6・22 尊覚、佐渡宿根木称光寺に着く（修行随行記） 6・27 小柿常勝寺愍乗、四条道場四十五世浄阿に登位（四記） 7・28 尊覚、佐渡松山大願寺に着く（修行随行記） 9・27 霊山正法寺三十六世国阿心浄寂す（霊過） 11・15 長司大冏、清浄光寺執事長に就任（令規集）	4月 日清講和条約を調印
1896	29 丙申				2月 兵庫真光寺河野往阿、大僧正に補任（碑銘） 辻村柔善、『宗門統一策』を著す（同書）	6月 三陸地震
1897	30 丁酉				4・19～23 総本山再建成就慶讃にあわせて宗祖六百年遠忌を厳修（令規集） 5・30 一心（寺沼琢明）、茨城県那珂郡河田村枝川に寺沼武雄・あさの二男武市郎として誕生（歴代史） 6・10 従来兵庫大檀林真光寺で隔年開筵の加行を廃止（令規集） 10・15 宗議会法及び宗議会議員選挙法、制定布達される（令規集） 12・22 兵庫薬仙寺、一山協議の上、霊山派より総本山直末となる（同寺記）	6月 河口慧海、チベット探検に出発
1898	31 戊戌				3・18 第一回宗議会議員選挙（令規集） 4・22 霊山正法寺三十七世釈河野灌順寂す（64）。同月、西七条西蓮寺河野頼善、霊山正法寺兼務（霊過。熱田円福寺過去帳は67歳）	

	1899	1900	1901	1902
	32 己亥	33 庚子	34 辛丑	35 壬寅
9・26 一真の本葬儀を行う（令規集） 11・1 桂光院長司大冏、依願解職し、後任は河野法善（令規集）	3・3 熱田円福寺四十二世足利灌柔、四条道場四十六世浄阿に登位（四記） 4・18 四条道場金蓮寺四十五世愍乗寂す（四記） 6・5 総本山護持会設立される（令規集） 6月 寺院等級改正を行う。この時の寺院総数四百九十八ヶ寺（令規集） 8・1 清浄光寺蔵『一遍上人絵詞伝』・木之本浄信寺蔵「木造地蔵菩薩立像」「木造閻魔王立像」「木造倶生神立像」「木造阿弥陀如来立像」、国重要文化財に指定される（歴代史）	3・11 七条道場金光寺住職石黒寿山を番場蓮華寺副住職に任命（令規集） 4・7 歓喜光寺蔵『一遍聖絵』・清浄光寺蔵「後醍醐天皇像」・鎌倉十二所光触寺蔵『頬焼阿弥陀縁起』、国重要文化財に指定される（官報） 7・12 当麻道場無量光寺五十九世愚信大賢寂す（当麻山の歴史） 7・15 第四回宗学林卒業証書授与式（令規集）	3・27 宝厳寺「一遍上人木像」、国宝に指定される（官報） 3月 時宗青年会結成される（妙好） 8・2 真光寺蔵『遊行上人縁起』・薬仙寺蔵「施餓鬼図」、国重要文化財に指定される（官報）	5・26 住吉教住寺、本堂・庫裡焼失（明細） 7・31 下関専念寺蔵「木造薬師如来立像」、国重要文化財に指定される（時宗辞典） 10・1 第一回短期講習会開催（令規集） 河野通広公六百五十回忌を宝厳寺にて厳修（令規集）

西暦	1903	1904	1905	1906
年号 干支	36 癸卯	37 甲辰	38 乙巳	39 丙午
天皇	（明治）			
将軍				
藤沢 遊行	45 尊龍 62 尊龍			46 尊純 63 尊純
時宗関係	6・28 尊覚、清浄光寺にて寂す（85）（遊系・令規集） 8・31 「時宗宗憲宗規」制定施行され、長年にわたる一向派との諍論、一応終結（令規集・窿応） 8月 河野察龍、管長に就任し、尊龍と号す（遊系・令規集） 9月 時宗青年会、『妙好華』発刊（奥付） 10・27 教務支所、設置される（教務院執事長河野良心）	2・18 益田万福寺本堂・同寺蔵『二河白道図』、国重要文化財に指定される（官報） 2月 西七条西蓮寺河野頼善、兼務していた霊山正法寺三十八世国阿に登位（霊過） 4月 小林大空『施餓鬼作法短釣』刊行（奥付） 十日町来迎寺稲葉覚道、甲府一蓮寺に転住（一蓮）	8・1 教務院執事長河野良心辞し、後任に七条道場金光寺石黒寿山が就任（令規集） 8・10 九月一日より宗学林普通科次学年授業を開始する（学頭河野文敬）（令規集）	3・20 兵庫真光寺院代二十世河野往阿（生善）寂す（68）（真過） 3・31 新宗憲施行による総本山本末会議、はじめて開かれる（令規集） 3月 霊山正法寺三十八世河野頼善、兵庫真光寺に転住し兼務（真過） 6・20 山形県左沢称念寺類焼（妙好） 8・23 尊龍寂す（82）（遊系・令規集） 10月 稲葉覚道、管長に就任し尊純と号す（遊系・令規集） 12・17 浅草日輪寺安藤善浄寂す（妙好）
日本史関係		2月 日露戦争		南満州鉄道株式会社設立の勅令公布

1909	1908	1907
42 己酉	41 戊申	40 丁未
2・19 尊純、東海各県と石川・福井へ御親教（歴代史） 3・20 学頭星徹定辞任し、後任に河野英聖が就任（令規集） 4・13 岩手県寺林光林寺三井知俊寂す（妙好） 5・8 尊純、積善寺にて本尊名号を書す（同名号） 5・20 浅草日輪寺長司大冏、院代に補任（令規集） 5・24 准檀林十日町来迎寺菊池快住、霊山正法寺三十九世国阿に登位（霊過） 6・8 尊純、北陸遊行の途次、石川県小松に実盛の霊を弔う（多太） 7・9 尊純、敦賀氣比神宮にて御砂持神事を修行（歴代史） 7・12 大津長安寺、六条道場歓喜光寺古堂を移築し再建される（明細） 8・5 学頭河野英聖辞任し、執事長小林大空が学頭を兼任（令規集）	3・15 十日町来迎寺菊池快住が院代に補任（令規集） 3・16 尊純、千葉・茨城・栃木三県および東北へ御親教に出発（歴代史） 3・16 四条道場金蓮寺足利灌柔寂す（令規集・四記） 6・1 七条道場金光寺を東山長楽寺に、また法国寺を六条道場歓喜光寺に合併することが許可される（令規集） 7・1 財団法人総本山護持会の設立、許可される。初代総裁、伯爵柳原義光（令規集） 7・20 大分県鉄輪永福寺、河野智円により復興完成（令規集） 9・25 教務院執事長辻村柔善辞任し、後任に小林大空が就任（令規集） 七条道場の一遍像以下の時宗祖師像七体、歴代他阿書状二十四通、長楽寺に移る（明細）	3・27 教務院執事長石黒寿山辞任、後任に辻村柔善が就任（令規集） 7・10 学頭橘恵勝辞職し、後任は星徹定が就任（令規集）
		4・29 浄土宗大学を宗教大学に改称 12月『浄土宗全書』刊行

西暦	1910	1911	1912
年号 干支	43 庚戌	44 辛亥	大正 1 壬子
天皇	（明治）		大正 7.30
将軍			
藤沢 遊行	（尊純） （尊純）	47 尊昭 64 尊昭	
時宗関係	4・1 尊純、9月16日まで岐阜・滋賀両県からはじめて近畿・中国・九州・山陰を御親教（歴代史） 5・15 管長の補処地である甲府一蓮寺住職の選定を選挙によることと定める（令規集） 8・10 東海地方洪水のため、静岡県安西寺・清浄寺その他、損壊甚大（令規集） 8・12 博多称名寺河野智眼寂す（妙好） 9・3 尊純、京荘厳寺に修行（同寺記録） 10・2 大本山蓮華寺四十八世同阿準鶴（大橋経阿）寂す（窿応・津島蓮台寺位牌・津島西福寺墓碑） 10・30 横浜浄光寺森証善寂す（妙好） 12・19 執事長小林大空、学頭を辞任し、河野文敬が学頭に就任（令規集）	2・10 小林大空、執事長を辞任し、後任に河野良心が就任（令規集） 3・1 この年より清浄光寺御忌法要を例年9月から4月に変更（令規集） 7・6 清浄光寺客殿階下の居室（宗学林生二名在室）の襖が洋灯に倒れかかり出火、客殿、居間、番方庫裡を焼失。国宝『一遍上人絵詞伝』・往古過去帳の一部が焼失（令規集） 7・30 尊純寂す（78）（令規集・遊系） 8月 河野法善、管長に就任し、尊昭と号す（令規集・遊系） 11・6 兵庫真光寺河野頼善、甲府一蓮寺六十三世に転住（一蓮寺記） 11・7 執事長河野良心、失火の責を負って辞任、後任に中村琢音が就任（令規集）	3・31 学頭河野文敬辞任（令規集） 6・24 尊昭、福島・宮城・岩手各県下を御親教（令規集） 8・9 清浄光寺大殿で明治天皇奉悼大法会、参集者二千名以上（令規集）
日本史関係	5月 大逆事件の大検挙始まる	2・27 法然、明照大師加諡号 5月 渡辺海旭、浄土宗労働共済会設置 11月 総持寺、鶴見に移転	5・25 仏書刊行会編『大日本仏教全書』刊行開始

1913	1914	1915	1916	1917	1918
2 癸丑	3 甲寅	4 乙卯	5 丙辰	6 丁巳	7 戊午
3・26 尊昭、東京府及び新潟・長野両県御親教にたつ（令規集） **4・6** 徳川満徳寺本堂、再建落慶（上野国寺院明細帳） **8・8** 教務院執事長中村琢音辞任し、後任に逸見悦運が就任（令規集）	**4・8** 清浄光寺内真浄院住職原悦道、藤沢幼稚園開設（歴代史） **4月** 遊行登霊会本部、『聖衆之友』発刊（奥付） **6・1** 尊昭、東京市・山梨・神奈川両県への御親教に出発（令規集） **8・25** 宇都宮一向寺蔵「銅造阿弥陀如来坐像」、国重要文化財に指定される（官報）	**1・11** 教務院執事長逸見悦運辞し、後任に高木教順が就任（令規集） **5・13** 時宗宗学林に藤嶺中学校を併設、財団法人となる（令規集） **6・8** 尊昭、茨城・栃木両県下ならびに山形・秋田両県御親教出発。9月9日帰山（令規集）	**3月** 時宗宗学林『時宗聖典』四巻刊行開始（奥付。大正4年完結） **4・9** 宮城県角田専福寺類火により焼失（妙好） **6・17** 尊昭、東京市・埼玉県下・東京府下を御親教（令規集） **11月** 総本山護持次会総裁柳原義光辞任し、後任に伯爵堀田正恒が就任。柳原義光、名誉顧問となる（令規集・妙好）	**3・14** 埼玉県本田称名寺焼失（妙好） **4・5** 番場蓮華寺梵鐘・同寺蔵『六波羅南北過去帳』、国宝に指定される（窪応） **6・20** 尊昭、群馬県桐生町および栃木・茨城両県下御親教出発（令規集） **9・19** 尊昭、三ヶ月にわたる関東一円の御親教より帰山（妙好）	**2・2** 浅草日輪寺長司大冏寂す（令規集） **3・3〜4・2** 尊昭、愛知県下御親教（令規集）
	8月 第一次世界大戦			東京帝国大学に印度哲学科開設 『国訳大蔵経』刊行開始（〜昭和6年完結）	

西暦	年号 干支	天皇	将軍	藤沢 遊行	時宗関係	日本史関係
		（大正）		（尊昭） （尊昭）	4・6～10 二祖六百年遠忌を清浄光寺にて厳修。この頃、清浄光寺の復興ほぼ成る（遊系・令規集） 4・8 御影堂新善光寺蔵「木造地蔵菩薩半跏像」、国重要文化財に指定される（官報） 4・24 教務院執事長高木教順辞任し、後任に吉谷俊達が就任（令規集・妙好） 7月 山崎弁栄、当麻道場入山。10月22日普山式（当麻山の歴史） 9・15 霊山正法寺三十九世菊池快住足下寂す（82）（同寺位牌） 9・27～11・4 尊昭、静岡県下御親教（令規集）	4・30 浄土宗西山派、浄土宗西山禅林寺派、浄土宗西山深草派、別派独立許可される 12月 大学令発令
1919	8 己未				1・23 東京国立博物館蔵『一遍上人絵伝』一巻、国宝に指定される（官報） 1・24 時宗宗学林および藤嶺中学校、全焼（妙好） 3・18 尊昭、氣比大神宮にて御砂持神事を修行（名号） 3・20 佐原窿応、大本山蓮華寺四十九世同阿に登位（窿応） 4・1 教務院執事長吉谷俊達辞任し、後任に星徹定が就任（令規集） 4・6 尊昭、岩本成願寺に留錫（成願寺本尊名号） 8・7 四条道場金蓮寺四十七世木本学解寂す（四記）	この年、『日本大蔵経』刊行開始
1920	9 庚申				3・18～4・19 尊昭、静岡県の一部、遠州門中へ御親教（令規集） 4・1～10 尊昭、浅草日輪寺にて布教講習会を開催（令規集） 5・4 尊昭、近畿一円（滋賀・京都・大阪・兵庫・和歌山県下）御親教（令規集） 9月 尊昭、再び遊行に出、福島県下御親教（令規集） 12・4 大本山無量光寺六十一世・光明主義提唱者山崎弁栄寂す（62）（当麻山の歴史）	
1921	10 辛酉				3・24～6・17 尊昭、近畿・山陽・四国・九州御親教（令規集） 4・11 磯原円福寺、島根県八束郡乃木村大字乃木より移転し、尊昭を中興一世	

1925	1924	1923	1922	
14 乙丑	13 甲子	12 癸亥	11 壬戌	
		48 尊光 65 尊光		
10・10 霊山正法寺四十世南実巌、敦賀来迎寺にて寂す（82）（来迎寺位牌）	2月 清浄光寺再建のため、管長が募金に献身、藤沢町も醵金に応ずる（歴代史） 3・16 尊光、東京の一部及び新潟県へ御親教（令規集） 12・5 敵御方供養塔、国史跡指定を受ける（官報） この年、辻村柔善『宗門統一策』成る（奥書）	1・9 尊昭寂す（67） 2・26 四条道場金蓮寺四十八世木本真隆寂す（四記） 2・27 品川長徳寺水島随順、教務院執事長に就任（令規集） 3月 河野頼善、管長に就任し尊光と号す（令規集・遊系） 4・4 六条道場歓喜光寺河野良心、甲府一蓮寺に転住（令規集・同寺記） 7・10 霊山正法寺四十世南実巌、『国阿上人伝』を敦賀来迎寺・小浜称念寺各本を校合し書写（奥書） 8・4 鎌倉十二所光触寺蔵「木造阿弥陀如来及両脇侍立像」、国重要文化財に指定される（官報） 9・1 関東大震災で、清浄光寺本堂以下おおむね倒壊（死者三名）、末寺、罹災するもの多し（令規集） 11・27 宗学林校舎・寄宿舎焼失につき、応急工事を施す（令規集）	5・14〜9・14 尊昭、東北地方より北海道を御親教（令規集）	と称す（明細） 5・16 静岡県志太郡広幡村万福寺、福岡県田川郡川崎村への移転を認可される（明細） 6・24 十日町来迎寺三十三世・山形光明寺四十九世河野礼道足下寂す（光過）
	4・8 『大正新脩大蔵経』刊行開始	4月 親鸞七百年遠忌 9・1 関東大震災	3・3 全国水平社創立	

西暦	1926	1927	1928	1929	1930
年号 干支	昭和1 丙寅	2 丁卯	3 戊辰	4 己巳	5 庚午
天皇	昭和 12.25				
将軍					
藤沢 遊行	(尊光) (尊光)			49 無外 66 無外	50 尊浄 67 尊浄
時宗関係	4・19 木之本浄信寺蔵「木造阿弥陀如来立像」、国重要文化財に指定される（官報） 8・30 三条乗蓮寺蔵「木造阿弥陀如来立像」、国重要文化財に指定される（官報）		1・12 四条道場金蓮寺京極より洛北鷹ヶ峯に移転（宗報） 3・28 益田万福寺の雪舟築庭、史蹟名勝に指定される（石万） 3・30 教務院執事長水島随順辞任し、後任に秋庭正道が就任（宗報） 7・20 野渡道善、慰問使として中国に派遣される（宗報） 8月 甲府一蓮寺河野良心、病により引退し、辻村柔善、後をうける（同寺記・令規集） 8月 時宗教務院、『宗報』発刊（奥付） 遊行青年同志会平田諦善『遊行』発刊（奥付）	3・14 茨城県石岡町大火あり華園寺類焼す（宗報） 4・1 尊光、栃木県下御親教の途に上る（宗報） 6・1 安来向陽寺住職加藤実法『時宗概説』刊行（奥付） 10・29 尊光、御親教の途次、茨城県谷田部長徳寺にて寂す（68）（遊系・宗報） 12・28 小林大空、管長に就任し無外と号す（宗報）	2・28 横浜浄光寺桑畑静善、甲府一蓮寺に転住（宗報） 4月 高千穂徹乗『一遍上人と時宗教義』（顕真学苑）刊行 10・14 無外、清浄光寺にて寂す（76）（宗報） 11・26 伊豆地方を襲った台風のため、同地方の寺院被害甚大（宗報） 12・6 清浄光寺を常宿にする失業者増加
日本史関係	11・6 大正大学、大学令により認可される				11・26 伊豆地方大震災

	1931	1932	1933
	6 辛未	7 壬申	8 癸酉
12・19 桑畑静善、管長に就任し、尊浄と号す（遊系）	1・26 教務院執事長秋庭正道辞任し、後任に飯田良伝が就任（宗報） 2・20 群馬県浜川来迎寺星徹定、甲府一蓮寺に転住（同寺記・宗報・遊系） 3・18 藤嶺学園藤沢商業学校、設立を認定される 5月 尊浄、法燈相続奉告のため熊野本宮に参詣（熊年） 8・10 大本山番場蓮華寺四十九世佐原窿応寂す（窿応・宗報） 8月 時宗総本山『時宗宗典』第一巻（平凡社）刊行（奥付。全三巻。昭和8年完結） 10・11 東山長楽寺石黒寿山足下寂す。のちに管長がこの寺の直轄を計り、成らず（同寺記） 10月 中居戒善校閲『時宗法要句頭』刊行（奥付） 10月 藤嶺中学校、法人名称を財団法人藤嶺学園に改称 時宗宗務所『時宗宗典』二巻刊行	1・11 茨城県真壁常永寺庫裡焼失す（宗報） 5・27 時宗宗学林規則を改め、入学資格を中学卒業以上、修業年限二年とする（宗報） 10・1 平田諦善、満州国開教使に任命される（宗報）	1・4 尊浄、北陸巡化に発駕、4月12日富山浄禅寺にて本尊名号を書く（同名号） 5・18 古式に則り敦賀氣比神宮に御砂持式を修行（宗報） 5・29 平田諦善、満州国政府に時宗寺院建設土地払下仮契約願を提出（藤文） 6・12 埼玉県浄国寺本堂自火焼失す（宗報） 7月 清浄光寺の仏殿起工式（宗報） 11・30 寺沼琢明『時宗綱要』刊行（奥付）
9月 満州事変		3月 満州国建国宣言 5・15 五・一五事件	1・26 渡辺海旭没 3・27 日本、国際連盟脱退 11月『仏書解説大辞典』刊行開始

西暦	1934	1935	1936
年号 干支	9 甲戌	10 乙亥	11 丙子
天皇	（昭和）		
将軍			
藤沢 遊行	（尊浄） （尊浄）		51 一教 68 一教
時宗関係	1・10 甲府一蓮寺六十五世辻村柔善、白金松秀寺にて寂す（宗報） 1・30 佐久野沢金台寺蔵『一遍上人絵伝』巻第二・「墨書他阿上人自筆仮名消息」、国重要文化財に指定される（官報） 2・12 満州国開教使平田諦善辞任し、後任に大津田良忠が就任（宗報） 2・28 天童仏向寺西澤良正、番場蓮華寺五十世同阿に登位（宗報） 6・15 藤原正『一遍上人語録』（岩波文庫）刊行（奥付） 7・23 清浄光寺本堂起工式、御廟移転工事完成慶讃法要行われる（宗報） 12・3 甲府一蓮寺六十四世河野良心足下、六条道場歓喜光寺にて寂す（宗報） 12・31 檀林兵庫真光寺二十二世河野文敬足下寂す（真過・宗報） 野沢金台寺の『絵詞伝』巻二、「他阿安国上人消息」、国宝に指定される（金台）	2・14 平田諦善編『河野文敬述別願和讃講話』刊行（奥付） 2・20 衆領軒飯田良伝、檀林兵庫真光寺に転住（宗報） 4・30 嵐山向徳寺蔵「銅造阿弥陀如来及両脇侍立像」、国重要文化財に指定される（官報） 5・10 清浄光寺の復興やや進み、本堂上棟式を挙げる（令規集） 5・13 教務院執事長飯田良伝辞任し、後任に小栗実穏が就任（宗報） 6・17 教務院執事長（衆領軒）小栗実穏、佐野蓮光寺へ転住（宗報） 7・26 浅草日輪寺復興完成慶讃式（宗報） 宗学林校舎完成（宗報）	5・25 尊浄、清浄光寺にて寂す（宗報） 7・27 星徹定、管長に就任し、一教と号す（宗報） 8・20 星徹定『時宗』を甲府一蓮寺執事小熊大道が刊行（奥付）
日本史関係	9月 室戸台風	『南伝大蔵経』刊行開始（～昭和16年）	2・26 二・二六事件

1937	1938	1939	1940	1941
12 丁丑	13 戊寅	14 己卯	15 庚辰	16 辛巳
4・21 一教、法燈相続奉告のため熊野三社に参拝（熊年） 5月 清浄光寺復興ほぼ成り、遷仏慶讃法要を厳修（遊系・宗報） 6・5 磯貝正『時宗教団の起源及其発達』刊行（奥付） 6・11 教務院執事長小栗実穏辞任し、後任に河野文乗が就任（宗報） 7・26 当麻道場六十二世笹本戒浄寂す（当麻山の歴史）	2・3 秋山文善、満州国開教使に任命される（宗報） 6・19 藤井隆然、学頭に就任（宗報） 7・1 清浄光寺復興に伴う財政整理局の設置を本末会議において決す（公儀） 9・23 京都時宗青年同盟主催で、京都博物館にて遊行上人絵巻展開催（宗報） 9・28 京都時宗青年同盟編『一遍上人の研究』刊行（奥付）	2・8 檀林浅草日輪寺高木教順寂す（宗報） 10・13 教務院執事長河野文乗辞任し、後任に藤井隆然が就任（宗報）	3・23 宗祖に対し特旨をもって証誠大師の勅諡号が宣下される（宗報） 4・20 浅山円祥『校註六条縁起』（初版）刊行（奥付・宗報） 4・21 後醍醐天皇六百年御遠忌法要を厳修（宗報） 4・21〜24 清浄光寺にて宗祖六百五十回遠忌を厳修（宗報） 6・2 住吉教住寺、失火のため焼失（明細） 10・14 兵庫薬仙寺蔵「木造薬師如来坐像」、国重要文化財に指定される（官報） 浅草日輪寺原悦道『時宗法要軌範』刊行（奥付）	2月 守山最明寺に贈東陽院円暁和尚頌徳碑が建立される（碑銘） 3・27 新宗制認可され、教務院を宗務所、執事長を宗務長と改称（宗報） 4・23 下関専念寺にある尊観法親王の廟が皇族陵墓に治定される（宗報） 8・16 一教、新潟県下御親教の途につき、10月中国・九州を御親教（宗報）
7・7 日華事変		4・8 宗教団体法公布	1・15 静岡大火 4・1 宗教団体法施行 9月 日独伊三国同盟成立	3・24 大日本仏教会結成 12・8 真珠湾攻撃により太平洋戦争勃発

西暦		1942	1943	1944
年号干支		17 壬午	18 癸未	19 甲申
天皇	（昭和）			
将軍				
藤沢遊行	（一教） （一教）			52 一蔵 69 一蔵
時宗関係	8・24 宗務長川口仁定辞任し、後任に河野悦然が就任（宗報） 12・6 時宗報国会結成される（宗報） 12・17 佐野蓮光寺小栗実穏、霊山正法寺四十二世国阿に登位（霊過）	3・12 一向派所属寺院中、番場蓮華寺以下五十七寺、浄土宗に転宗、留まるもの二十九寺（宗報） 3・15 清浄光寺内の真光院・善徳院・貞松院を栖徳院に合併し、真徳寺と称す（明細） 3・31 清浄光寺寺院規則、認可される（令規集） 6・15 河野悦然、「寺院、教会等ニ対スル金属類特別回収実施要綱」を告示（告示第五号）	3・28 霊山正法寺四十二世小栗実穏、佐野蓮光寺にて寂す（蓮光寺過去帳） 7・8 「寺院教会故綿供出運動実施ニ関スル件」告示される（令規集） 10月 一教、この月以来御親教（報国巡化）の途にあり、11月15日仙台陸軍病院慰問中に病に倒れる（宗報） 11・21 四条道場金蓮寺五十一世柴田智道寂す（宗報）	1・15 大本山当麻無量光寺六十四世伊東覚念寂す（84）（宗報） 1・15 吉川清『一遍上人』（協栄出版社）刊行 1・21 一教、東北大学附属病院にて寂す（宗報） 3・5 大本山無量光寺住職選挙により長島大道当選す（令規集） 3・20 吉川清『遊行一遍上人』（紙硯社）刊行（奥付） 4・4 甲府一蓮寺水島随順、管長に就任し、一蔵と号す（宗報） 4・5 時宗報国会総裁一蔵、随行長河野悦然以下を従え、埼玉、静岡、愛知および神奈川県へ御親教（報国巡化）（令規集）
日本史関係	金属類回収令発布			9月 大日本戦時宗教報国会発足

	1945	1946	1947
	20 乙酉	21 丙戌	22 丁亥
		53 一求 70 一求	
6・1 尾道海徳寺高尾察玄、甲府一蓮寺に転住（宗報） 11・7 清浄光寺にある明治天皇遺蹟、史蹟に指定させる（宗報）	1・7 準檀林十日町来迎寺三十四世・山形光明寺五十世河野文乗足下寂す（宗報） 3・22 熱田円福寺四十四世・四条道場五十世足利灌瑞寂す（四過） 7・14 甲府一蓮寺高尾察玄、同寺戦災の際に負傷してついに寂す（同寺記・宗報） 8・15 戦災によって焼失した宗内寺院、三十二寺を数える（宗報） 12・20 宗務長河野悦然、甲府一蓮寺に転住（宗報）	3・3 早川証山、宗務長に就任（宗報） 5・6 一蔵、病により清浄光寺にて寂す（宗報） 5・8 福島県田島教林寺類焼（宗報） 7・10 檀林兵庫真光寺飯田良伝、法主に就任し、一求と号す（宗報） 宗教法人法施行の際、勢州香取常音寺、真宗大谷派へ転宗（橘「元禄時代の遊行」）	3・16 総本山清浄光寺はじめ各派の本寺末寺の関係を解消（宗報） 7・25 近江八幡市牧の願誓寺宣蓮社法誉智巌静悠（間宮姓）、浄土宗の公選により番場蓮華寺五十一世同阿に登位（血脈譜） 9・15 時宗宗務所『時宗宗報』発刊（同紙） 10・22 番場蓮華寺五十世同阿西澤良正寂す（血脈譜） 10月 吉川清『一遍上人伝』（福地書店）刊行（奥付） 12・4 大本山霊山正法寺四十三世秋庭正道足下、品川善福寺にて寂す（宗報）
	3・10 東京大空襲 8・6／9 広島・長崎に原爆投下 8・10 ポツダム宣言受託通告 8・15 終戦 12・28 宗教団体法廃止、宗教法人令公布（信教の自由）	3月 教育基本法、学校教育法公布 11・3 日本国憲法公布	10月 西山派、三派に分裂

西暦	1948	1949	1950	1951	1952	1953
年号 干支	23 戊子	24 己丑	25 庚寅	26 辛卯	27 壬辰	28 癸巳
天皇	（昭和）					
将軍						
藤沢 遊行	（一求） （一求）					
時宗関係	6・28 北陸大地震により、長崎称念寺・福井乗久寺倒潰、その他また被害多し（宗報）	10・1 河野定運（号静雲）、太宰府に仏心寺を開山し時宗所属寺院とする（宗報） この年、保科忍善、品川長徳寺境外仏堂（阿弥陀堂）を練馬阿弥陀寺として開山（明細）	5・10 国府津蓮台寺四十世大川察聞、霊山正法寺四十四世国阿に登位（30）（同寺墓石） 8・21 宗務長早川証山辞任し、後任に西島恒徳が就任（宗報） 8・29 清浄光寺蔵「絹本著色後醍醐天皇御像」、重要文化財に指定される（宗報）	5・31 前宗務長・長野県金台寺早川証山寂す（宗報）	3・2 檀林甲府一蓮寺七十一世河野悦然足下寂す（同寺記・宗報） 3・25 宗教法人法施行に伴う「法人時宗」の規則案、宗議会で議定（宗報） 3・29 六条道場歓喜光寺絹本著色『一遍上人絵伝』（『一遍聖絵』）、国宝に再指定される（官報） 6・14 甲府一蓮寺住職の選挙が行われ、寺沼琢明当選（宗報） 7・16 浅山円祥、時宗教学研究所初代所長に就任（宗報） 7・28 甲府一蓮寺、時宗を離脱、単立登記（同寺記） 10・16 宗務長選挙が行われ、高木貞隆当選（宗報）	3・7 新宗制による議決機関教区長会議の第一回、招集される（宗報） 4・13 一求、滋賀・静岡両県下を御親教（宗報） 7・27 前学頭・岩手県成沢寺佐々木俊随寂す（宗報） 9月 藤嶺学園長宮田誠道辞任し、後任に浅山円祥が就任（宗報）
日本史関係				4・3 宗教法人法公布		

1956	1955	1954	
31 丙申	30 乙未	29 甲午	
		54 隆宝 71 隆宝	
3・31〜5・2 隆宝、北陸地方御親教（宗報） 4・17 隆宝、大野市奥之院にて本尊名号を書す（同名号） 4・29 隆宝、氣比神宮にて御砂持神事を修行（氣比・名号） 5・5 吉川清『時衆阿弥教団の研究』（池田書店）刊行（奥付） 6・30 赤門真徳寺吉川喜善（清）寂す（宗報） 7・1 時宗静和会『和合』発刊（奥付） 8月 四条道場金蓮寺五十三世浄阿伝承、乙川光照寺へ隠居（四記）	3・27 一遍上人讃仰のため神戸美術館で絵巻展を開催（宗報） 4月 四条道場金蓮寺五十二世木本蓮乗寂す。5月半田光照寺西川伝承、五十三世に登位（宗報） 8・21 元学頭・島根県安来向陽寺加藤実法足下寂す（宗報） 8月 柳宗悦『南無阿弥陀仏』（大法輪閣）刊行（奥付） 10・23 宗務長高木貞隆辞任し、後任に中村正隆が就任（宗報）	3・20 清浄光寺蔵『時衆過去帳 僧衆』『時衆過去帳 尼衆』『安食問答』『六時居讃』、重要文化財に指定される（宗報） 3・24 一求、清浄光寺にて寂す。規則により、法主候補者藤井隆然足下、法主に就任し、隆宝と号す（宗報） 4・15 寺沼琢明、学頭に就任（宗報） 5・21 法主候補者選挙が行われ、兵庫真光寺望月華山当選（宗報） 8・24〜9・7 隆宝、宮城・岩手両県御親教（宗報） 8月 渡邊亮『春登上人遺稿色々取合せ』（都留郷土研究会）刊行（奥付） 11・11〜15 隆宝、新命奉告のため祖廟および熊野三山に参詣（宗報）	10・3〜12 一求、東京・埼玉・群馬を御親教。随行長大川察聞（宗報） 会津弘長寺中村昌道、あゆみ会を結成し、『時衆あゆみ』発刊（宗報）
12月 国際連合に加盟	『西蔵大蔵経』刊行開始		

西暦	年号干支	天皇	将軍	藤沢遊行	時宗関係	日本史関係
		（昭和）		（隆宝） （隆宝）	9・16 藤嶺学園宗内理事選出の無効提訴に端を発し爾後十年紛争続く（宗報） 9・28 隆宝、約二ヶ月にわたる愛知県下御親教（宗報） 廃寺となった徳川満徳寺跡地の一部が、群馬県により「縁切寺満徳寺遺跡」に指定される（縁切寺満徳寺資料館ＨＰ）	
1957	32 丁酉				4・29～5・13 隆宝、山形・秋田両県御親教（宗報）	
1958	33 戊戌				2・8 染殿院山羽学龍、四条道場金蓮寺五十四世浄阿に登位（宗報） 4・25 宗制を改正し、宗門議決機関を宗会に戻し、8月総選挙を行う（宗報） 4・29～5・10 隆宝、栃木・福島・宮城・茨城御親教（宗報） 11・3 黒江太郎『窪応和尚』（山塊発行所）刊行（奥付） 12・3 さきに転宗した茨城県古河一向寺、本宗に復帰（宗報） 浅草日輪寺『時宗声明教典』刊行（宗報）	
1959	34 己亥				5・2～31 隆宝、京都・大阪・神戸・尾道・愛媛・香川・和歌山御親教（宗報） 5・21～25 隆宝、宝厳寺で一遍上人六百七十年御遠忌厳修（宗報） 6・27 清浄光寺蔵「絹本著色一向上人像」、国重要文化財に指定される（官報） 9・27 伊勢湾台風により、大浜称名寺ほか愛知・岐阜・長野等の寺院被害甚大（宗報） 11・2 時宗声明最後の伝承者・静岡県光明寺前住職中居戒善足下寂す（宗報） 12・5 学頭寺沼琢明『時宗要義』刊行（宗報）	9・26 伊勢湾台風
1960	35 庚子				1・11 浅草日輪寺原悦道足下、宗務長に就任（宗報） 5・17 堀内茂「一遍上人画像」、清浄光寺に寄贈される（和合9号） 7月 角川書店編集部編『一遍聖絵』（日本絵巻物全集、角川書店）刊行（奥付） 前教学部長玉田明如『時宗法要教典』を宗務所より刊行（奥付）	

1961	1962	1963	1964
36 辛丑	37 壬寅	38 癸卯	39 甲辰
5・10 福岡市馬出称名寺河野智光寂す（宗報） 5・20 当麻道場無量光寺六十三・六十五世長島大道寂す（91）（宗報） 6・3 隆宝、新潟県下御親教（宗報） 6・7 尾道西郷寺本堂・山門、重要文化財に指定される（同寺記） 9・5 武田賢善編『一遍上人語録 付 播州法語集』（永田文昌堂）刊行（奥付） 9・16 室戸台風による新潟県下寺院の損壊甚大（宗報）	5・10 宗務長・日輪寺原悦道足下寂す（宗報） 8・7 盛岡市教浄寺松尾正真、宗務長に当選（宗報） 8・17〜9・10 隆宝、岩手御親教（宗報） 8月 河野叡祥『一蓮寺——その教えと歴史』（又新社）刊行（奥付） 9・13〜15 隆宝、真光寺本堂・庫裡落慶記念法要を厳修（宗報） 12・1 金井清光主宰『時衆研究』発刊。57号より大橋俊雄が継承（同誌） 12・13 アララギ歌人白金松秀寺辻村惟善寂す（宗報）	8・25〜29 第一回教学講習会が清浄光寺で開催される（宗報） 9・6 元宗務長中村正隆足下寂す（宗報） 9・21 清浄光寺納骨堂改修工事落成（宗報） 11・22 大橋俊雄『番場時衆のあゆみ』（浄土宗史研究会）刊行（奥付） この年、遊行寺観光団結成される（宗報）	5・1 石田文昭『意訳一遍上人語録法語』（山喜房仏書林）刊行（奥付） 6・8 熊野市平八洲史氏等により万歳峰の宗祖名号碑確認される（「望月『時衆年表』上梓について」） 6・9 大橋俊雄編『時衆過去帳』（時衆史料第一、教学研究所）刊行（奥付） 8・8 山形光明寺五十一世河野快真足下寂す（光過） 10・8 藤嶺学園理事会に関する紛争、法廷和解成り、十年ぶりに終結（宗報）
2・27 法然七百五十年遠忌に和順大師加諡号 9・16 室戸台風			

西暦	1965	1966	1967	1968	1969
年号 干支	40 乙巳	41 丙午	42 丁未	43 戊申	44 己酉
天皇	（昭和）				
将軍					
藤沢 遊行	（隆宝） （隆宝）				
時宗関係	4・9 大橋俊雄編『時宗末寺帳』（時衆史料第二、教学研究所）刊行（奥付） 8・10 平田諦善『時宗教学の研究』（時衆教史研究会）刊行（奥付） 10・1～9 隆宝、静岡御親教（宗報） 10・16～21 隆宝、埼玉御親教（宗報）	4・28～5・6 隆宝、岐阜・滋賀・尾道御親教（宗報） 5・4 重文尾道西郷寺本堂、復原工事成る（同寺記・宗報） 5・21～26 隆宝、栃木御親教（宗報） 10・5 岩手県北上市の河野通信墳墓、司東真雄により発見される。聖塚として確定され、現地に法要を行う（宗報） 11・15 函館浄光寺椿智弁寂す（宗報） 時宗宗務所『遊行』発刊（奥付）	4月 『遊行二祖他阿真教上人』（時宗教学部）刊行（奥付） 7・5 宗務長選挙で松尾正真再選される（宗報） 11・30 金井清光『時衆文芸研究』（風間書房）刊行（奥付）	6・10 長安寺平田諦善、時宗教学研究所所長に就任（宗報） 9月 角川書店編集部編『遊行上人縁起絵』（日本絵巻物全集、角川書店）刊行（奥付） 10・23 比叡山大講堂に一遍上人木像を奉安（宗報）	4・23～27 二祖六百五十回忌法要を清浄光寺にて厳修（宗報） 4・27 清浄光寺境内に河野定雲句碑除幕式を行う（遊新） 6・6 北上市稲瀬町水越の下門岡聖塚、岩手県により史跡に指定される。のち通信古墳墓聖塚として確認される（岩手県立博物館ＨＰ）
日本史関係					

1971	1970	
46 辛亥	45 庚戌	
1・25 大橋俊雄校注『法然 一遍』（日本思想大系、岩波書店）刊行（奥付） 1月 宮次男編『一遍上人絵伝』（日本の美術、至文堂）刊行（奥付） 2・14 浅草日輪寺にて平将門一千三十二回忌法要を厳修（遊新） 3・10 大橋俊雄『遊行聖――庶民の仏教史話』（大蔵出版）刊行（奥付） 4・1 兵庫真光寺「一遍廟所」が史跡に、「花崗岩製石造五輪塔」が重要文化財に、兵庫県により指定される（神戸の史蹟） 4・14 熊野本宮大社旧社地に一遍上人の名号碑を建立し、開眼法要を行う（遊新） 4・22 時宗教学研究所所長・長安寺住職平田諦善寂す（宗報） 6・4 宗務長選挙で松尾正真三選される（宗報） 8・1 内子願成寺にて真寂四百年法要を厳修（遊新） 8・10 大橋俊雄『一遍――その行動と思想』（評論社）刊行（奥付）	1・31 兵庫真光寺望月華山足下、『時衆年表』（角川書店）刊行（奥付） 5・23 清浄光寺境内に一遍上人銅像開眼除幕式を行う（仙台阿弥陀寺の寄進）（遊新） 6・14 元宗務長・宇都宮宝勝寺住職高木貞隆寂す（宗報） 8・8 時宗教学研究所『一遍義集』（時宗叢書、時宗教学研究所）刊行（奥付） この年、林霊雲作「宗祖一遍上人銅像」、仙台市阿弥陀寺より寄進建立される（宗報） 番場蓮華寺五十一世同阿智厳（間宮静悠）、菊華会創始	8・1 平田諦善編述『遊行二祖他阿上人の思想と信仰――奉納縁起記と安食問答』（時宗教学研究所）刊行（奥付） 9・1 遊行新聞編集部『遊行新聞』発刊（奥付） 11・27 時宗教学部編『重要文化財 時衆過去帳』発行（奥付）

西暦	1972	1973	1974
年号 干支	47 壬子	48 癸丑	49 甲寅
天皇	（昭和）		
将軍			
藤沢 遊行	（隆宝） （隆宝）		
時宗関係	2・25『時宗教学年報』（時宗教学研究所）発刊（奥付） 4・22 宗務長松尾正真辞任（宗報） 5・30 丸岡称念寺蔵「絹本著色他阿上人真教像」・市屋金光寺蔵『紙本著色遊行上人絵巻』、国重要文化財に指定される（文化庁ＨＰ） 6・3 神戸普照院住職山崎義天、宗務長に当選（宗報） 9・1『遊行新聞』廃刊（遊新） 11・1 宝厳寺住職浅山円祥、時宗教学研究所所長に就任（宗報）	4・1 橘俊道、藤沢高等学校校長に就任（遺稿集） 5・26 霊山正法寺四十四世大川察聞足下、国府津蓮台寺にて寂す（同寺過去帳） 6・10 大橋俊雄『時宗の成立と展開』（日本宗教史研究叢書、吉川弘文館）刊行（奥付） 6・10 河野叡祥『随想捨て聖』（甲府一蓮寺）刊行（奥付） 7・15 大塚貫善、霊山正法寺四十五世国阿に登位（同寺記録） 10・30 法主候補者真光寺住職望月華山足下寂す（宗報） 12・20 宝厳寺『一遍上人』刊行（奥付）	4・1 時宗教学研究所『二祖上人詠歌』（時宗叢書、時宗教学研究所）刊行（奥付） 4・28〜29 隆宝、滋賀御親教（宗報） 4・30 学頭寺沼琢明辞任（宗報） 6・8 譲原満福寺蔵「紙本著色泰西王侯図」、国重要文化財に指定される（官報） 7・28 遊行寺調査団（団長・児玉幸多学習院大学学長）を結成（遺稿集） 7月 大橋俊雄『踊り念仏』（大蔵出版）刊行（奥付） 7月『時宗全書』第一・第二（藝林舎）刊行（奥付） 9月 座間美都治『当麻山の歴史』（当麻山無量光寺）刊行（奥付）
日本史関係	2月 冬季オリンピック札幌大会 5・15 沖縄返還		3・15『知恩院史料集』刊行開始 4・7『浄土宗大辞典』刊行開始 10月 日中友好仏教協会結成

1977	1976	1975
52 丁巳	51 丙辰	50 乙卯
1月 開宗七百年記念『新修 時宗法要軌範』刊行（奥付） 3・30 圭室文雄編『遊行日鑑』（角川書店）刊行（奥付） 4・30 開宗七百年記念事業として遊行寺宝物館が完成し開館（宗報） 5月 遊行寺宝物館開館記念展図録『遊行上人絵巻展図録』（時宗総本山遊行寺宝物館）刊行（奥付） 9・1 古川雅山『一遍上人語録新講』（松山・雅山洞）刊行（奥付）	4月 橘俊道、時宗教学研究所所長に就任（遺稿集） 6・16 宗務長山崎義天辞職し、後任に品川長徳寺住職水島真之が就任（宗報） 9・7 宝厳寺住職浅山円祥寂す（宗報）	3・1 橘俊道『時宗史論考』（法蔵館）刊行（奥付） 3・30 金井清光『一遍と時衆教団』（角川書店）刊行（奥付） 4・1 清浄光寺にて立教開宗七百年慶讃法要を厳修（宗報） 4・1 大正大学に時宗講座（二講座）開設（宗報） 4月 小熊大道・大善『一遍聖人の宗意安心と歴史』（光触寺）刊行（奥付） 4月 内藤察純『踊躍念仏儀』（常念寺）刊行（奥付） 4・17〜22 藤沢志沢デパートで『遊行寺開宗七〇〇年記念観光展』開催、同図録刊行 6月 足助威男『若き日の一遍』（緑地社）刊行（奥付） 9・15 金井清光『時衆と中世文学』（東京美術）刊行（奥付） 9・20 石田文昭『原文対照意訳一遍上人語録法語』（山喜房仏書林）刊行（奥付） 9月 望月信成編『一遍聖絵』（新修日本絵巻物全集、角川書店）刊行（奥付） 11月 神谷賢道『尊観法親王御詠詩歌――光安寺略縁起』（三島光安寺）刊行（奥付） 12・25 大橋俊雄『時宗二祖他阿上人法語』（大蔵出版）刊行（奥付） この年、歓喜光寺、東山五条より山科へ移転
		黒田俊雄、『日本中世の国家と宗教』で「顕密体制論」を発表

西暦		1978	1979
年号 干支		53 戊午	54 己未
天皇	（昭和）		
将軍			
藤沢 遊行	（隆宝） （隆宝）		
時宗関係	**9・20** 栗田勇『一遍上人――旅の思索者』（新潮社）刊行（奥付） **9・28** 当麻道場六十六世清水祐善寂す（76）（同寺記録）	**3・1** 塩田向得寺清水昭善、当麻道場六十七世を兼務（当麻寺記録） **3・10** 橘俊道『現代語訳 一遍ひじり絵 遊行念仏者の生涯』（山喜房仏書林）刊行（奥付） **4・1** 越智通敏『一遍――遊行の跡を訪ねて』（愛媛文化双書刊行会）刊行（奥付） **6・15** 尾道常称寺蔵『紙本白描遊行上人絵』四巻（巻第二・五・六・八）、国重要文化財に指定される（文化庁ＨＰ） **7・15** 橘俊道『一遍のことば』（雄山閣カルチャーブックス）刊行（奥付） **10・20** 大橋俊雄『一遍と時宗教団』（教育社）刊行（奥付） **11月** 小松茂美編『一遍上人絵伝』（日本絵巻大成、中央公論社）刊行（奥付） **12・15** 古川雅山『解説一遍聖絵』（一遍会）刊行（奥付） **12・27** 橘俊道『遊行寺』（藤沢文庫、名著出版）刊行（奥付）	**2月** 河野叡祥『続捨て聖』（じべた書房）刊行（奥付） **5・31** 辻村恂善編『時宗布教読本』（時宗宗務所教学部）刊行（奥付） **5月** 足助威男『絵本一遍さん』（緑地社）刊行（奥付） **5月** 『陸波羅南北過去帳』（菊華会事務局）刊行（奥付） **9・1** 石岡信一、時宗教学研究所所長に就任（宗報） **9・30** 宮次男・角川源義編『遊行上人縁起絵』（新修日本絵巻物全集、角川書店）刊行（奥付） **12・1** 玉田明如『時宗法要教典』（時宗宗務所教学部）刊行（奥付） **12・25** 開宗七百年記念事業である時宗宗典編集委員会編『定本時宗宗典』上下二巻を刊行（奥付）
日本史関係		**6・12** 宮城県沖地震	

	1980	1981
	55 庚申	56 辛酉
		55一心 72一心
『遊行藤沢御歴代霊簿』天保11年に稿成り、以降を追記し、さらに橘俊道により補足されている（宗典下）	1月 彦根市本町の浄土宗別格寺院宗安寺住職竹内禅真、蓮華寺貫主代務者となる（血脈譜） 4・1 学頭心得橘俊道、学頭に就任（宗報） 6・6 京東山長楽寺蔵「時宗祖師像」七軀・遊行歴代他阿書状類二十四通、国重要文化財に指定される（官報） 6・20 禰宜田修然『時宗の寺々』（三島田福寺）刊行（奥付） 6・25 浅山円祥『一遍と時衆』（一遍会）刊行（奥付） 7・21 番場蓮華寺五十一世同阿智巌（間宮静悠）寂す。大僧正位追贈（血脈譜） 9月 小林月史『時宗国阿上人と伊勢熊野信仰』（弁財天研究叢書）刊行（奥付） 12・15 遊行寺宝物館編『時宗総本山遊行寺宝物館図録』（遊行寺宝物館）刊行（奥付）	1・4 隆宝、清浄光寺にて寂す（93）。法主候補者寺沼琢明足下、法主に就任し、一心と号す（宗報） 2・7 宗務長水島真之辞任（宗報） 3・2 法主候補者選挙で品川長徳寺住職水島真之が当選（宗報） 3・30 河野憲善・髙野修校注『一遍上人別願和讃直談鈔』（時宗教学研究所）刊行（奥付） 4・10 宗務長選挙で千葉円光寺住職辻円乗が当選（宗報） 4・23 橘俊道校訂『藤沢山過去帳 門末僧侶結縁衆』（時宗宗務所教学部）刊行（奥付） 5・6 岩松青蓮寺蔵「岩松尚純像」、群馬県により重要文化財に指定される（太田市HP） 5・8 番場蓮華寺貫主代務者竹内禅真、浄土宗代表役員より蓮華寺貫主五十二世同阿の認証を受け入山（血脈譜）

西暦		1982	1983
年号 干支		57 壬戌	58 癸亥
天皇	（昭和）		
将軍			
藤沢 遊行	（一心） （一心）		
時宗関係	6・2〜6 一心、熊野奉告・祖廟参拝（宗報） 8・1 今井雅晴『時宗成立史の研究』（吉川弘文館）刊行（奥付） 8月 寺沼琢明『一遍上人と遊行寺』（日本の仏教の心、ぎょうせい）刊行（奥付） 9・25 河野憲善『一遍教学と時衆史の研究』（東洋文化出版）刊行（奥付） 10・10 坂村真民『一遍上人語録 捨て果てて』（大蔵出版）刊行（奥付）	2・10 圭室文雄編『全国時宗史料所在目録』（大学教育社）刊行（奥付） 3・1 『長楽寺千年・遊行歴代上人肖像彫刻並びに七条文書』（長楽寺）刊行（奥付） 6・25 橘俊道・圭室文雄編著『庶民信仰の源流——時宗と遊行聖』（名著出版）刊行（奥付） 7・15 古川雅山『一遍と空海』（青葉図書）刊行（奥付） 9・1 『ナーム』9月号「特集 融通念仏宗・時宗を見る」（水書房）刊行（奥付） 10・31 番場蓮華寺五十二世同阿竹内禅真、晋山式（血脈譜） 12・25 法主候補者水島真之足下寂す（宗報）	2・14 法主候補者選挙で島根高勝寺住職河野憲善が当選（宗報） 2月 大橋俊雄『一遍』（吉川弘文館人物叢書）刊行（奥付） 5・10 金井清光『時衆教団の地方展開』（東京美術）刊行（奥付） 6・4〜18 一心、新潟御親教（宗報） 10・31 小川寿一編『浄土宗本山蓮華寺史料』（蓮華寺寺務所）刊行（奥付） 12・8 佐渡大願寺住職・大正大学教授臼木淑夫（悦鳳）寂す（宗報） 司東真雄『岩手県時宗略史——一遍上人と代々遊行上人の軌跡』（時宗岩手第一教区）刊行（奥付）
日本史関係			5・26 日本海中部地震 10月 伊豆三宅島大噴火

1984	1985
59 甲子	60 乙丑
1・23 川越常楽寺住職米山知譲、足下位に転進（宗報） 1月 中居良光『遊行寺の歴史と概観』（遊行寺）刊行（奥付） 3・31 栗田勇・橘俊道・足助威男・越智通敏『遊行ひじり一遍』（愛媛県文化振興財団）刊行（奥付） 4月 甲府一蓮寺新本堂落慶法要挙行される（一蓮寺概観） 5・1 『時衆研究』一〇〇号にて終刊（同誌） 5・18〜21 一心、敦賀御親教（宗報） 5・20 河野叡祥『一蓮寺概史』（一蓮寺）刊行（奥付） 6・5〜12 一心、宮城教区御親教（宗報） 8・1 越智通敏『一遍――念仏の旅人』（一遍会）刊行（奥付） 9・20 金井清光・梅谷繁樹『一遍語録を読む』（法蔵館）刊行（奥付） 10・20〜23 一心、広島御親教（宗報） 12・20 橘俊道・今井雅晴編『一遍上人と時宗』（吉川弘文館）刊行（奥付）	3・8 宗務長選挙で辻円乗が再選される（宗報） 4・26〜5・11 一心、山形・秋田御親教（宗報） 5・16 大橋俊雄校注『一遍上人語録――付播州法語集』（岩波文庫）刊行（奥付） 7・20 伊藤唯真編『浄土宗・時宗』（小学館）刊行（奥付） 10・1 『時宗史研究』創刊号発行（奥付） 10・5〜7 一心、群馬御親教（宗報） 10・10〜19 一心、福島御親教（宗報） 10・19〜12・1 神奈川県立博物館で『遊行の美術 一遍――そして浄土を求め旅した人びと』特別展開催、図録刊行（奥付） 10・26〜11・3 一心、千葉御親教（宗報） 10・30 鎌田茂雄『一遍 大地を往く』（高僧伝、集英社）刊行（奥付） 11・1 今井雅晴『中世社会と時宗の研究』（吉川弘文館）刊行（奥付）
9月 長野県西部地震	8月 日航ジャンボ機墜落

西暦	年号干支	天皇	将軍	藤沢遊行	時宗関係	日本史関係
1986	61 丙寅	（昭和）		（一心） （一心）	6・22 解意派海老島新善光寺の本堂再建落慶（木村信吉『常州海老ヶ島新善光寺の由来と謎』） 9月 長島尚道・岡本貞雄編著『一遍聖絵索引』（文化書院）刊行（奥付） 11・18 天童仏向寺にて一向俊聖七百年遠忌を厳修。竹内禅真監修・小川寿一編『一向上人の御伝集成』（蓮華寺）刊行（奥付） 12・31 学頭橋俊道辞任（宗報）	
1987	62 丁卯				2・25 金井清光『時衆文芸と一遍法語——中世民衆の信仰と文化』（東京美術）刊行（奥付） 2月 栗田勇編『思想読本 一遍』（法蔵館）刊行（奥付） 5・28『時宗史研究』第二号発行（本号で休刊） 6・1 一心、天台宗比叡山開創千二百年大法要を修行（宗報） 10・1～5 一心、山梨教区御親教（宗報） 10・8 京東山長楽寺住職牧野體山足下寂す（宗報） 10・28～11・4 一心、滋賀教区御親教（宗報） 11・27 霊山正法寺四十五世大塚貫善寂す（霊過）	8月 比叡山で宗教サミット開催
1988	63 戊辰				3・15 一心、愛媛御親教（宗報） 3月 五来重『踊り念仏』（平凡社選書）刊行（奥付） 4・29～5・15 松山市立子規記念博物館で特別企画展『子規を生む潮流 河野氏と一遍——漂泊と定着と』開催、図録刊行（奥付） 5・7～16 一心、京都・大阪・和歌山・神戸御親教（宗報） 5・27～6・5 一心、岩手御親教（宗報） 6・1 菅浦阿弥陀寺蔵「木造阿弥陀如来立像」、国重要文化財に指定される（官報）	

	1989
	平成元 己巳
	（平成）1.7
6・10 梅谷繁樹『中世遊行聖と文学』（桜楓社）刊行（奥付） 6・11〜7・24 神戸市立博物館で特別展『中世を旅する聖たち――一遍上人と時宗』開催、図録刊行（奥付） 6・21 金井清光『一遍上人ものがたり』（東京美術選書、東京美術）刊行（奥付） 8・26〜30 一心、岩手教区御親教（宗報） 9・23 高野修編『時宗近世史料集』第一（白金叢書、白金松秀寺）刊行（奥付。第三まで、平成5年5月30日完結） 10・5〜12 一心、山口・九州御親教（宗報） 10・22〜23 一心、北海道御親教（宗報） 11・18 大橋俊雄『開祖一向俊聖上人を仰ぐ』（一向寺）刊行（奥付）	1・25 宗務長選挙にて白金松秀寺住職辻村恂善が当選（宗報） 2・25 清浄光寺で時宗青年会結成大会が開催され、栃木万福寺金子行夫が初代会長に就任 3・3 宗祖七百年御遠忌記念事業として『時宗辞典』刊行（奥付） 4・21〜24 一心、宗祖七百年御遠忌法要を清浄光寺にて厳修 4・23 高野修編『遊行・在京日鑑』第一巻（府中称名寺内仏教研究所）刊行（奥付。全十五巻、平成22年9月23日完結） 7・30『仏教芸術』一八五号「特集・時宗の美術と芸能」（毎日新聞社）刊行（奥付） 7月 一遍会編『一遍の跡をたずねて』（一遍生誕七百五十年没後七百年記念事業会）刊行（奥付） 8月 時宗第二十教区『宗祖七百年御遠忌記念 北陸と時宗』刊行（奥付） 9・16〜10・15 茨城県立歴史館『茨城の絵巻――一遍聖絵から横山大観まで』特別展開催、図録刊行（奥付） 9・29 今井雅晴編『一遍辞典』（東京堂出版）刊行（奥付）
	1・7 昭和天皇崩御 11月 ベルリンの壁崩壊

西暦		1990	1991
年号干支		2 庚午	3 辛未
天皇	（平成）		
将軍			
藤沢遊行	（一心） （一心）	56 一雲 73 一雲	
時宗関係	10・27 禰宜田修然・髙野修『遊行・藤沢歴代上人史――時宗七百年史』（白金叢書、白金松秀寺）刊行（奥付） 10月 大橋俊雄『一向上人伝――本文と補注』（一向寺）刊行（奥付） 11・30 橘俊道・梅谷繁樹編『一遍上人全集』（春秋社）刊行（奥付）	2・28 一心寂す（92）。法主候補者河野憲善足下、法主に就任、一雲と号す（宗報） 3・24 時宗教学研究所所長・向龍寺住職石岡信一寂す（宗報） 4・26 法主候補者選挙で静岡光明寺住職中居良光当選（宗報） 4・28 橘俊道『一遍上人の念仏思想と時衆』（橘俊道先生遺稿集刊行会）刊行（奥付） 5・2〜10 一雲、愛知御親教（宗報） 6・4 尾道西郷寺住職石倉一光足下寂す（宗報） 6・5 川越常楽寺住職米山知譲足下寂す（宗報） 6・29 山形光明寺蔵「紙本著色遊行上人絵（伝狩野宗秀筆）」、国重要文化財に指定される（官報） 7・9〜11 一雲、熊野・御廟奉告参拝（宗報） 9・23 越智通敏『一遍――生きざまと思想』（一遍会）刊行（奥付） 11・18 大橋俊雄『二祖礼智阿上人御消息――本文と補注』消息の上中巻（一向寺）刊行（奥付） 12月 高木侃『縁切寺満徳寺の研究』（成文堂）刊行（奥付）	4・8〜17 一雲、栃木教区御親教（宗報） 5・1 髙野修編『時宗中世文書史料集』（白金叢書、白金叢書刊行会）刊行 5・11〜20 一雲、静岡教区御親教（宗報） 5・23〜6・1 一雲、埼玉教区御親教（宗報） 7・1 大橋俊雄『一遍入門』（春秋社）刊行（奥付）
日本史関係		11・17 雲仙普賢岳噴火	1月 湾岸戦争

	1992	1993	1994
	4 壬申	5 癸酉	6 甲戌
11・18 大橋俊雄『二祖礼智阿上人御消息——本文と補注』消息の下巻（一向寺）刊行（奥付）	1・4 埼玉金蓮寺住職長島尚道、学頭に就任（宗報） 3・16 上田良準・大橋俊雄『証空・一遍』（講談社）刊行（奥付） 10・9〜11・9 佐野美術館で『一遍——神と仏の出会い』特別展開催、図録刊行（奥付） 10・21〜29 一雲、兵庫・鳥取・島根御親教（宗報） 11・18 大橋俊雄編『一向俊聖上人鑽仰』（一向寺）刊行（奥付）	1月 一遍研究会編『一遍聖絵と中世の光景』（ありな書房）刊行（奥付） 2・15 宗祖七百年御遠忌記念『時宗法要集』刊行（奥付） 4・1 福井成願寺住職竹内明正、時宗教学研究所所長に就任（宗報） 7・3 宗務長・滋賀最明寺石倉光昭寂す（宗報） 8・25 宗務長選挙で品川善福寺住職秋庭稔が当選（宗報） 11・18 大橋俊雄編『明治期一向派史料』（一向寺）刊行（奥付） 11・20 黒田日出男編『中世を旅する人々——「一遍聖絵」とともに』（週刊朝日百科・日本の歴史別冊《歴史を読みなおす》、朝日新聞社）刊行（奥付）	1・28 元宗務長・白金松秀寺住職辻村恂善足下寂す（宗報） 3・23 禰宜田修然・髙野修『時宗寺院名所記』（梅花書屋）刊行（奥付） 5・1〜29 敦賀市立博物館にて『遊行七十三代一雲上人御砂持行事記念 遊行寺宝物展』開催、図録刊行（奥付） 6月 越智通敏『念仏と禅——一遍・道元・良寛』（一遍会）刊行（奥付） 11・18 大橋俊雄編『佐原窿応上人』（一向寺）刊行（奥付） 11・28 木村信吾（飯田昌夫編集）『常州海老ヶ島新善光寺の由来と謎』（木村有孜）刊行（奥付） 12・12 十日町来迎寺住職小林賢秀足下寂す（宗報）
1月 脳死臨調	5・1 『浄土宗布教伝道史』刊行		

西暦	1995	1996	1997
年号干支	7 乙亥	8 丙子	9 丁丑
天皇	（平成）		
将軍			
藤沢 遊行	（一雲） （一雲）		
時宗関係	4・11 漆山遍照寺竹田賢正寂す（宗報） 5月 小松茂美編『頬焼阿弥陀縁起・不動利益縁起』（続々日本絵巻大成 伝記・縁起篇、中央公論社）刊行（奥付） 11・3～12・10 山梨県立美術館で『時衆の美術と文芸――遊行聖の世界』特別展開催。翌年1月4～28日長野市立博物館、2月3～25日藤沢市民ギャラリー、3月10日～4月14日大津市歴史博物館に巡回。図録（東京美術）刊行（奥付） 11・18 大橋俊雄編『一向派浄土宗帰入関係史料』（一向寺）刊行（奥付） 12・20 梅谷繁樹『捨聖・一遍上人』（講談社現代新書）刊行（奥付）	2月『時衆の美術と文芸――中世の遊行聖と藤沢』特別展別刷図録（藤沢市教育委員会）刊行（奥付） 4・8 竹田賢正『中世出羽国における時宗と念仏信仰』（光明山遍照寺）刊行 7・5 石田善人『一遍と時衆』（法蔵館）刊行（奥付） 9月 長島尚道編著『絵で見る一遍上人伝』（ありな書房）刊行（奥付） 9月 渡辺喜勝『一遍智真の宗教論』（岩田書院）刊行（奥付） 11・18 大橋俊雄編『江戸期貞享天保諍論史料』（一向寺）刊行（奥付）	2・10 四条道場金蓮寺五十四世山羽学龍足下寂す（宗報） 2・19 静岡田福寺前住職禰宜田修然足下寂す（宗報） 2・27 時宗教学研究所編『時宗入門』刊行（宗報） 3・31『時宗法要軌範』刊行（奥付） 5・1 亀井宏『踊る一遍上人』（東洋経済新報社）刊行（奥付） 6・30 別府永福寺蔵『紙本著色遊行上人伝』巻七、国重要文化財に指定される（文化庁ＨＰ） 7・1 望月宏二『一遍その鮮烈な生涯』（朝日カルチャーセンター）刊行（奥付）
日本史関係	1・17 阪神淡路大震災 3・20 地下鉄サリン事件	4・1 らい予防法廃止	

	1998	1999	2000
	10 戊寅	11 己卯	12 庚辰
7・7　宗務長選挙で小田原上輩寺住職六郷信弘が当選（宗報） 9・13〜10・19　神奈川県立歴史博物館で『遊行寺蔵 一遍上人絵巻の世界』展開催、図録刊行（奥付） 9月　成生庄と一向上人編集委員会編『成生庄と一向上人——中世の念仏信仰』（天童市立旧東村山郡役所資料館）刊行（奥付） 11月　今井雅晴『一遍——放浪する時衆の祖』（歴史と個性、三省堂）刊行（奥付）	1・29　一雲、全日本仏教会第23期副会長に就任（宗報） 4・15　五来重『踊り念仏』（平凡社ライブラリー）刊行（奥付） 6・30　東京国立博物館蔵『紙本著色遊行上人絵伝』（巻三残巻・巻七）、国重要文化財に指定される（文化庁ＨＰ）	1・1　武田佐知子編『一遍聖絵を読み解く』（吉川弘文館）刊行（奥付） 3・1　今井雅晴『捨聖一遍』（吉川弘文館）刊行（奥付） 4・1　宇都宮応願寺住職髙木貞歓、法式声明研究所所長に就任（宗報） 4・1　尾道正念寺住職荻野義正、布教伝道研究所所長に就任（宗報） 5・14〜6・8　彦根城博物館で『高宮寺と時宗の美術』展開催、図録刊行 5月　砂川博『中世遊行聖の図像学』（岩田書院）刊行（奥付） 8・10　竹村牧男『親鸞と一遍』（法蔵館）刊行（奥付） 10月　大橋俊雄『浄土宗本山蓮華寺』（蓮華寺）刊行（奥付） 10月　藤田康『海上月越如来と武将たち』（創林社）刊行（奥付）	3・1　今井雅晴『一遍と中世の時衆』（大蔵出版）刊行（奥付） 4月　『時衆文化』（時衆文化研究会）創刊（奥付） 7月　大橋俊雄校注・聖戒編『一遍聖絵』（岩波文庫）刊行（奥付） 8・18　時衆文化研究会第一回発表会を相愛大学で開催 10・12〜11・12　京都国立博物館で『特別陳列 旧七条道場金光寺開創七〇〇年記念 長楽寺の名宝』展開催、図録刊行（奥付）
	2月　冬季オリンピック長野大会 7・25　和歌山毒物カレー事件	10・10　中村元没	

西暦		2001	2002
年号 干支		13 辛巳	14 壬午
天皇	（平成）		
将軍			
藤沢 遊行	（一雲） （一雲）		
時宗関係	12月 金井清光『一遍の宗教とその変容』（岩田書院）刊行（奥付） 12月 畑山博『一遍——癒しへの漂泊』（学陽書房）刊行（奥付）	4・10 大橋俊雄『一遍聖』（講談社学術文庫）刊行（奥付） 4月 長島尚道監修・ひろゆうこ漫画『漫画一遍上人』（エディコム）刊行（奥付） 5・30 栗田勇『捨ててこそ生きる 一遍 遊行上人』（NHK出版）刊行（奥付） 6・26〜11・4 藤沢市民ギャラリーで『二〇〇一年遊行の旅 一遍聖絵をたどる』企画展開催、リーフレット（藤沢市教育委員会）刊行（奥付） 6月 髙野修『一遍聖人と聖絵』（岩田書院）刊行（奥付） 7・23 時宗教学研究所編『時宗寺院明細帳』（時宗教学研究所）刊行開始（奥付。全十巻、平成22年5月完結） 8・22 宗務長選挙において佐渡観音院住職臼木悦順が当選（宗報） 12・21 元宗務長・成田円光寺住職辻円乗足下寂す（宗報） 12・26 浄土宗本山番場蓮華寺貫主大橋俊雄寂す（76）（朝日新聞訃報欄）	2・7 番場蓮華寺で大橋俊雄本葬。遺稿集『偲び草』（西林寺）配付 3月 浄土宗総合研究所編『法然上人とその門流』（総研叢書、浄土宗）刊行 6・6 中居良光足下、法主候補者を辞任（宗報） 6月 砂川博編『一遍聖絵の総合的研究』（岩田書院）刊行（奥付） 7・30 法主候補者選挙にて岡崎誓願寺住職加藤円住足下が当選（宗報） 8月 佐江衆一『わが屍は野に捨てよ——一遍遊行』（新潮社）刊行（奥付） 10・9〜11・10 京都国立博物館で『特別陳列 修理完成記念 国宝・一遍聖絵』展開催、図録刊行（奥付） 11月 奈良国立博物館で『一遍聖絵 絵巻をあじわう』展開催、図録（親と子のギャラリー）刊行（奥付） この年、清浄光寺、『一遍上人縁起』を購入（清浄光寺史）
日本史関係		3月 バーミヤン石仏破壊 9・11 米国同時多発テロ発生	

2005	2004	2003
17 乙酉	16 甲申	15 癸未
		57 真円 74 真円
2・27 髙野修・遠山元浩『遊行寺』（時宗宗務所・時宗総本山清浄光寺（遊行寺））刊行（奥付） 3・31 時衆文化研究会関東支部を母胎として発足した民衆宗教史研究会の会誌	1月『一遍 捨ててこそ救われる』（週刊朝日百科・仏教を歩く、朝日新聞出版）刊行（奥付） 2月 今井雅晴編『遊行の捨聖 一遍』（日本の名僧、吉川弘文館）刊行（奥付） 3・12～14 真円、熊野奉告・宗祖御廟参拝（宗報） 3月 一遍上人探求会『一遍上人と鉄輪温泉――湯けむりと癒しのまち かんなわ』（KANNAWA ONSEN 一遍上人探求会）刊行（奥付） 8・26 一雲、寂す（94）（宗報） 10・12～11・4 藤沢市民ギャラリーで『一遍聖絵の誕生』企画展開催、リーフレット（藤沢市教育委員会）刊行（奥付）	3月 髙野修『時宗教団史――時衆の歴史と文化』（岩田書院）刊行（奥付） 3月 興膳宏編『研究発表と座談会 一遍聖絵の諸相』（仏教美術研究上野記念財団助成研究会報告書、同研究会）刊行（奥付） 3月『都府楼』三四号「特集・大宰府と時衆（中世編）」（古都大宰府保存協会）刊行（奥付） 4・1 横浜浄光寺住職三浦公正、布教伝道研究所所長に就任 5・4 金井清光『中世の癩者と差別』（岩田書院）刊行（奥付） 7・23 一雲、退任し、法主候補者加藤円住足下、法主に就任し、真円と号す（宗報） 7月 峯崎賢亮『四十歳からの南無阿弥陀仏』（文芸社）刊行（奥付） 10・2 浅草日輪寺住職原弘道足下寂す（宗報） 12・26 法主候補者選挙で会津弘長寺住職中村昌道が当選（宗報） 12月 砂川博『一遍聖絵研究』（岩田書院）刊行（奥付）
	10・23 新潟県中越地震	7・26 宮城県北部地震 9・26 北海道十勝沖地震

西暦		2006	2007
年号干支		18 丙戌	19 丁亥
天皇	（平成）		
将軍			
藤沢 遊行	（真円） （真円）		
時宗関係	『寺社と民衆』創刊（奥付） **3月** 河野憲善『遊行七十三代藤沢五十六世 他阿一雲上人本葬記念 時宗教学の基点』（時宗総本山遊行寺）刊行（奥付） **5・15** 真円、氣比神宮にて御砂持神事を修行（宗報） **6・9** 国府津蓮台寺蔵「木造真教坐像」、国重要文化財に指定される（官報） **7・29** 宗務長選挙で宇都宮応願寺住職髙木貞歓が当選（宗報） **8・24** 守山守善寺住職清水覚然、足下位に転進（宗報） **9月** 金井清光『一遍聖絵新考』（岩田書院）刊行（奥付） **9・15** 梅谷繁樹『一遍の語録をよむ』（NHKライブラリー）刊行（奥付） **10・27** 真円、天台宗開宗一千二百年慶讃大法要を根本中堂で厳修（宗報） **11月** 網野善彦（藤沢・網野さんを囲む会編）『列島の歴史を語る』（本の森）刊行（奥付）	**3月** 『常称寺建造物調査研究報告書』（尾道市）刊行（奥付） **8・17** 練馬阿弥陀寺前住職保科忍道足下寂す（宗報） **10月** 岩田靖夫『三人の求道者――ソクラテス・一遍・レヴィナス』（長崎純心レクチャーズ、創文社）刊行（奥付） **12・15** 一蓮寺過去帳刊行会編『影印対照 一蓮寺過去帳』（地人館）刊行（奥付）	**3・23** 時宗文化財保存専門委員会編『時宗文化財調査報告書』（時宗宗務所）刊行開始（奥付。全五集、令和1年4月現在刊行中） **4・1** 桐生青蓮寺住職本間光雄、布教伝道研究所所長に就任（宗報） **4・1** 学頭長島尚道、教学研究所所長に就任（宗報） **4・1** 京都西山短期大学に時宗講座開設（平成23年3月まで） **5月** 神津良子『仏はいませども――「踊り念仏」を開始した美しい尼の物語』
日本史関係			

2009	2008	
21 己丑	20 戊子	
4・7 鳥取大学名誉教授金井清光寂す（86）（『時宗文化』20） 4・12～14 真円、栃木教区御親教（宗報） 5・13～20 真円、栃木教区御親教（宗報） 6・16 高崎来迎寺前住職星徹心足下寂す（宗報） 7・29 宗務長選挙で、宇都宮応願寺住職高木貞歓が再選される（宗報） 7月 名島潤慈『夢と浄土教——善導・智光・空也・源信・法然・親鸞・一遍の夢分析』（風間書房）刊行（奥付） 9月 髙野修『一遍聖とアシジの聖フランシスコ』（岩田書院）刊行（奥付）	3・31 青山孝慈編『藤沢山遊行寺史料目録（昭和史料）』（遊行寺史料叢書一、時宗教学研究所）刊行（奥付） 4・1 小山現聲寺住職桑原弘善、法式声明研究所所長に就任（宗報） 5・7 東山長楽寺、文化財収蔵庫火災で全焼。宝物は無事（牧野體山足下の生涯） 6・14 青梅市勝沼乗願寺飯田覚隆、当麻道場無量光寺六十八世に登位（同寺記録） 6・18 小山新善光寺住職木戸健志、足下位に転進（宗報） 10・13 真円、時宗青年会創立二十周年記念大会を真光寺で厳修（九代会長内田光寿） 10・22～30 真円、岩手教区御親教（宗報）	（埋もれた歴史・検証シリーズ、郷土出版社）刊行（奥付） 6・8 桐生青蓮寺本尊「銅造阿弥陀如来及両脇侍立像」、国重要文化財に指定される（官報） 9月 清浄光寺史編集委員会編『清浄光寺史』（清浄光寺）刊行（奥付） 10・23～28 真円、愛知・岐阜御親教（宗報） 12・4 尾道常称寺建造物、国重要文化財に指定される（広島県教育委員会）

西暦		2010	2011
年号 干支		22 庚寅	23 辛卯
天皇	(平成)		
将軍			
藤沢 遊行	(真円) (真円)		
時宗関係	10・1 砂川博編『一遍聖絵と時衆』(『時衆文化』二〇号、金井清光先生追悼号)刊行(奥付) 10・4〜7 真円、宮城教区御親教(宗報) 10・20〜29 真円 栃木教区御親教(宗報) 12・8 髙野修編著『原文対照現代語訳 一遍上人語録』(岩田書院)刊行(奥付)	1・19 浜松阿弥陀寺住職飯田良成足下寂す(宗報) 2・25 佐々木馨『日蓮と一遍――予言と遊行の鎌倉新仏教者』(日本史リブレット、山川出版社)刊行(奥付) 3月 髙野修著・(続)藤沢市史編さん委員会編『藤沢と遊行寺』(市史ブックレット、藤沢市文書館)刊行(奥付) 3月『藤沢山日鑑』本巻(二十八巻)完結 4・18『特集・円伊 一遍上人絵伝(一遍聖絵)(清浄光寺、東京国立博物館)』(週刊朝日百科・国宝の美、朝日新聞出版)刊行(奥付) 5・5 当麻道場無量光寺六十七世清水昭善寂す(83)(宗報) 8・27 静岡安西寺前住職吉田直山足下寂す(宗報) 9月 髙野修編『遊行・在京日鑑』、十五巻で完結(称名寺内仏教研究所) 10月『時衆文化』二一号発行(本号で休刊) 12月 井上宏生『一遍 遊行に生きた漂泊の僧――熊野・鎌倉・京都』(ビジュアル選書、新人物往来社)刊行(奥付)	2・10 峰島旭雄監修『浄土教の事典――法然・親鸞・一遍の世界』(東京堂出版)刊行(奥付) 3・31 学頭長島尚道退任(宗報) 3・31 藤沢市文書館編『藤沢山日鑑 別巻 近侍者記録1』(藤沢市文書館)刊行
日本史関係		宮崎県で口蹄疫被害	3・11 東日本大震災 福島第一原子力発電所事故

	2012
	24 壬辰
（奥付） 5・4　仙台真福寺前住職高根秀峰足下寂す（宗報） 5・4　宗制改正に伴い宗務長を宗務総長に改める（宗報） 9・6〜7　時宗全国青年会『東日本大震災物故者追悼念仏行脚』を実施（第十二代会長牧野純山） 9・23　兵庫真光寺住職長島尚道、足下位に転進（宗報） 10・7〜10、22〜25　真円、群馬教区御親教（宗報） 10・20　釈徹宗『法然親鸞一遍』（新潮新書）刊行（奥付） 10・23　真円、浄土宗総本山知恩院にて法然上人八百年大遠忌浄宗会法要を厳修（来迎讃）	1・19　半田光照寺前住職西川文雄足下寂す（宗報） 1月　高木侃『徳川満徳寺――世界に二つの縁切寺』（みやま文庫）刊行（奥付） 2・1　圭室文雄『江戸時代の遊行聖』（吉川弘文館）刊行（奥付） 3・31　時宗教学研究所編『時宗令規集』（時宗宗務所）刊行開始（奥付。一〜三、平成26年3月完結） 4・1　長澤昌幸編『法国寺諸記録』（関寺叢書、長安寺）刊行（奥付） 4・24　元宗務長小田原上輩寺住職六郷信弘、足下位に転進（宗報） 5・20　長島尚道編著『真光寺蔵『遊行縁起』――絵で見る遊行上人伝』（時宗真光寺）刊行（奥付） 6・27　小野澤眞『中世時衆史の研究』（八木書店）刊行（奥付） 6月　湯山学『中世南関東の武士と時宗』（湯山学中世史論集、岩田書院）刊行（奥付） 7・10　五味文彦・小野正敏・萩原三雄編『一遍聖絵を歩く――中世の景観を読む』（考古学と中世史研究、高志書院）刊行（奥付） 9月　大山喬平・村井康彦編『長楽寺蔵七条道場金光寺文書の研究』（法蔵館）刊行（奥付）
9・2　台風12号紀伊半島豪雨により熊野本宮など被害 法然上人八百年大遠忌 法爾大師加諡号 親鸞聖人七百五十年御遠忌	

西暦		2013
年号 干支		25 癸巳
天皇	(平成)	
将軍		
藤沢 遊行	(真円) (真円)	
時宗関係	9月 梅原猛『梅原猛の仏教の授業 法然・親鸞・一遍』(PHPエディターズ・グループ) 刊行(奥付) 10・8 花巻成澤寺前住職佐々木俊一足下寂す(宗報) 11月 髙野修編著・大内惇監修『福寿山西光寺の歴史』(西光寺) 刊行(奥付) 12月 砂川博『徹底検証 一遍聖絵』(岩田書院) 刊行(奥付) 藤沢市文書館編『藤沢山日鑑 別巻 近侍者記録2』刊行(奥付)	2・26 早田啓子『一遍――その思想と生涯』(東京堂出版) 刊行(奥付) 3・31 藤沢市文書館編『藤沢山日鑑 別巻 近侍者記録3』刊行(奥付) 4・1 所沢長久寺住職大野木喜行、法式声明研究所所長に就任 5・11~8・11 国立ハンセン病資料館で春季企画展『一遍聖絵・極楽寺絵図にみるハンセン病患者 中世前期の患者への眼差しと処遇』開催、図録刊行(奥付) 5・14~21 真円、山口・九州御親教(宗報) 6・1~2 真円、清浄光寺にて大授戒会を開莚(宗報) 6・7~10 真円、兵庫教区御親教(宗報) 6・20 真円『捨ててこそ人生は開ける――「苦」を「快」に変える力』(東洋経済新報社) 刊行(奥付) 7・11 元宗務長・品川善福寺住職秋庭正稔、足下位に転進(宗報) 7・30 宗務総長選挙で小山現聲寺住職桑原弘善が当選(宗報) 8・10 愛媛宝厳寺失火により国指定重要文化財「木造一遍上人立像」焼失(文化庁) 9・14~11・10 最上義光歴史館で『重要文化財 光明寺本遊行上人絵』展開催、図録刊行(奥付) 10・21~30 真円、埼玉教区御親教(宗報)
日本史関係		

2014	2015
26 甲午	27 乙未
1・10 髙野修編著『光明院念仏院遍照寺の概観』（遍照寺）刊行（奥付） 3・1 大津長安寺住職長澤昌幸、学頭に就任（宗報） 3・23 髙野修編著『仏光山荘厳寺』（京・荘厳寺）刊行（奥付） 3・25 竹内明『仏教的伝統と教育――一遍仏教とその周縁とのダイアローグ』（国書刊行会）刊行（奥付） 3・26 清浄光寺地蔵堂上棟式を厳修 4・3 石井由彦『一遍の道 遊行上人の生涯』（愛媛新聞サービスセンター）刊行 5・8 嵐山向徳寺住職米山大恵、足下位に転進（宗報） 5・25 長島尚道・髙野修・砂川博・岡本貞雄・長澤昌幸編著『一遍読み解き事典』（柏書房）刊行（奥付） 8・31 中村昌道足下、法主候補者を辞任（宗報） 9・12 桜井哲夫『一遍と時衆の謎』（平凡社新書）刊行（奥付） 9・15 清浄光寺地蔵堂落慶式を厳修 10・11～14 真円、静岡教区御親教（宗報） 10・15 法主候補者選挙で品川善福寺住職秋庭正稔足下が当選（宗報） 10・20 今井雅晴『日本人のこころの言葉 一遍』（創元社）刊行（奥付） 10・28 時宗青年会全国大会「大念仏寺」（十三代会長田中純人）を実施 11・5 会津弘長寺住職中村昌道足下寂す（宗報）	3・2～5・29 真円、『神奈川新聞』読者のページに「わが人生」を六十四回連載（同紙） 3・16 小野澤眞『時宗当麻派七〇〇年の光芒――中世武家から近世・近代庶民の信仰へ』（日本史史料研究会研究選書、日本史史料研究会企画部）刊行（奥付） 4・1 富士泰徳寺住職木本鑑乗、布教伝道研究所所長に再任（宗報） 4・1 福井称念寺住職高尾察誠、教学研究所所長に再任（宗報） 5・30～31 真円、静岡教区御親教（宗報）
8月 広島市北部土砂災害 9月 御嶽山噴火	9月 豪雨により常総市の鬼怒川堤防決壊

西暦		2016	2017
年号 干支	（平成）	28 丙申	29 丁酉
天皇			
将軍			
藤沢 遊行	（真円） （真円）		
時宗関係	9・18～27 ふくやま草戸千軒ミュージアム（広島県立歴史博物館）で『尾道常称寺本 紙本白描遊行上人絵』展開催 10・10～12・14 清浄光寺宝物館で国宝『一遍聖絵』全巻を公開。11月21日～12月13日神奈川県立歴史博物館、11月19日～12月13日神奈川県立金沢文庫でも『国宝一遍聖絵』特別展開催、共通図録刊行（金沢文庫では別冊図録を作成）、11月3日～12月13日東京国立博物館では連携企画展開催 10・30～11・3 真円、静岡教区御親教（宗報）	1・4 真円『生かされて生きる「捨ててこそ」の実践』（わが人生、神奈川新聞社）刊行（奥付） 1・13 清浄光寺本尊阿弥陀仏坐像発遣式を行い、修復開始（～平成30年12月） 2・2 髙野修・大内惇編著『一遍の思想・信仰・その生涯』上下（上山西光寺）刊行（奥付） 2・25 清浄光寺、本堂ほか十棟が文化庁より登録有形文化財に指定される（官報） 4・7 小野澤眞編『時衆文献目録』（高志書院）刊行（奥付） 5・11 石岡華園寺住職高木康夫、足下位に転進（宗報） 5・11 川越常楽寺住職米山知行、足下位に転進（宗報） 5・19 恵心僧都一千年御遠忌法要を比叡山根本中堂で厳修（導師清水覚然足下） 5・25 上田薫・佐藤洋二郎『一遍上人と遊行の旅』（松柏社）刊行（奥付） 9・30 時宗青年会全国大会「粟生光明寺」（十四代会長梅谷泰樹）	1・30 栗原康『死してなお踊れ 一遍上人伝』（河出書房新社）刊行（奥付） 7・6 宗務総長選挙で桑原弘善が再選される（宗報） 8・10 桜井哲夫『一遍 捨聖の思想』（平凡社新書）刊行（奥付） 11・27 長澤昌幸『一遍仏教と時宗教団』（法蔵館）刊行（奥付）
日本史関係		4・14 熊本地震	7月 九州北部豪雨

2019	2018
31 己亥	30 戊戌
1・20　元宗務総長・宇都宮応願寺住職髙木貞歓、足下位に転進（宗報） 2・27　真円、二祖真教上人七百年御遠忌開白法要を厳修（遠忌） 3・10　白石征『遊行かぶき一遍聖絵』（ピラールプレス）刊行（奥付） 3・27　真円、当麻無量光寺にて御遠忌有縁の地記念法要を厳修（遠忌） 3・31　学頭長澤昌幸退任（宗報） 4・1　大正大学仏教学科宗学コースに時宗学コース設置 4・13～6・9　京都国立博物館にて特別展『国宝一遍聖絵と時宗の名宝』開催、図録刊行（奥付）	2・27　真円、二祖真教上人七百回忌法要のため、当麻無量光寺を参拝（宗報） 3・12　横須賀能永寺前住職小笠原義純足下寂す（宗報） 5・23　元宗務長・小田原上輩寺住職六郷信弘足下寂す（宗報） 9・16　真円、神戸真光寺にて御遠忌有縁の地記念法要を厳修（遠忌） 10・14　真円、敦賀来迎寺・氣比神宮にて御遠忌有縁の地記念法要を厳修（遠忌） 10・14　時宗青年会全国大会「氣比神宮」（十五代会長多田廣道）を実施 10・27～30　真円、山形教区御親教（宗報） 10・30　真円、鶴岡市藤沢にある遊行二十九代体光廟を参拝
	6・28　西日本豪雨

あとがき

本年は、時宗二祖他阿真教上人七百年御遠忌を迎えます。この御遠忌に向けて二祖上人御遠忌実行委員会が発足し、様々な事業が展開されています。その記念事業のひとつとして、時宗教学研究所では『時宗年表』の出版が企画されました。

時宗教団は、宗祖一遍上人によって蒔かれた念仏の種を、他阿真教上人が育み、教団として確立させました。したがって、二祖他阿真教上人は、紛れもなく時宗教団の創立者である、と言っても過言ではありません。その他阿真教上人七百年御遠忌の年に、本書が刊行されることは、まことに意義あることと思っています。

さて、時宗教団においては、すでに兵庫真光寺望月華山足下によって、昭和四十五年（一九七〇）一月に『時衆年表』が角川書店から出版されています。この一冊は、今日まで多くの時宗研究者に多大なる学恩を与えています。それまでの時宗研究は、遅々として進まず、見るべきものは少なかったのですが、望月足下による『時衆年表』の刊行によって、その学恩を受けた多くの研究者の精進と弛まざる努力により、時宗研究はめざましい進展をとげました。そして、『時衆年表』刊行から今日まで、すでに約半世紀が経過していることになります。この五十年間における時宗研究の急速なる進展には、望月足下の『時衆年表』が大きくかかわっています。

回顧しますと、この五十年間における時宗研究は、空前の活況を呈し大きな成果をあげてきています。故浅山円祥、故石岡信一、梅谷繁樹、故大橋俊雄、岡本貞雄、故小野澤眞、故角川源義、故金井清光、故河野憲善（遊行七十三代他阿一雲）、砂川博、竹内明正、故竹田賢正、故橋俊道、圭室文雄、長島尚道、林譲（五十音順）

などの各氏といった宗門内外の研究者によって見事に花開いた感があります。

これらの研究の成果を、あらためて大きくまとめて示すことが、望月足下の『時衆年表』に対する後身の努めと責任ではないかと考えました。そこで今回は、望月足下の『時衆年表』を基本として、これらの研究成果を十分に取り入れて、新たに『時宗年表』を上梓することといたしました。本来このような年表の作成は、個人的な仕事として行うものではなく、数名の研究者による編集委員会組織を整えて行うのが望ましいことは十分承知しておりました。しかし、残念なことに、編集段階では時間的制約があり、委員会を組織するのではなく、髙野と長澤が共同編集するという企画となりました。まず、髙野が全体の原稿作成を行い、『時衆年表』の訂正や補足及び現代史、日本史関係を長澤が原稿化することにしました。その後は何次かにわたって、両者で校正を進めました。

初稿の段階で、梅谷繁樹、林譲、古賀克彦の各氏に校訂をお願いするとともに、追加する項目の補足をお願いしました。ご多用にもかかわらず、快諾していただいたことにより、本書の客観性や十全性を、大いに高めることができたと思っております。さらに、時宗宗学林講師髙垣浩然師には、全体を通して校正をお手伝いいただきました。この場を借り感謝を申し上げます。

また、終始激励いただいた兵庫真光寺長島尚道足下、菅浦阿弥陀寺住職秋山富男師、上山西光寺住職大内啓輔師、桐生青蓮寺住職本間光雄師に感謝します。

五十年前の研究状況下で『時衆年表』を単独で執筆されて刊行された望月華山師のご努力を思うとき、私どもがこの年表に注いだ力がなお足りないことを自覚せざるをえず、また現在の研究成果を十全に総括することができたかどうか、心もとないものもあります。後に続く研究者がさらなる成果を上げ、本書の内容を塗り替え、一層時宗研究が活性化することを切に念じています。

最後になりますが、本書は当初、時宗教学研究所からの刊行を企画しましたが、時宗教団の歴史に関心を持たれる、研究者をはじめとする広範な読者に読まれることを期待し、平凡社から刊行することとなりました。その仲介の労をとられ、出版費用につき助成をくださった栃木県足利市助戸真教寺住職桜井哲夫師に甚深の謝意を申し上げます。さらに、昨今の厳しい出版事情のなか、刊行をお引き受けいただいた平凡社に御礼申し上げます。

令和元年九月　二祖他阿真教上人七百年御遠忌の年に

髙野　修
長澤　昌幸

遊行・藤沢歴代上人一覧

道号	遊行(代)	藤沢(世)	誕生(年)	没年(年)	世寿	因位	出生地	師僧	遊行相続	経歴	御廟	備考
一遍	1		1239	1289	51		伊予・河野氏	聖達			兵庫観音堂（真光寺）	
真教	2		1237	1319	83			一遍	丹生山		当麻道場無量光寺	
智得	3		1261	1320	60	量阿	加賀堅田	遊行2代真教	相模平塚		当麻道場無量光寺	
呑海	4	1	1262	1325	64	有阿	相模・俣野氏	遊行2代真教		七条道場金光寺(1)	藤沢道場清浄光寺	藤沢道場清浄光寺開山
安国	5	2	1279	1337	59	師阿	奥州・大崎氏	遊行3代智得		白石常林寺(5)→七条道場金光寺(2)	藤沢道場清浄光寺	
一鎮	6	3	1277	1355	79	与阿	越後・民部氏	遊行2代真教	越後曽禰津	七条道場金光寺(3)	藤沢道場清浄光寺	
託何	7		1285	1354	70	宿阿	上総・矢野氏	遊行3代智得	越前長崎	七条道場金光寺(4)	七条道場金光寺	北上市・遊行上人塚
渡船	8	4	1305	1381	77	底阿	京都	遊行4代呑海	相模藤沢		藤沢道場清浄光寺	
白木	9		1314	1367	54	界阿	加賀・人井氏	遊行6代一鎮	越後国府	白石常林寺(5)	駿河長善寺	
元愚	10	5	1324	1387	64	唯阿	加賀・斎藤氏	遊行7代託何	相模藤沢		藤沢道場清浄光寺	一関市藤沢町藤勢寺
自空	11	6	1329	1412	84	師阿	隠岐・佐々木氏	遊行8代渡船	尾道常称寺	萱津光明寺(5)	藤沢道場清浄光寺	
尊観	12		1349	1400	52		亀山天皇孫	遊行8代渡船	伊豆三島	兵庫真光寺→山形光明寺→甲府一蓮寺	下関専念寺	
尊明	13	7	1350	1417	68	底阿	美濃・山田氏	遊行9代白木	相模藤沢	七条道場金光寺(7)	藤沢道場清浄光寺	

太空	14	8	1375	1439	65	師阿	駿河・洗足氏	遊行11代自空	京七条	浜松教興寺(6)→七条道場金光寺(8)	藤沢道場清浄光寺	
尊恵	15		1365	1429	65	唯阿	武州・人見氏	遊行9代白木	武蔵川越	七条道場金光寺(9)	七条道場金光寺	
南要	16	9	1387	1470	84	弥阿	京都・留山氏	遊行13代尊明	相模藤沢		藤沢道場清浄光寺	
暉幽	17		1398	1466	69	弥阿	奥州・畠山氏	遊行13代尊明	越後佐橋	七条道場金光寺(10)	七条道場金光寺 下関専念寺	
如象	18	10	1419	1494	76	一寮相阿	野州・聴野氏	遊行14代太空	美濃垂井		藤沢道場清浄光寺	
尊皓	19	11	1427	1496	70	像阿	周防	遊行16代南要	越後国府	七条道場金光寺(12)	下関専念寺	
一峰	20	12	1450	1512	63	弥阿	奥州・畠山氏	遊行16代南要	相模藤沢	浜松教興寺(13)	藤沢道場清浄光寺	
知蓮	21		1459	1513	55	弥阿	上野・岩松氏	遊行18代如象	越前敦賀	内子願成寺(19)→七条道場金光寺(13)	駿河長善寺	駿河長善寺独住
意楽	22		1465	1518	54	持阿	江州・上阪氏	遊行16代南要	駿河国府	七条道場金光寺(14)	江州上坂乗台寺(廃寺)	美濃二ッ岩・上坂乗台寺独住
称愚	23		1470	1518	49	其阿	山城・富樫氏	遊行19代尊皓	河内通法寺		豊州称名寺	
不外	24		1460	1526	67	其阿	武州	遊行16代南要	江州上阪	越中報土寺其阿	豊後坂西教寺(廃寺)	
仏天	25		1487	1571	85	其阿	奥州・畠山氏	遊行20代一峰	信州海野		井川新善光寺	井川新善光寺独住
空達	26		1480	1536	57	其阿	信州・島津氏	遊行20代一峰	越前敦賀		越後田伏極楽寺(不明)	
真寂	27		1500	1548	49	覚阿	越後・石川氏	遊行20代一峰	越後府中	願成寺(23)覚阿	内子願成寺	
遍円	28		1509	1551	43	僧阿	奥州・畠山氏	遊行25代仏天	豊後国府		安芸潮音寺(浄土宗)	

道号	遊行(代)	藤沢(世)	誕生(年)	没年(年)	世寿	因位	出生地	師僧	遊行相続	経歴	御廟	備考
体光	29		1501	1562	62	其阿	奥州・畠山氏	遊行20代一峰	越前敦賀	駿河長善寺(10)乗阿	山形県鶴岡市藤沢	
有三	30		1512	1583	72	其阿		遊行24代不外	越前岩本	岩本成願寺(10)僧阿→越中称名寺→西方寺	敦賀西方寺	
同念	31		1518	1587	70	其阿	日向・伊東氏	遊行25代仏天	常陸江戸崎	日向光台寺	宮崎光照寺	
普光	32	13	1543	1626	84	其阿	常陸・佐竹氏	太田浄光寺(13)其阿	日向都於	太田浄光寺(14)	藤沢道場清浄光寺	
満悟	33		1537	1612	76	其阿	越後・直江氏	遊行29代体光	越後北条	岩松青蓮寺(18)	周防善福寺(廃寺)	
燈外	34	14	1561	1644	84		岩松	遊行33代満悟	武蔵浅草	岩松青蓮寺(19)→浜松教興寺(16)→酒匂上輩寺(34)	藤沢道場清浄光寺	
法爾	35		1563	1640	78	持阿	小田原・佐伯氏	遊行30代有三	相模藤沢	真壁常永寺覚阿→七条道場金光寺(20)	甲府一蓮寺	
如短	36	15	1578	1646	69	法阿	甲斐・武田氏	甲府一蓮寺(18)義道	相模藤沢	黒駒称願寺(15)→甲府一蓮寺(19)	藤沢道場清浄光寺	
託資	37	16	1591	1658	68	其阿	小田原・土肥氏	遊行32代普光	相模藤沢	国府津蓮台寺(15)→沼津西光寺(14)中興其阿	藤沢道場清浄光寺	
卜本	38		1591	1653	63	其阿	周防	遊行34代燈外	相模藤沢	山形光明寺(19)	秋田声体寺	
慈光	39	17	1611	1662	52	其阿	羽州最上	遊行34代燈外	相模藤沢	浅草日輪寺(20)	藤沢道場清浄光寺	
樹端	40	18	1623	1683	61		藤沢・梶氏	遊行39代慈光	相模藤沢	浅草日輪寺(21)	藤沢道場清浄光寺	
独朗	41		1617	1667	51	其阿	武州滝山	甲府一蓮寺(20)	相模藤沢	沼津西光寺(16)	藤沢道場清浄光寺 塩谷高勝寺	日輪寺静岳弟子
尊任	42	19	1625	1691	67	其阿	佐渡・佐藤氏	佐渡大願寺(19)	相模藤沢	浅草日輪寺(22)	藤沢道場清浄光寺	
尊真	43		1629	1691	63	法阿	相模	遊行37代託資	相模藤沢	沼津西光寺(40)→甲府一蓮寺(26)	七条道場金光寺	

信碩		20	1623	1696	74	法阿	佐渡竹田村	佐渡大願寺(19)		佐渡大願寺(20)石叱↓甲府一蓮寺(27)法阿	藤沢道場清浄光寺	
尊通	44		1640	1695	56	其阿量光	上州三波川	遊行37代託資	相模藤沢	見付西光寺(20)覚阿↓水戸神応寺(4)其阿↓山形光明寺(24)	神戸真光寺	
尊遵	45	21	1638	1707	70	其阿円護	相州戸塚	遊行37代託資	相模藤沢	南部光林寺(16)二寮	藤沢道場清浄光寺	
尊証	46		1644	1700	57	法阿証元	伊予	遊行42代尊任	相模藤沢	七条留守居↓佐竹浄光寺↓甲府一蓮寺(28)	高知市枡形町称名寺(浄土宗西山禅林寺派)	
唯称	47	22	1650	1708	59	其阿玄道	遠州見付	遊行40代樹端	相模藤沢	黒駒称願寺中興(20)↓見付省光寺(22)↓山形光明寺(25)	藤沢道場清浄光寺	
賦国	48	23	1656	1711	56	其阿呑了	京都・里村氏	遊行40代樹端	相模藤沢	浅草日輪寺(24)其阿	藤沢道場清浄光寺	
転真		24	1637	1720	84	法阿		鎌倉光照寺		佐野涅槃寺(22)↓沼津西光寺(20)↓甲府一蓮寺(20)法阿	藤沢道場清浄光寺	
一法	49	25	1664	1725	62	其阿晋応	相州・青木氏	遊行40代樹端	相模藤沢	山形光明寺(29)其阿	藤沢道場清浄光寺	
快存	50	26	1671	1753	83	法阿空達	下野佐野・奥沢氏	遊行42代尊任	相模藤沢	佐野称念寺(24)↓浜松教興寺(26)其阿↓甲府一蓮寺(33)法阿	藤沢道場清浄光寺	
如意		27	1667	1735	69	法阿		遊行44代尊通		本田称名寺(22)↓越後称念寺↓甲府一蓮寺(34)法阿	藤沢道場清浄光寺	
賦存	51	28	1682	1756	75	其阿了珍	上野・半田氏	遊行48代賦国	相模藤沢	本田称名寺(25)↓見付省光寺(26)	藤沢道場清浄光寺	
一海	52	29	1687	1766	80	法阿任声	本田・真下氏	遊行45代尊遵	相模藤沢	水戸神応寺(7)中興↓甲府一蓮寺(37)↓藤沢(29)↓遊行(52)	藤沢道場清浄光寺	
呑快		30	1670	1769	99	法阿了諦		遊行48代賦国		仙台阿弥陀寺(34)其阿↓越後称念寺↓甲府一蓮寺(39)法阿	藤沢道場清浄光寺	
任称		31	1698	1773	76	法阿儀伯	奥州白河	藤沢24世転真		黒羽新善光寺↓盛岡教浄寺(39)其阿↓甲府一蓮寺(40)法阿	藤沢道場清浄光寺	
尊如	53	32	1711	1779	69	其阿春厳		遊行50代快存	相模藤沢	温水専念寺(26)↓仙台真福寺	藤沢道場清浄光寺	

道号	遊行(代)	藤沢(世)	誕生(年)	没年(年)	世寿	因位	出生地	師僧	遊行相続	経歴	御廟	備考
諦如		33	1720	1799	80	法阿弁寿	備後	遊行50代快存		川口法蓮寺(27)↓甲府一蓮寺(42)	藤沢道場清浄光寺	
尊祐	54	34	1734	1807	74	其阿歓徹	相模	遊行50代快存 遊行53代尊如	相模藤沢	卒島新善光寺↓二条聞名寺(30)中興	藤沢道場清浄光寺	
一空	55	35	1747	1815	69	法阿義伝	出羽	光明寺快倫	相模藤沢	戸塚親縁寺↓本田教念寺(33)↓甲府一蓮寺(45)法阿	藤沢道場清浄光寺	
弘海		36	1744	1821	78	法阿隣哲	若狭			竹野興長寺(19)↓二条聞名寺(39)↓甲府一蓮寺(47)法阿	藤沢道場清浄光寺	
傾心	56	37	1758	1835	78	法阿悦岸	奥州白河		相模藤沢	田島教林寺(15)↓秋田竜泉寺(34)↓漆山遍照寺↓甲府一蓮寺(48)法阿	藤沢道場清浄光寺	
一道		38	1773	1835	63	法阿	備後	遊行53代尊如		河内照林寺↓神戸真光寺(15)↓浅草学寮主↓甲府一蓮寺(51)法阿	藤沢道場清浄光寺・甲府一蓮寺	
一如		39	1773	1846	74	法阿全冏	常陸鹿島・信田氏	藤沢33世諦如		水海吉祥寺(28)↓白金松秀寺	藤沢道場清浄光寺	
一念	57	40	1779	1858	80	法阿暢音	出羽漆山・半沢氏	藤沢38世一道	相模藤沢	漆山遍照寺↓石内極楽寺↓衆領軒↓甲府一蓮寺(53)法阿	藤沢道場清浄光寺	
尊澄	58	41	1787	1870	84	法阿澄学	薩州・桑波田氏	遊行56代傾心	相模藤沢	鹿島神向寺(31)↓浜松教興寺(33)↓品川善福寺↓衆領軒↓甲府一蓮寺(55)法阿	藤沢道場清浄光寺	
本暁		42				法阿本暁	上総布川			宇都宮宝勝寺↓衆領軒↓浅草日輪寺↓甲府一蓮寺(55)	甲府一蓮寺	尊教より贈位
尊教	59	42	1806	1885	80	法阿随音	遠州豊田郡・新田氏	西光寺(32)其阿俊道 遊行56代傾心	相模藤沢	戸塚親縁寺↓見付西光寺(34)↓衆領軒↓甲府一蓮寺(57)	藤沢道場清浄光寺	
一真	60	43	1821	1890	70	法阿義徹(武田)	越前今立郡・五十嵐氏	法国寺(15)義天	相模藤沢	長崎称念寺↓品川善福寺↓浅草学寮主↓衆領軒↓甲府一蓮寺(58)	藤沢道場清浄光寺	
尊覚	61	44	1818	1903	86	法阿大善(河野)	越後三条・斉藤氏	三条乗蓮寺(34)広善	相模藤沢	高田称念寺↓法国寺(19)↓浅草学寮主↓山形光明寺(48)↓甲府一蓮寺(59)	藤沢道場清浄光寺	

尊龍	62	45	1825	1906	82	法阿察龍(河野)	美濃	二条聞名寺(43)専察	相模藤沢	静岡長善寺→十日町来迎寺→甲府一蓮寺(60)	藤沢道場清浄光寺	
尊純	63	46	1834	1911	78	法阿覚道(稲葉)	周防吉敷郡・藤津氏	山口善福寺(22)其阿慈観	相模藤沢	大津長安寺→紀州浄土寺→七条学寮主→西部大学林学頭→十日町来迎寺→甲府一蓮寺(61)	藤沢道場清浄光寺	
尊昭	64	47	1859	1923	65	法阿法善(河野)	京都・荒木氏	遊行61代尊覚	相模藤沢	金光寺→布施善照寺→三島光安寺(42)→甲府一蓮寺(62)	藤沢道場清浄光寺	
尊光	65	48	1862	1929	68	法阿頼善(河野)	京都・小西氏	真光寺(20)河野生善	相模藤沢	西部大学林学頭→京西蓮寺(63)→霊山正法寺→甲府一蓮寺	藤沢道場清浄光寺	
無外	66	49	1854	1930	77	法阿大空(小林)	備後・滝口氏	常称寺(37)桑田栄俊	相模藤沢	浅草学寮主→太田浄光寺(26)→神戸薬仙寺(25)→執事長(66)→宗学林学頭→甲府一蓮寺	藤沢道場清浄光寺	
尊浄	67	50	1867	1936	70	法阿静善(桑畑)	常陸北条・桑畑氏	遊行61代尊覚	相模藤沢	伊興應現寺(25)→横浜浄光寺(2)→甲府一蓮寺(67)	藤沢道場清浄光寺	
一教	68	51	1870	1944	75	法阿徹定(星)	越後北魚沼郡・星氏	大沢東養寺(31)久我徹祐	相模藤沢	平塚教善寺→水戸神応寺→宗学林学頭→浜川来迎寺→甲府一蓮寺(68)	藤沢道場清浄光寺	
一蔵	69	52	1875	1946	72	法阿随順(水島)	神奈川県戸塚町・建石氏	品川長徳寺水島随全	相模藤沢	品川長徳寺→甲府一蓮寺(69)	藤沢道場清浄光寺	
一求	70	53	1880	1954	75	其阿良伝(飯田)	東京小伝馬町・飯田氏	鎌倉光触寺(34)飯田良善	相模藤沢	佐野蓮光寺→宗学林学頭→執事長→神戸真光寺	藤沢道場清浄光寺	
隆宝	71	54	1888	1981	94	其阿隆然(藤井)	愛知県・禰宜田氏	大浜称名寺藤井恵然	相模藤沢	益子長谷寺→大知波向雲寺→大浜称名寺(35)→宗学林学頭→執事長	藤沢道場清浄光寺	
一心	72	55	1897	1990	94	法阿琢明(寺沼)	茨城県那珂郡・寺沼氏	結城常光寺中村琢音	相模藤沢	関戸延命寺→宗学林学頭	藤沢道場清浄光寺	
一雲	73	56	1910	2004	95	法阿憲善(河野)	兵庫県神戸市・河野氏	甲府一蓮寺河野良心	相模藤沢	出雲高勝寺	藤沢道場清浄光寺	
真円	74	57	1919			法阿円住(加藤)	愛知県岡崎市・加藤氏	熱田円福寺足利灌住	相模藤沢	矢作誓願寺		

弥阿上人行状　1331
御影堂派　1305, 1773
妙好華　1903
妙光寺　1301
名体不離文深秘　1867
妙徳寺　1280
無上大利和讃註　1342
無量院（北条）　1326, 1797, 1867
無量光寺　1304, 1319–20, 1333, 1494, 1568, 1572, 1583, 1590, 1673, 1691, 1782, 1893, 1944, 2008, 2018–19
聞名寺（京都、大炊御門道場）　1420, 1435, 1509, 1593, 1708–09, 1719, 1730, 1756–57, 1786, 1791, 1810, 1834, 1843, 1888
聞名寺（安中板鼻）　1280

や行

薬仙寺　1356, 1361, 1365, 1482, 1690, 1832, 1897, 1901, 1940
遊行縁起　1323, 1417
遊行寺宝物館　1571, 1977, 1980
遊行新聞　1969, 1972
遊行派　1636, 1773, 1854
遊行藤沢御歴代霊簿　1840, 1979
遊行日鑑　1977
踊躍念仏　1274, 1284, 1377, 1512, 1692, 1745, 1747
葉山古錦　1886
養念寺　1297

ら行

来迎寺（稲毛田）　1325, 1845, 1855
来迎寺（筑波）　1822
来迎寺（大谷）　1289
来迎寺（材木座）　1444
来迎寺（敦賀）　1382, 1387, 1923, 1925, 2018
来迎寺（十日町）　1288, 1741, 1849, 1890, 1904, 1908–09, 1921
来迎寺（浜川）　1322, 1931, 2009
龍泉寺（秋田）　1612, 1765, 1783
龍泉寺（伊集院）　1328
龍福寺　1297
霊山派　1314, 1897
蓮華寺（番場）　1276, 1284, 1287, 1357, 1416, 1539, 1562, 1680, 1687, 1690–92, 1696, 1752, 1755–56, 1758, 1760, 1773, 1788–89, 1804–05, 1809, 1818, 1824, 1832, 1858, 1865–67, 1886, 1888, 1900, 1917, 1919, 1934, 1942, 1947, 1970, 1980–82, 2002
蓮化寺（名取）　1346
蓮光寺（佐野）　1282, 1735, 1935, 1941, 1943
蓮台寺（愛知津島）　1262, 1470, 1575, 1755
蓮台寺（国府津）　1297, 1318, 1347, 1811, 1870, 1950, 1973, 2005
六条縁起　1776, 1940, 1976
六条道場　→歓喜光寺
陸波羅南北過去帳　1979
六波羅蜜寺　1284

1814, 1822, 1831, 1834, 1846–47, 1854–56, 1862, 1879, 1886–87, 1890, 1892, 1909, 1920, 1935, 1940, 1958, 1960, 1971
涅槃寺（佐野） 1297, 1718, 1743
念向寺 1504, 1595
念仏往生要决 1658
能永寺 1776, 2018
野守鏡 1295, 1319

は行

伯済寺 1661
長谷寺（沼津） 1282
繁多寺 1288
歯生阿弥陀 1705
播州法語集 1776, 1961, 1985
播州問答集 1688, 1762, 1768, 1891
播州問答集私考 1778
播州問答領解鈔 1694, 1704
毘沙門寺 1270
白蓮寺 1890
福昌寺 1394
福田寺（小田原） 1297, 1727
福田寺（京都、渋谷（滑谷）道場） 1306, 1580, 1587, 1598, 1783, 1858, 1864
福田寺（駿河丸山） 1600
藤沢学寮 →学寮
藤沢道場 1333, 1337, 1362, 1435–36, 1558 →清浄光寺
藤沢道場（水戸） 1587
普照院 1478, 1972
不退寺（大田原） 1292, 1757
仏眼寺 1412, 1581, 1602
仏向寺（天童） 1278, 1385, 1405, 1614, 1758, 1788, 1820, 1824, 1832, 1934, 1986
仏性寺（洲島） 1314
仏性寺（高野辺） 1339
仏成寺 1313, 1330, 1787, 1883
仏心寺 1949
不動院（沼津） 1282
普門寺（焼津） 1324, 1640
平泉寺 1292
別願寺（鎌倉） 1282, 1382, 1391, 1406, 1420, 1841
別願和讃 1287
別時念仏番帳 1306
遍照寺（漆山） 1373, 1375, 1995
法音寺 1711
法界寺 1298
法光寺（薩摩） 1742
法国寺（京都） 1621, 1625, 1628, 1665, 1670, 1681–82, 1684, 1686–87, 1692, 1718, 1755, 1792, 1795, 1810, 1817, 1825, 1845, 1853, 1863, 1870, 1876, 1884, 1908
宝厳寺（道後奥谷） 1292, 1344, 1475, 1480, 1585, 1675, 1688, 1715, 1769, 1874, 1901–02, 1959, 1972–73, 2013
宝樹寺（八王子） 1315
宝勝寺（宇都宮） 1835, 1970
宝泉寺（高槻別所） 1516, 1696, 1849
宝泉寺（山形） 1296, 1874
法蔵寺（浜松） 1306
法徳寺 1886
奉納縁起記 1439
防非鈔 1341, 1774–75
宝福寺（京都） 1381, 1436, 1793
宝林寺（福島） 1297, 1347, 1773, 1820, 1827
法蓮寺（川口） 1304, 1776
頬焼阿弥陀縁起 1355, 1676, 1900, 1995
本願寺（宇都宮） 1324, 1788
本福寺（松戸本郷） 1319

ま行

麻山集 1691, 1697
松原八幡 1287
満願寺（下妻） 1327, 1886
満徳寺（徳川） 1436, 1591, 1616, 1636, 1680, 1805, 1809, 1872, 1894, 1913, 1956
満徳寺（掛馬） 1315
万福寺（足利） 1297, 1989
万福寺（稲光） 1790
万福寺（奈良梨） 1297
万福寺（益田） 1313, 1321, 1374, 1383, 1392, 1395, 1398, 1608, 1745, 1825, 1904, 1928
満福寺（神戸） 1308
満福寺（譲原） 1387, 1645, 1791, 1793, 1845, 1852, 1855, 1974
万葉用字格 1817

1545, 1578, 1588–89, 1624, 1708
専称寺（登米） 1334
専称寺（那須） 1267, 1297
善照寺 1318
選善通寺（尼崎） 1558, 1793, 1819, 1871
専念寺（温水） 1306, 1614, 1757
専念寺（下関） 1400, 1420, 1719, 1773, 1794–95, 1902, 1941
専念寺（亘理） 1277
専福寺（角田） 1280
善福寺（品川） 1294, 1711
善福寺（山口） 1288, 1298, 1397, 1567, 1612–13, 1714, 1731, 1758, 1821, 1836, 1847, 1856, 1870, 1947, 1993, 2013–14
全立 1534
宗光寺 1318
総本山護持会 1899, 1908
双林寺 1372, 1384, 1436, 1445, 1528, 1575, 1582, 1586, 1591, 1600, 1611, 1668, 1670, 1752, 1771, 1831, 1855
染殿院（京都） 1958

た行

他阿上人法語 1775, 1778
他阿弥陀仏同行用心大綱 1298
他阿弥陀仏同行用心大綱註 1345
大願寺（越前池田） 1290
大願寺（佐渡） 1345, 1347, 1355, 1608–09, 1617, 1713
泰徳寺 1280, 2015
大悲学校 1888
大悲之友 1889
当麻寺 1286
当麻道場 →無量光寺
大龍寺 1703
長安寺（大津） 1503, 1752, 1864, 1909, 1968, 2014
長延寺 1275, 1789
長久寺 1331, 2013
長光寺（会津高田） 1444
長光寺（水沢） 1352, 1629
長谷寺（益子） 1297
超勝院 1677
長生院 1429
長照寺 1303, 1578
長泉寺（鶴岡） 1344, 1562, 1728, 1792
長泉寺（若神子） 1311, 1687
長善寺（静岡） 1313, 1513, 1526
長徳寺（安中） 1316, 1783
長徳寺（品川） 1463, 1923, 1949, 1976, 1981
長徳寺（保呂羽） 1388
長福寺（京都） 1342
長福寺（駿府） 1367
長福寺（府中） 1316
長福寺（伊勢） 1465
長福寺（越後） 1327
長楽寺（東山） 1350, 1385, 1554, 1602–03, 1611, 1643, 1668, 1671, 1689, 1691–92, 1709, 1711, 1745, 1752, 1754, 1773, 1821–22, 1855, 1859, 1890, 1908, 1931, 1980, 1982, 1987, 2008
長楽寺（兵庫） 1308, 1853
長蓮寺（真岡） 1347, 1743
通法寺（河内） 1514, 1754
妻戸時衆 1400
伝相寺 1699
田福寺 1311, 1997
道源寺 1316
東光寺（亘理山元） 1326
道場誓文 1306, 1620
藤勢寺 1327
東漸寺 1387
藤沢山 →清浄光寺
藤沢山過去帳 1513, 1557, 1981
藤沢山日鑑 1723, 2010–13
東部大学林 1892, 1894
東方寺 1682
東北院 1559, 1570, 1603–04, 1675, 1692–93, 1855
東明寺（会津） 1277
東明寺（川越） 1289, 1781
道明寺（勝倉） 1601
東養寺 1299
藤嶺中学校 1915, 1919, 1931
呑海上人御法語 1326

な行

二条烏丸道場 1372
二祖上人詠歌 1974
日輪寺 1307, 1590, 1603, 1613, 1642, 1649, 1653, 1655, 1657, 1660, 1665, 1668, 1697, 1702, 1708, 1737, 1741, 1748, 1758, 1761, 1765, 1772, 1774, 1778–79, 1781, 1783, 1790, 1797, 1806, 1811,

1772, 1810, 1825, 1835, 1839, 1859, 1863
称念寺(二本松)　1280, 1448
称念寺(小浜)　1389, 1405, 1711, 1813, 1853, 1923
称念寺(小山)　1297
称念寺(長崎丸岡)　1290, 1338, 1348, 1458, 1465, 1536, 1574, 1620, 1673, 1711, 1713–14, 1732, 1736–37, 1777, 1787, 1802, 1837, 1856, 1948, 1972, 2015
正念寺　1585, 1999
常念寺(足利)　1800, 1828
常念寺(福島)　1606
上輩寺　1297, 1997, 2012, 2018
正福寺(尼崎)　1456
正福寺(大津)　1382
常福寺(小浜)　1562
常福寺(遠野)　1367
正法寺(霊山)　1383, 1395–96, 1426, 1464, 1604, 1671, 1692, 1705, 1709, 1752, 1773, 1854, 1862, 1888, 1892, 1898, 1904, 1906, 1909, 1923, 1941, 1950, 1973
称名寺(秋野道場)　1466
称名寺(高知)　1700
称名寺(府中)　1246, 1673, 1787, 1802, 1835
称名寺(豊後)　1549
称名寺(本田)　1298, 1779, 1917
称名寺(福井)　1290
称名寺(福岡)　1320, 1433, 1528, 1961
称名寺(碧南)　1339, 1348, 1359, 1509, 1512, 1543–44, 1562, 1567, 1660, 1704, 1779, 1810, 1831, 1839, 1842, 1853–54, 1884, 1959
常楽寺(川越)　1303, 1417, 1984, 1990, 2016
常楽寺(花巻)　1302
常楽寺(宮城)　1661
常林寺　1325
青蓮寺(岩松)　1318, 1417, 1469, 1589, 1726, 1981
青蓮寺(桐生)　1585, 2007
乗蓮寺(京都)　1388
乗蓮寺(三条)　1307, 1926
真教寺　1233, 1297
信楽寺(松江)　1667
神偈撮要鈔　1713
神偈讃歎念仏要義鈔　1665
真光寺(津)　1614
真光寺(兵庫)　1289, 1301, 1323, 1365, 1370, 1377, 1519, 1610, 1613, 1695, 1707, 1710–11, 1713–14, 1727, 1729, 1747–48, 1752, 1763, 1774, 1777, 1790, 1831, 1836, 1838, 1853–54, 1881, 1888–90, 1893, 1896–97, 1901, 1906, 1910–11, 1935, 1946, 1954, 1962, 1970–71, 2008, 2011, 2018
神光寺(伊勢山田)　1705
神向寺　1300, 1748, 1753
神護念仏寺　1378, 1380
新修時宗法要軌範　1977
真宗要法記　1497, 1513
真浄院　1325, 1914
新善光寺(井川)　1301, 1571, 1573, 1730, 1759
新善光寺(海老島)　1239, 1334, 1595, 1758, 1762–63, 1779, 1986
新善光寺(卒島)　1297, 1797, 2008
新善光寺(御影堂)　1284, 1421, 1427, 1527–28, 1581, 1587, 1687, 1734, 1862, 1918
深諦寺　1395
真徳寺　1942, 1956
親縁寺　1319
神応寺(水戸)　1589, 1591, 1625, 1698, 1747, 1802, 1845, 1854–55
真福寺(仙台)　1326, 1727, 1768–69, 1813, 1848
新福寺　1272, 1595
清雲寺　1274, 1278
誓願寺(京極)　1288, 1576, 1597, 1734, 1748, 1761, 1775, 1796
誓願寺(米沢)　1687, 1709, 1744, 1771
誓願寺(岡崎)　2002
誓願文標指鈔　1713
清水寺(東八代)　1290
清水寺(肥前)　1251
清水寺(村山郡和田)　1405
西部大学林　1886
善吉寺　1319
仙源寺(高山)　1556, 1846
善光寺　1246, 1268, 1271, 1279, 1294, 1298, 1312, 1387, 1400, 1427, 1615
専称寺(北条)　1293, 1311, 1331, 1440, 1456–57,

2005, 2009, 2011–13, 2018
秀林寺　1345
住林寺　1297
授戒会　2013
守善寺　1342, 1481, 1532, 1558, 2005
浄阿上人伝　1463, 1593
常永寺（真壁）　1663, 1665, 1727, 1869, 1932
常音寺（香取）　1410, 1728, 1946
称願寺（黒駒）　1292, 1720–21, 1791–92
松岸寺（中久喜）　1312, 1743
成願寺（岩本）　1290, 1563, 1752, 1754, 1775, 1784, 1817, 1831, 1919, 1993
乗願寺（青梅）　1300, 2008
乗久寺（福井）　1793, 1948
称光寺（宿根木）　1349, 1713, 1895
省光寺（磐田見付）　1279, 1354, 1364, 1742, 1793, 1797, 1807
正光寺　1289
浄光寺（常陸太田）　1324, 1565, 1578, 1584, 1681, 1894
浄光寺（横浜）　1872, 1882, 1885, 1910, 1930, 2003
常光寺（結城）　1292, 1297, 1741, 1852
常光寺（若宮戸）　1319
浄光明寺（薩摩）　1518, 1694, 1717, 1722–23, 1726, 1732, 1745–46, 1749, 1752, 1763–64, 1778, 1840
照国寺　1277
浄国寺（埼玉）　1289, 1933
荘厳寺（京都）　1405, 1447, 1591, 1603, 1709, 1751, 1754, 1776, 1780, 1783, 1858, 1864, 1910
荘厳寺（滋賀）　1532, 1543, 1579, 1593, 1596, 1598, 1621, 1628, 1825, 1872
照西寺　1394
称讃院（高宮）　1583
松寿寺　→永福寺（鉄輪）
松秀寺（白金）　1303, 1752, 1790, 1835, 1845, 1934, 1989
松寿寺（鉄輪）　1732, 1782
聖衆之友（雑誌）　1914
条条行儀法則　1344
清浄光院　1325, 1327, 1335, 1337
清浄光寺　1354–56, 1367, 1381, 1387–88, 1396, 1401, 1412, 1416–17, 1419–20, 1426, 1429, 1435, 1439, 1448, 1470, 1485, 1494–96, 1499, 1512–14, 1520, 1524, 1541, 1571, 1578, 1582, 1588, 1591, 1595, 1603–04, 1607, 1617, 1626–28, 1636, 1641, 1644–47, 1653, 1658–64, 1668, 1677, 1681, 1683, 1685, 1690–92, 1694, 1696–97, 1699, 1702, 1707–08, 1711–12, 1720–23, 1725–27, 1735–38, 1741–42, 1744, 1746, 1748–49, 1753–58, 1761–62, 1766, 1769, 1776, 1778, 1782, 1784, 1788, 1790, 1792–95, 1797, 1799–1800, 1802–05, 1807, 1812, 1816–18, 1821–22, 1828–29, 1831–34, 1837–40, 1842, 1848, 1850–51, 1854–56, 1859–60, 1862–65, 1868–69, 1878–81, 1886, 1889–90, 1893, 1895, 1899–1900, 1903, 1911–12, 1914, 1918, 1923–24, 1930, 1933–38, 1942, 1944, 1946–47, 1950, 1954, 1959–60, 1963, 1969–70, 1975, 1981, 1989, 2002, 2013–16
清浄寺（榛原）　1910
常称寺（尾道）　1309, 1313, 1341, 1381, 1706, 1714, 1838, 1873, 1978, 2007
常照寺（海野）　1520
常勝寺　1356, 1373, 1895
浄信寺（木之本）　1242, 1442, 1544, 1572, 1637, 1772, 1870, 1888, 1899, 1926
正清寺　1295
浄禅寺（金沢）　→玉泉寺
浄禅寺（富山）　1294, 1933
正宗寺　1277
聲体寺　1610, 1653
乗台寺（上坂）　1518
成沢寺　1420, 1953
浄土寺（小浜）　1421, 1666
称念寺（左沢）　1530, 1906
称念寺（高田）　1328, 1356, 1471, 1536, 1690, 1758,

1356, 1366, 1377, 1379, 1386, 1388, 1394, 1409, 1412–13, 1415, 1420, 1424, 1430, 1436, 1441, 1445, 1456, 1462–63, 1467, 1470, 1479–81, 1491, 1498, 1500, 1512, 1527, 1537, 1539, 1543–46, 1548, 1553, 1555, 1558–59, 1573, 1576, 1578–79, 1581–82, 1591, 1593, 1595, 1604, 1624, 1628, 1634, 1637–39, 1652, 1682–84, 1690–91, 1702, 1709, 1712, 1746, 1748, 1764, 1793, 1801, 1825, 1870–71, 1928, 1956, 1958
金蓮寺（垂井）　1410, 1467, 1579, 1600, 1631
金蓮寺（飯能）　1318, 1992
金蓮寺（福井）　1290, 1301

さ行

西教寺（豊洲）　1520, 1526
在京日鑑　1989, 2010
西光寺（味野）　1319
西光寺（会津）　1566, 1748, 1782
西光寺（磐田）　1265, 1621, 1858
西光寺（大石田）　1451
西光寺（上山）　1288, 1882
西光寺（加茂）　1306
西光寺（沼津）　1645, 1664, 1753–54, 1759, 1775, 1831
西光寺（古河）　1323, 1727, 1825
西光寺（花巻）　1420
西光寺（兵庫）　1318, 1752, 1815
西郷寺（尾道）　1285, 1961, 1966, 1990
蔡州和伝要　1339
西蔵寺　1337
西念寺（原）　1287
西念寺（富士吉田）　1298
西福寺（三島）　1309, 1387
西福寺（小浜）　1289
西方寺（敦賀）　1301, 1497, 1528, 1552, 1557, 1583, 1591, 1734–35, 1775
最明寺　1319, 1867, 1941, 1993
西楽寺　1258
西林寺　1342, 1389
西蓮寺（守山）　1566
西蓮寺（京都）　1510, 1540, 1654, 1679, 1713, 1862–63, 1898, 1904
実盛供養　1390, 1414, 1629, 1655, 1672, 1689, 1699, 1729, 1745, 1794, 1879, 1909
作用抄略標　1717
三光院　1314
三大祖師法語　1776, 1891
慈観寺（尾道）　1362, 1364, 1780
慈光寺　1296, 1763, 1778, 1871, 1880, 1882
時衆過去帳　1571, 1583, 1954, 1964, 1969
時宗教学研究所　1952, 1968, 1970, 1972, 1974, 1976, 1979, 1990, 1993, 1997, 2001, 2012
時宗綱要　1890, 1893, 1933
時宗宗学林　1884, 1915–16, 1919, 1932
時宗宗議会　1897–98, 1952
時宗宗報　1947
時宗声明教典　1958
時宗青年会　1901, 1903, 1989, 2008, 2014, 2016, 2018
時宗統要篇　1703, 1750
時宗布教伝道研究所　1999, 2003, 2007, 2015
時宗藤沢遊行末寺帳　1636
時宗法式声明研究所　1999, 2008, 2013
時宗門法服弁法臈階級之次第　1741
時宗要義集　1713, 1750
時宗要略譜　1697
四条道場　→金蓮寺（京都）
四条派　1347, 1773
七条学寮　→学寮
七条道場　→金光寺（京都、七条道場）
七条文書　1982
四天王寺　1326, 1570, 1578
時名帳註釈　1721
甚目寺　1283
釈迦堂　1284, 1309, 1388
積善寺　1290, 1909
重刻百利講略註　1775
十念寺（埼玉）　1292
十念寺（長野）　1628, 1797
宗務総長　2011, 2013, 2017, 2019
宗務長　1941, 1945–46, 1950–52, 1955, 1960, 1962–63, 1967, 1970–72, 1976, 1981, 1985, 1989, 1993–94, 1997, 2001,

元向寺　1888
顕声寺（江戸崎）　1573, 1761
現聲寺　1301, 2008, 2013
眼徳寺　1497
光安寺（三島）　1308, 1724, 1752, 1819, 1858
高安寺（鶴岡）　1807, 1848
向雲寺　1312
光玉寺　1280
高宮寺（高宮）　1299, 1317, 1573, 1692
光国寺　1645
光称寺（河和田）　1458
迎称寺（一条道場）　1328, 1350, 1562, 1675, 1692, 1776, 1796
光勝寺　1311
光照寺（小山）　1312
光照寺（半田乙川）　1342, 1821, 1956, 2012
光照寺（宮崎）　1465, 1584, 1587, 1695
高勝寺　1667, 1983
郷照寺　1593, 1747
合性寺　1316
光清寺　1611
向泉寺　1353
興善寺　1290
光触寺（十二所道場）　1287, 1355, 1676, 1727, 1900, 1923
光台寺（渋井）　1289
興長寺　1379
弘長寺（会津）　1318, 1953, 2003, 2014
弘長寺（六日町）　1289
興徳寺（宮谷）　1711
向得寺　1978
向徳寺（嵐山）　1249, 1935, 2014
光福寺（小田原）　1297
光福寺（筑前）　1382
向福寺　1287
耕福寺　1495
広法寺（丹波）　1350
光明寺（大和田）　1678
光明寺（萱津）　1282, 1578–79, 1635, 1642, 1678, 1692–93
光明寺（国府津）　1297
光明寺（重須）　1301, 1990
光明寺（湊）　1356, 1648, 1833
光明寺（山形）　1375, 1377, 1379, 1385, 1390, 1401, 1451, 1594, 1623, 1647, 1661, 1692, 1702, 1759, 1775, 1794, 1801, 1808, 1825, 1833, 1836, 1850, 1863, 1879, 1886–87, 1890, 1990
向陽寺（安来）　1929, 1955
向龍寺　1354, 1990
光林寺（岩手）　1280, 1590, 1605, 1612, 1636, 1652, 1670, 1677, 1683, 1696, 1706, 1712–13, 1876, 1909
光林寺（群馬）　1297
桑折寺　1297
国阿上人光英問答　1690
国阿上人伝　1711, 1892, 1923
国阿派　1405
極楽寺（京都）　1576, 1603, 1611, 1675, 1692
極楽寺（長岡）　1293, 1647
極楽浄土寺　1289
金剛院　1387
金光寺（秋田）　1608
金光寺（京都）　→市屋道場
金光寺（京都、七条道場）　1301, 1324, 1330, 1345, 1348, 1354, 1356, 1366, 1388, 1391–92, 1395–96, 1401, 1403, 1405, 1409, 1412, 1417, 1419, 1423–24, 1427–28, 1430, 1435, 1438–40, 1448, 1456–57, 1460–61, 1466–67, 1471, 1478–79, 1503, 1511, 1513, 1521, 1523–25, 1532, 1543, 1558, 1565, 1568, 1579–80, 1586–87, 1591–93, 1597, 1606, 1613, 1615, 1619, 1621, 1623–24, 1634, 1643, 1651–52, 1691–92, 1705, 1707, 1718–19, 1725, 1728–29, 1733, 1743, 1748, 1752–53, 1755, 1763, 1765, 1768, 1773, 1776, 1830, 1854, 1858, 1864, 1866, 1876, 1879, 1900, 1905, 1908, 2000, 2012
欣浄寺　1656
厳浄寺　1291, 1651
金台寺（長野）　1279, 1522, 1757, 1764, 1766, 1814, 1934, 1951
金台寺（福岡）　1374
金徳寺（須賀川）　1837
金福寺（結城）　1321, 1821
金林寺（下妻）　1821–22
金蓮寺（京都、四条道場）　1307, 1311, 1339–43,

永幸寺　1280
永福寺（鉄輪、松寿寺）　1746, 1769, 1908, 1997
永福寺（涌谷）　1390
恵光寺（大野）　1319, 1714
円光寺（大竹）　1314, 1751
円光寺（千葉）　1981, 2001
円成院（大阪）　1578, 1745, 1752, 1817, 1827
円通寺　1367
円頓戒　1762
円福寺（熱田）　1360, 1377, 1379, 1415, 1445, 1453, 1479, 1578, 1691, 1801, 1899
円福寺（磯原）　1842, 1921
円福寺（舞木）　1311
延命寺（関戸）　1813, 1818, 1821, 1833
応願寺　1298, 1668, 1763, 1773, 1813, 1835, 1843, 1999, 2005, 2009, 2019
往生院（越前）→称念寺（丸岡）
往生綱要集註　1775
応声寺　1306
大隅八幡宮　1274, 1276, 1675, 1747
奥谷派　1344
奥之院　1956

か行

懐紙裏日本紀　1377
海照寺　1299
海前寺　1376
海蔵寺（品川）　1298, 1770
海蔵寺（焼津）　1500
海徳寺　1944
海福寺　1328
海隣寺　1351
覚心寺　1529
学寮　1748–50, 1754, 1757, 1769, 1775, 1777–78, 1794, 1799, 1806, 1810–11, 1814, 1877, 1892
学寮条目　1748, 1775
鹿島問答　1377
荷松院　1486
歓喜光寺　1289, 1331, 1347, 1369, 1419, 1428, 1432, 1434, 1437, 1490, 1492, 1572, 1652, 1676, 1718, 1725, 1748, 1755, 1760, 1775, 1782, 1799, 1822, 1827, 1864–65, 1900, 1908–09, 1952, 1975
願行寺（玉名）　1349
願生寺　1356, 1536
願成寺（伊予）　1274, 1411, 1548, 1554, 1567, 1614, 1675, 1710, 1769, 1971
願成寺（人吉）　1732
観音院　1347, 2001
観音寺（三原）　1388, 1598
観音堂（兵庫）　1289, 1302
願名寺　1325
北上観音　1418, 1524, 1612, 1638, 1652, 1670, 1687, 1744
吉祥寺（水海）　1304, 1813, 1821
吉祥寺（関宿）　1295
毀謗踊躍返摧論　1706
器朴論　1634, 1706, 1776, 1783, 1891
器朴論考録　1706
器朴論要解　1721
客僚　1627
客寮　1560
教恩寺（鎌倉）　1347, 1678
教恩寺（橋本）　1300
教興寺（植田村）　1862
教興寺（浜松）　1283, 1300, 1723, 1854
行興寺（磐田）　1290
教住寺（住吉）　1902, 1940
教浄寺（盛岡）　1646, 1720, 1771, 1777, 1782, 1832, 1834, 1962
教信寺（加古川）　1286, 1656
教善寺　1304
教念寺（本田）　1298, 1356, 1807
教念寺（吉水）　1298
教林寺（田島）　1298, 1811, 1816, 1946
玉泉寺（金沢、浄禅寺）　1624, 1654, 1713, 1845
清水寺（京都）　1259, 1349, 1372, 1388, 1478, 1484, 1486, 1665, 1681
近侍者記録　2011, 2013
窪寺　1271
熊野証誠殿　1274
熊野本宮　1274, 1306, 1800, 1931, 1971, 2011
解意派　1293, 1312, 1334, 1412, 1886, 1986
華園寺（石岡）　1325, 1929, 2016
加行　1606, 1881, 1891, 1897
花台寺　1335
氣比神宮　1387, 1557, 1714, 1729, 1815 1909, 2005, 2018

寺院名・典籍・その他の事項索引

＊本索引は、特に重要と思われ、頻出するもののみを採取し、項目の所在は西暦で記した。
＊同名寺院がある場合などには、区別のために(　)に地名を加えた。
＊道場名をもつ寺院で、道場名と寺院名の両方を項目としてたてたものもあるが、原則として、道場名は寺院名に送った。ただし、逆の場合もある。

あ行

浅草学寮　1778, 1799, 1806, 1810, 1811, 1814, 1892
安食問答　1954
阿弥衣　1571–72, 1595, 1799
阿弥陀寺(菅浦)　1234–35, 1353, 1803, 1988
阿弥陀寺(垂井表佐)　1535, 1639, 1691
阿弥陀寺(仙台)　1280, 1648, 1707, 1970
阿弥陀寺(根本)　1753, 1784, 1800
阿弥陀寺(浜松)　2010
阿弥陀寺(持田)　1298, 1849
阿弥陀寺(結城)　1297
安西寺　1317, 1910, 2010
安養寺(内浦)　1304
安養寺(金田)　1428
安養寺(蒲生田)　1717
安養寺(島根)　1332, 1748, 1775
安養寺(立木)　1289
安養寺(円山)　1385, 1413, 1462, 1518, 1668, 1687–88, 1692, 1702, 1709, 1752, 1762, 1801
安楽寺　1327
一乗寺　1289
一念寺(柏崎)　1298, 1798
市屋道場　1284, 1386, 1471, 1501, 1510, 1591, 1735, 1780–81, 1862, 1972
市屋派　1294, 1735, 1773, 1780–81
一蓮寺(甲府)　1312, 1335, 1346, 1349, 1385, 1446, 1520–21, 1544, 1574, 1577, 1640, 1685, 1698, 1718, 1721, 1725–26, 1741, 1747, 1756–58, 1766, 1769–70, 1773, 1776, 1779, 1792, 1796, 1799, 1803, 1807–08, 1810, 1812, 1815–16, 1821, 1831, 1835, 1839, 1842, 1846, 1854–56, 1858, 1867, 1870–71, 1877, 1886–87, 1896, 1904, 1910–11, 1923, 1928, 1930–31, 1936, 1944–45, 1952, 1984
一蓮寺過去帳　1409, 2006
一向寺(宇都宮)　1405, 1684, 1914
一向寺(小栗)　1684, 1804
一向寺(古河)　1958
一向上人伝　1328, 1690, 1825
一向派　1888, 1891, 1903, 1942
一遍義集　1513, 1531, 1970
一遍上人絵詞伝直談鈔　1714, 1768
一遍上人縁起絵(一絵巻、一絵詞伝、一絵伝)　1303, 1306–07, 1323, 1432, 1594, 1659, 1706, 1747, 1758, 1764, 1768, 1795, 1816, 1858, 1899, 1911, 1919, 1934
一遍上人行状　1300
一遍上人語録　1763–64, 1770, 1774, 1811, 1934, 1961
一遍上人語録諺釈　1767
一遍上人別願和讃直談鈔　1714, 1981
一遍聖絵　1299, 1311, 1369, 1432, 1487, 1492, 1755, 1900, 1952, 1960
一遍流十念口決　1650, 1654
宇佐八幡宮　1274

仏天　1487, 1501, 1520, 1522, 1524, 1528, 1534, 1543, 1557, 1571, 1581
古川雅山　1977–78, 1982
文英　1750, 1768
遍円　1502, 1549, 1551
弁響　1779
弁寿　→諦如
弁瑞　1790
弁仲　1831
逸見悦運　1913, 1915
弁量　1779, 1792, 1794
宝久　1449
法休　1683
北条氏繁　1578
北条氏直　1583
北条時宗　1284
北条時頼　1247, 1253, 1263
法泉　1855
法爾　1563, 1600, 1627–29, 1631, 1638, 1640
法忍　1759
卜本　1591, 1647–48, 1652–53
星徹定　→一教
堀田正恒　1916
本暁　1853, 1856, 1858, 1871, 1881

ま行

前田玄以　1586, 1603
益田兼見　1374, 1391
松尾正真　1962, 1967, 1971–72
松平左近入道如円　1676
松平徳阿弥　1802
松平信忠　1509, 1512
松永久秀　1558
間宮藤太郎信勝　1647
満悟　1387, 1578, 1585, 1589, 1593–95, 1597–98, 1600, 1602–07, 1611–12, 1614
三井知俊　1909
水島真之　1978, 1981–82
水島随順　→一蔵
宮田誠道　1953
三好長慶　1555, 1558
愍冏　1853, 1865
愍乗　1895, 1899
愍全　1809, 1829
無外（小林大空）　1854, 1894, 1904, 1908–11, 1929–30
夢幻　1642
夢宅慈眼　1653
明治天皇　1868, 1912, 1944
最上義光　1594, 2013
望月華山　1954, 1970, 1973
桃井満昌　1436
森証善　1882, 1910
門暁　1840

や行

也一房　1680
柳原資定　1557, 1578
柳原義光　1908, 1916
山崎義天　1972, 1976
山名氏清　1392
山名満幸　1394
山名持豊　1473, 1479
山羽学龍　1958, 1997
由阿　1365–66, 1374
唯称（玄道）　1702, 1704–08, 1711
有阿　→呑海
宥雅　1534
結城氏朝　1440
融西　1348
有三　1512, 1563, 1565–66, 1571–72, 1577, 1583
融忍　1401
与阿　→一鎮
吉川清（喜善）　1944, 1947, 1956
吉谷俊達　1918–19
吉見兵部大輔　1405

ら行

礼智阿　1277, 1323–24
隆天　1486
隆宝（藤井隆然）　1938–39, 1954, 1856–59, 1961–62, 1965–66, 1974, 1981
良観　1419
良光（当麻道場）　1371
良山　1793, 1796
良尊　1445
了諦　→呑快
嶺天　1817–18
亮堂　1775
了道　1752
良然　1446
了眠　1662
臨阿　1330, 1355, 1364
隣哲　→弘海
輪山　1755, 1760, 1776, 1781
冷泉為和　1534, 1544, 1549
冷泉為相　1316, 1318, 1328
冷泉為秀　1365
冷泉為村　1746, 1749
冷泉為守　→暁月房
六条有房　1295, 1319

辻村恂善　1979, 1989, 1994
辻村柔善　1896, 1907–08, 1924, 1928, 1934
椿智弁　1966
貞山　1778, 1810–11
寺沼琢明　→一心
天順　1604
転真　1637, 1711, 1717, 1720
伝了　1832
土肥三郎元頼　1284
同阿　1328
燈外　1613, 1624, 1627, 1644
道空　1406
道才　1653
洞石　1424
道詮　1813
洞天　1763, 1775–77
同念　1518, 1538, 1573, 1577–82, 1584–85, 1587
土岐周清　1350
徳川有親　1395–96
徳川家茂　1863, 1865
徳川家康　1575, 1590–91, 1600, 1603–07, 1612, 1615–16, 1765
徳川親氏　1439
徳川治宝　1829, 1856, 1859
徳川広忠　1543
徳川光圀　1666, 1700
独朗　1617, 1664, 1666–67
渡船　1305, 1347, 1349, 1354–56, 1381
豊臣秀次　1591, 1593, 1595
豊臣秀吉　1578, 1583, 1585–88 1590–91, 1595, 1598
呑快（了諦）　1758, 1766, 1769
呑海（有阿）　1301, 1303, 1313, 1316, 1319–21, 1323–27, 1588, 1726, 1824
頓阿　1312, 1341, 1346, 1358–59, 1371–72, 1771
呑了　→賦国

な行

直江兼続　1588–89
中居戒善　1931, 1959
中居良光　1984, 1990, 2002
中里理庵　1626
長澤昌幸　2012, 2014, 2017, 2019
長島尚道　1986, 1992, 1996, 2001, 2007, 2011–12, 2014
長島大道　1944, 1961
中条七郎蔵人　1293
中村昌道　1953, 2003, 2014
中村正隆　1955, 1963
中村琢音　1911, 1913
南部茂時　1333, 1782, 1832
南部利直　1605
南要　1387, 1429–32, 1436, 1439, 1470
西川伝承　1955
西澤良正　1934, 1947
西島恒德　1950
二条良基　1358, 1365–66
新田義貞　1338, 1458, 1736–37, 1787, 1837
柔光　1698, 1705
如意　1726–27, 1735
如海　1713, 1750
如象（覚阿、像阿）　1419, 1432, 1467, 1484, 1494
如短　1578, 1641, 1643–44, 1646
如仏　→河野通広
忍空　1468
仁山　1772, 1779
任称（儀伯）　1698, 1769, 1773
禰宜田修然　1980, 1989, 1994, 1997
念空　1507
野村甚十郎　1581
野渡道善　1928

は行

白信　1682–83, 1690, 1699
白木　1356, 1364, 1367
畠山国清　1362
畠山道誓　1356
畠山満泰　1448
波多野出雲入道　1311
早川証山　1946, 1950–51
原悦道　1914, 1940, 1960, 1962
原弘道　2003
半雪　1609, 1628, 1654
万里　1727, 1729
東山天皇　1706–07, 1858
平田諦善　1928, 1932–35, 1965, 1968–69, 1971
不外　1460, 1518–22, 1524, 1526
普光　1572, 1578, 1584, 1586, 1589, 1591, 1599, 1601, 1603, 1607–08, 1612–13, 1617, 1620–21, 1623, 1626
賦国（呑了）　1697, 1702, 1708–11
藤井隆然　→隆宝
賦存　1682, 1742–50, 1752–54, 1756

1872–73, 1878–86
存冏　1706
尊光(河野頼善)　1862, 1923–24, 1929
尊晧　1427, 1471, 1476, 1494, 1496
尊純(稲葉覚道)　1834, 1864, 1886, 1904, 1906, 1908–11
尊遵　1638, 1696, 1699, 1706–07
尊昭(河野法善)　1859, 1911–23
尊証　1644, 1697, 1699–1700
尊浄(桑畑静善)　1867, 1930–31, 1933, 1936
尊真　1629, 1685, 1687, 1689, 1691
尊澄(澄学)　1787, 1847, 1855, 1860, 1862–63, 1870
尊通　1640, 1692–95, 1704
尊如　1712, 1769–76, 1779
尊任　1625, 1668–76, 1678–79, 1683, 1687–88, 1690–91, 1790
尊恵　1365, 1417–18, 1420–21, 1423–24, 1429, 1437, 1631
尊明　1350, 1401, 1411–12, 1417
尊祐(歓徴(徹))　1791–96, 1799–1802, 1807
尊龍(河野察龍)　1825, 1890, 1903, 1906

た行

他阿　→真教
大応　1836, 1853
太空　1375, 1412–14, 1417–18, 1428, 1439
体光(乗阿)　1501, 1544, 1552, 1558, 1560, 1562, 2018
大宣　1866
大善　→尊覚
大智庵法阿　1613
諦如(弁寿)　1720, 1776, 1779–80, 1789, 1799
平将門　1307, 1971
高尾察玄　1944–45
高尾察誠　2015
高木教順　1915, 1918, 1939
高木貞歓　1999, 2005, 2009, 2019
高木貞隆　1952, 1955, 1970
髙野修　1988–89, 2005, 2010, 2012, 2014, 2016
託何　1285, 1338–40, 1342, 1344–47, 1349, 1351, 1353–54, 1356, 1374, 1673, 1717, 1750, 1853
託資　1591, 1645, 1647, 1651, 1658, 1727
琢諄　1797, 1817
竹内明正　1993
武田勝頼　1574, 1577
武田義徹　→一真
武田賢善　1961
武田信玄(晴信)　1541, 1571, 1573
武田信重(入道)　1446
武田信虎　1521, 1541, 1551
武田信吉　1603
橘恵勝　1907
橘俊道　1973, 1975–76, 1978–82, 1984, 1986, 1989–90
達心　1451
谷文晁　1816
瓊子内親王　1332, 1334, 1339
玉田明如　1960, 1979
圭室文雄　1977, 1982, 2012
檀栄　1741, 1747
湛玄　1458
湛阿　1323
知運　1387
智演　1347
智穏　1863, 1870, 1878
智格　1790, 1797, 1802
智観　1763
智寛　1782, 1795
智厳　1799
智暁　1663
智光(甲府一蓮寺)　1364
智丈　1790–91
智真　→一遍
智全　1831, 1846, 1854
智得　1261, 1303–04, 1306, 1319–20
智明　1530
智門　1459
長応　1723
暢音　→一念
澄学　→尊澄
澄含　1802
長順　1777, 1794, 1800
長司大冏　1895, 1898, 1909, 1918
澂禅　1772, 1787
知蓮　1459, 1497, 1504–05, 1513
珍一房(奥谷道場宝厳寺)　1344
通伝　1390
辻村惟善　1962

慈海　1354
慈観（慈観寺）　1362, 1364
慈観（常永寺）　1665
慈観（四条道場29世同阿）　1673, 1682
慈教　1614
自空　1329, 1351, 1381, 1387, 1390, 1399–1400, 1405, 1410–12, 1811
慈光　1611, 1653, 1655–57, 1659, 1662
斯波兼頼　1373, 1375, 1379, 1836
柴田智道　1943
慈峰　1471
島津貞久　1328
島津忠久　1726
清水覚然　2005, 2016
清水昭善　1978, 2010
下野法眼康秀　1420
慈門　1753, 1756, 1758
寂天　1822
珠阿　1551
寿阿弥陀仏曇奝　1822
重阿　1370, 1379
宿阿　1280
樹端　1623, 1660, 1663, 1683
寿門（大坂円成院初世）　1745, 1752
俊聖　→一向
遵空　1645
俊問　1832
俊山　1601
春登　1813, 1817–18, 1821, 1833–34
俊鳳　1762, 1767, 1770, 1784, 1811
秀也　1748
乗阿（一華堂）　1615, 1619
浄阿真観　1300, 1306, 1309, 1311, 1339–41
声阿通天　1309, 1339, 1348
生阿弥陀仏　1282
昌悦　1733
聖戒　1273–74, 1289, 1299, 1323, 1755, 1822, 2000
称愚　1470, 1514, 1516, 1518
證空　1243, 1247, 1251
聖問　1377, 1420, 1857
称故　1561
誠故　1673
賞山　1711, 1713–14, 1778
松寿丸　→一遍
昌随　1796
正随　1867
昌全　1752, 1763, 1780
聖達　1251–52, 1271, 1276, 1279
昌築　1734
松童丸　→一向
称念（当麻道場17世）　1468
紹巴　1567, 1580, 1602
真円（加藤円住）　2003–05, 2007–09, 2011, 2013–16, 2018–19
真縁　1283
真教（他阿）　1237, 1276, 1280, 1282, 1288–1319, 1322, 1324–25, 1331, 1351, 2018–19
真空　1361
真光　1320, 1333
真寂　1500, 1536–37, 1548, 1554, 1971
信順　1360
真淳　1778
真順　1748, 1771
真成　1888, 1893
真瑞　1871, 1886
信碩（石叱）　1623, 1685, 1691, 1696
真如　1793, 1801, 1820
晋龍　1849
随音　→尊教
瑞光　1331, 1359
随善　1488
巣兆　1814
砂川博　1999, 2002–03, 2009, 2012, 2014
静岳　1642
請厳　1355
碧水　1485
碧道　1631
雪乗　1870, 1876
善問　1859
全問　→一如
仙山　1639, 1672
仙阿　1292
善阿　1804
善入　1251
僧阿（六条道場）　1369
僧阿（七条道場）　→尊皓
相阿義縁　1405, 1447
宗俊　1303, 1307
宗牧　1544–45
素眼　1593
尊覚（河野大善、覚阿）　1859, 1863, 1870, 1876, 1879, 1883, 1886–87, 1889, 1892–93, 1895, 1903
尊観　1349, 1370, 1377, 1385, 1387–88, 1390, 1394–1400, 1794, 1799, 1848, 1941
尊教（随音）　1806, 1870,

観応　1585
菊池快住　1908–09, 1918
義乗　1805
義天（大坂円成院）　1817, 1884
義伝　→一空
義道（甲府一蓮寺）　1617
木戸健志　2008
宜然　1776
儀伯　→任称
木本学解　1919
木本真隆　1923
暉幽　1398, 1440, 1443, 1458, 1466
教岳　1787
教願　1287
行観　1241, 1319, 1325
尭空　1306
暁月房（冷泉為守）　1313, 1328
京極為兼　1287, 1310, 1313, 1332
行山　1770, 1773, 1776
傾心（悦岸）　1758, 1811, 1821, 1824–28, 1833, 1835
教信　1323
旭堂　1776, 1783, 1797
空達　1480, 1528, 1536
空達　→快存
桑畑静善　→尊浄
桑原弘善　2008, 2013, 2017
解阿　1341, 1774
解意阿　1239, 1293
華台　1251
月心　1646
元海　1808, 1810
玄廓　1791–92, 1799, 1807
玄察（焼津阿弥陀寺）　1640
玄秀　1703
顕詮　1350, 1371–72
玄通　1636
玄鉄　1719, 1730
玄道（岩本成願寺）　1784
玄道（法国寺）　1853
玄道　→唯称
顕意　1238, 1252, 1273, 1283–86, 1304
眼理　1500
源亮　1499
弘海（隣哲）　1744, 1810, 1815, 1818, 1821
広義門院寧子　1311
幸俊　1334
広善　1853
河野叡祥　1962, 1973, 1979, 1984
河野悦然　1941–42, 1944–45, 1952
河野往阿（生善）　1888, 1893, 1896, 1906
河野覚阿（大善）　→尊覚
河野憲善　→一雲
河野察龍　→尊龍
河野定運（静雲）　1949
河野智円　1906
河野智眼　1910
河野智光　1961
河野文乗　1937, 1939, 1945
河野通有　1308, 1311
河野通信　1280, 1966
河野通治　1336
河野通広（如仏）　1239, 1263, 1902
河野文敬　1905, 1910, 1912, 1934
河野頼善　→尊光
河野良心　1903, 1905, 1911, 1923, 1928, 1934
康弁法眼　1301, 1325
高師直　1348, 1351
高師泰　1348, 1351
光英　1385
孤岳　1441
国阿（随心）　1314, 1347, 1349–50, 1356, 1361, 1363, 1365, 1375, 1378, 1380, 1382–85, 1387, 1389–90, 1398, 1405
国阿一光　1246
後光厳天皇　1374
後奈良天皇　1521, 1557
小早川安芸禅門　1339
小早川隆景　1585
小林円意　→円意
小林勘平　1770, 1778, 1803, 1812
小林宗兵衛　1765–66
小林大空　→無外

さ行

作阿　1287, 1294
西園寺実兼　1311, 1322
切臨　1652, 1656, 1658, 1661
酒井長門守　1660, 1662
坂村真民　1981
桜井哲夫　2014, 2017
佐々木俊随　1953
佐々木高氏（道誉）　1356, 1387
佐竹貞俊　1313
佐竹義重　1587
佐竹義宣　1595
察道　1776
佐原窿応　1874, 1886, 1891, 1919, 1931
残遊　1637, 1656

1748, 1863, 1901, 1908, 1955, 1959
一峰　1450, 1495, 1497, 1512
一法　1664, 1712–22, 1725, 1824
伊東覚念　1944
稲葉覚道　→尊純
今井雅晴　1981, 1984–85, 1989, 1997, 1999–2000, 2004, 2014
今川範氏　1381
岩松(新田)家純　1469
岩松尚純　1981
上杉氏定　1416
上杉氏憲　1417
上杉景虎　1545
上杉禅秀　1417–18
上杉輝虎　1578
上杉憲実　1439, 1466
臼木悦順　2001
臼木悦鳳(淑夫)　1983
宇都宮景綱　1276
宇都宮豊綱　1567
宇都宮満綱　1405
梅谷繁樹　1984, 1988–89, 1995, 2005
運応　1522
運量　1707
恵達　1411
恵観(四条道場33世)　1712
恵空　1867
恵汲　1824
恵秀　1750, 1754, 1758, 1809
恵昌　1572
恵心僧都　1565, 2016
悦岸　→傾心
円伊　1299
円意　1770, 1788
円廓　1691, 1705
円鏡　1606
円暁　1867
大井太郎　1279
大江時元　1311, 1331
大友頼泰　1276, 1300
大橋経阿　1910
大橋俊雄　1962–65, 1971, 1973–75, 1978, 1983, 1985, 1988–96, 1999–2002
小栗実穏　1935, 1937, 1941, 1943
小栗満重　1422, 1424
織田信孝　1579
織田信長　1571–73, 1581–82
越智通敏　1978, 1984, 1990, 1994
小野実信　1302
小野澤眞　2012, 2015–16
小山律師　1291

か行

界阿　1356
快悦　1778
快円　1350
快含　1781
戒順　1845
快宣　1814, 1821, 1830
快存(空達)　1671, 1718, 1720–21, 1723, 1725–35, 1745–46, 1748–49, 1753
快長　1770
快弁(赤間関専念寺)　1795
快弁(山形光明寺)　1788
快雄　1708
快倫　1753–54, 1759, 1765
香川景樹　1843
覚阿　→如象
廓音　1751, 1793
廓山　1821
廓心　1749, 1764
覚全　1817
岳善　1810, 1825, 1833, 1836
廓道(甲府一蓮寺)　1682
覚龍　1845, 1847, 1852, 1855
廓龍　1694, 1704
勧修寺家　1773, 1788, 1862
卍山実弁　1887
勝田証阿　1310
勝間田長清　1310
加藤円住　→真円
加藤実法　1929, 1955
金井清光　1962, 1967, 1975, 1983–84, 1987–88, 2000, 2003, 2005, 2009
川口仁定　1941
元愚　1324, 1367, 1373, 1375, 1381, 1387
喚迎　1728
関月　1777
関牛　1726, 1738, 1740
願故　1395
寛広(山形光明寺40世)　1809
灌澄　1801, 1819
歓瀓(徹)　→尊祐
感徹　1799, 1802, 1822, 1831
観道　1813
観林　1546
厳阿(熱田円福寺初世)　1360, 1370
願阿(七条、大勧進)　1461, 1478, 1486

人名索引

＊本索引は、網羅的なものではなく、特に重要と思われるものや頻出するものを中心に採録し、項目の所在は西暦で記した。
＊年表では、俗名、別号などがある場合でも原則として道号で記述しているため、歴代遊行・藤沢上人は道号で採用した。
　例　河野法善　→　尊昭

あ行

青柳良道　1884
秋庭正道　1928, 1931, 1947
秋庭稔(正稔)　1993, 2013–14
朝倉義景　1572
浅野長吉(長政)　1590
浅山円祥　1940, 1952–53, 1972, 1976, 1980
足利氏満　1382, 1391
足利灌柔　1899, 1908
足利春王丸　1440–41
足利満兼　1399, 1406, 1420
足利持氏　1412, 1417, 1420, 1422, 1424, 1435, 1439, 1440–41, 1841
足利基氏　1356, 1382
足利安王丸　1440–41
足利義量　1424–25
足利義教　1430–32, 1435, 1437–38, 1441
安食九郎左衛門入道実阿　1314
足助威男　1975, 1979, 1984
安国　1279, 1325–27, 1334, 1336–37, 1349
安藤善浄　1906
飯田良伝　→一求
意楽　1465, 1513–14, 1517–18
池田継政　1747, 1774
池田光政　1657
石井了珍　1740
石岡信一　1979, 1990
石倉光昭　1993
石黒寿山　1900, 1905, 1907, 1931
石田文昭　1964, 1975
板垣入道　1298
板谷桂意　1804
一雲(河野憲善)　1981, 1983, 1990–92, 1994, 1998, 2003–04
一行　1699
一還　1681
一蔵(水島随順)　1923, 1928, 1944, 1946
一堂　1754–55, 1766
一道　1773, 1814, 1831, 1835
一如(全悶)　1773, 1813, 1835, 1838, 1840, 1842, 1846
一念(暢音)　1779, 1839, 1842, 1846, 1848–50, 1852–55, 1858
一理　1653
一海　1686, 1756–64, 1766
一求(飯田良伝)　1880, 1931, 1935, 1946, 1953–54
一教(星撤定)　1870, 1907, 1909, 1919, 1931, 1936–37, 1941, 1943–44
一空(義伝)　1747, 1807, 1812–15
一向(俊聖、松童丸)　1239, 1245, 1253–54, 1259, 1273–81, 1283–84, 1287, 1318, 1444, 1470, 1986
一色(六条道場２世)　1333, 1782
一心(寺沼琢明)　1897, 1933, 1952, 1954, 1959, 1974, 1981, 1983–85, 1987–90
一真(武田義徹)　1821, 1856, 1870–71, 1883, 1885, 1887, 1889–90, 1898
一鎮(与阿)　1277, 1327–28, 1330, 1332, 1334, 1338, 1345, 1355–56
一遍(松寿丸、随縁、智真)　1239, 1248, 1251–52, 1263, 1271, 1273–89, 1295, 1301–02, 1475, 1478, 1494, 1565, 1688,

高野修（たかのおさむ）

一九三五年福島県生まれ。法政大学経済学部卒業。横浜聖光学院教諭、藤沢市図書館司書、藤沢市史編纂室員、藤沢市文書館長、学習院大学講師、早稲田大学大学院講師を経て、現在、時宗宗学林講師、時宗教学研究所顧問。

専攻、文書館学、時衆教団史。

著書、『地域文書館論』（岩田書院、一九九五）、『日本の文書館』（岩田書院、一九九七）、『一遍聖人と聖絵』（岩田書院、二〇〇一）、『時宗教団史』（岩田書院、二〇〇三）、『時宗中世文書史料集』（編著、松秀寺、一九九一）、『遊行・在京日鑑』全十五巻（編著、称名寺、一九八九―二〇一〇）、ほか多数。

長澤昌幸（ながさわまさゆき）

一九七五年山形県生まれ。大正大学大学院文学研究科仏教学専攻博士後期課程単位取得満期退学。二〇〇七年、博士（仏教学、大正大学）。時宗宗学林講師、京都西山短期大学専任講師、時宗宗学林学頭などを経て、現在、大正大学仏教学部専任講師、時宗教学研究所所員、滋賀県大津市長安寺住職。

専攻、時宗学。

著書、『清浄光寺史』（共著、清浄光寺、二〇〇七）、『経典とは何か（一）』（共著、平樂寺書店、二〇一一）、『一遍読み解き事典』（共著、柏書房、二〇一四）、『一遍仏教と時宗教団』（法藏館、二〇一七）、論文、「『器朴論』書誌考」（『時宗教学年報』29号、二〇〇一）、「門流による一遍呼称の変遷について」（『西山学苑研究紀要』3号、二〇〇八）、ほか多数。

時宗年表《じしゅうねんぴょう》

二〇一九年九月二十三日　初版第一刷発行

編者　高野修・長澤昌幸
発行者　下中美都
発行所　株式会社平凡社
〒一〇一-〇〇五一　東京都千代田区神田神保町三-二九
電話　〇三-三二三〇-六五七九（編集）
〇三-三二三〇-六五七三（営業）
振替　〇〇一八〇-〇-二九六三九

装丁　中山銀士
DTP　平凡社制作
印刷　株式会社東京印書館
製本　大口製本印刷株式会社

ISBN978-4-582-70360-3
NDC分類番号188.69　A5判（21.6cm）　総ページ240
平凡社ホームページ　https://www.heibonsha.co.jp/